# MÉTAMORPHOSES DE LA DIALECTIQUE

## DANS

# LES DIALOGUES DE PLATON

BIBLIOTHÈQUE D'HISTOIRE DE LA PHILOSOPHIE

Fondateur : Henri GOUHIER Directeur : Jean-François COURTINE

Monique DIXSAUT

# MÉTAMORPHOSES DE LA DIALECTIQUE
## DANS
# LES DIALOGUES DE PLATON

PARIS
LIBRAIRIE PHILOSOPHIQUE J. VRIN
6, Place de la Sorbonne, V$^{e}$
2001

*Imprimé en France*

ISBN 2-7116-1507-3

*À tous mes étudiants et aux cigales de Chalcidique, qui ont rempli la même fonction : m'empêcher de m'endormir.*

## REMERCIEMENTS

Je tiens d'abord à remercier tous ceux qui m'ont donné l'occasion de discuter certains aspects du travail présenté dans ce volume. Le chapitre III a fait l'objet d'une conférence à l'université de Grenoble, à l'invitation de Michel Fattal, et à l'université de Belo Horizonte, à celle de Marcelo P. Marques. Le chapitre IV a été âprement discuté au séminaire de Carlo Natali à l'université Ca' Foscari de Venise, également lors d'un séminaire que j'ai tenu à Boston University où étaient présents Stanley Rosen et Carl Brinkmann, enfin à l'université de Belo Horizonte. Une première version de ces deux chapitres a été publiée dans la revue brésilienne *Kriterion,* 102, julho a dezembro 2000. Pour le chapitre V, j'ai profité du travail collectif poursuivi avec Luc Brisson et certains de mes étudiants de thèse lors d'un séminaire consacré à la traduction et au commentaire du *Politique*. Enfin le dernier chapitre reprend une partie de l'Introduction au volume collectif, *La Fêlure du plaisir. Études sur le* Philèbe *de Platon*, qui résultait d'un séminaire tenu à l'université de Paris I, et David Lefebvre m'a permis de le compléter à l'occasion d'une conférence à l'E.N.S.

Je remercie également Dimitri El Murr pour s'être chargé du travail ingrat des *Indices*, pour avoir relu et critiqué avec pertinence l'ensemble du volume, pour m'avoir fait quantité de suggestions utiles, mais surtout pour les discussions à la fois chaleureuses et vives que nous avons eues, et j'espère continuerons à avoir, sur notre auteur favori.

Enfin, et comme toujours, merci à Jean, pour toutes les sortes d'aide et de réconfort qu'il m'apporte.

# INTRODUCTION

*Afin que pour nous le logos soit un des genres qui existent. Car si nous en étions privés – et c'est le plus grave – c'est de philosophie que nous serions privés.*
*Sophiste*, 260a

MÉTAMORPHOSE : 1) Changement d'une forme dans une autre opéré selon les païens par les dieux. (Littré)

J'ai employé à dessein ce terme, qui évoque davantage Ovide ou Charles Perrault qu'Aristote ou Hegel. Car pour comprendre ce qui arrive à la dialectique dans les Dialogues de Platon, je crois qu'il faut être capable de déceler la vocation d'une citrouille à devenir carrosse et d'admettre qu'un carrosse qui n'a pas d'abord été citrouille n'est qu'une espèce de voiture. Les dieux et les fées (sauf méchanceté particulière) ne transforment les choses qu'en ce qu'elles pouvaient être, et la forme nouvelle ne peut advenir qu'à ce qui avait avec elle une parenté qu'elle révèle. Une métamorphose peut toujours d'ailleurs s'opérer en sens inverse.

La relation qui existe entre la discussion socratique (le *dialegesthai*) et les analyses subtiles de l'un et du multiple, du même et de l'autre, de la division et du rassemblement, est de cette sorte. La forme antérieure – la capacité de donner et de recevoir le logos, d'interroger et de répondre – peut toujours se lire dans les formes nouvelles et raffinées que revêt la science dialectique, la figure de Socrate habite celle du dialecticien. Il faudrait plutôt dire que Platon prescrit qu'elles *doivent* s'y lire, soit en mentionnant les « anciennes » caractéristiques là où les commentateurs estiment généralement qu'elles n'ont que faire (le carrosse n'est plus qu'une voiture), soit en reliant plusieurs dialogues. Pour ne prendre de ce dernier point qu'un exemple : l'unique description de la maïeutique socratique se trouve au début et à la fin du *Théétète*, explicitement désigné dans le prologue du *Politique* comme le premier moment d'une tétralogie devant comprendre après lui *Sophiste, Politique, Philosophe* (?). C'est dans le *Sophiste* et le *Politique* que sont présentées de la manière la plus élaborée la théorie et la pratique de la division : les situer dans l'horizon du *Théétète*, c'est les situer dans celui de la maïeutique socratique. De la maïeutique à la division, il n'y a ni rupture, ni évolution continue. Ce livre a donc pour but de mettre en évidence des mutations sans rupture, les reprises d'une pensée qui cherche toujours dans la même direction, et cependant toujours autrement.

Mais tout d'abord, pourquoi consacrer une étude à la dialectique platonicienne ? Ma première raison est que ce n'est pas un problème parmi d'autres, et qui plus est un problème méthodologique, annexe par rapport aux problèmes de fond regardant la métaphysique, l'éthique ou la politique platoniciennes. Platon n'a cessé de réfléchir sur le logos, le plus grec des termes grecs, en lequel s'allient langage, pensée, rationalité, nombre. Or la dialectique est le seul bon usage du logos, et même le seul moyen de le sauver, à la fois parce qu'elle en préserve la nature et en exploite toutes les ressources. L'âme pense quand elle dialogue avec elle-même, quand elle se tient à elle-même un logos. Pas n'importe lequel : celui où quelque chose est mis en question et exige qu'on réfléchisse pour pouvoir répondre. La dialectique est donc la forme que prend la pensée quand elle cesse d'exprimer des affects ou des opinions, quand elle ne cherche ni à démontrer ni à argumenter – bref quand elle pense, c'est-à-dire veut comprendre ce qui est. La pensée appelle la position d'êtres qui sont ce qu'ils sont et rien d'autre – des essences, et le travail dialectique consiste non seulement à avoir l'intelligence de ce qu'est chaque être, mais à découvrir et déterminer le plus possible de relations, d'articulations entre les êtres. Platon n'élabore donc pas une ou plusieurs méthodes en fonction d'exigences logiques, la dialectique est la forme naturelle du logos, de la pensée et du savoir, logos, pensée et savoir ont une destination dialectique.

Les textes où Platon détermine les voies dialectiques ne peuvent servir à constituer une logique ou une méthodologie platoniciennes. Que la dialectique ne soit pas une « méthode » mais la science la plus haute ne faisant qu'un avec le chemin qu'elle se fraie est un trait essentiel de la philosophie platonicienne, inséparable à la fois de la représentation qu'il se fait de la pensée et de l'hypothèse des Formes. Il a d'emblée suscité oppositions et critiques. Et c'est la seconde raison de ce livre, une raison historique. La dialectique s'est vu refuser par Aristote la possibilité d'être une science : ne parlant que sur du langage elle n'a affaire, selon lui, qu'à des opinions et non aux choses mêmes. Chez Plotin, comme chez tous les néoplatoniciens après lui, elle ne peut être l'expression de la pensée intelligente, mais seulement celle de l'âme qui raisonne. Il est assez frappant de constater que les deux lignes d'interprétation de Platon les plus récentes reprennent, chacune à sa manière, ce double rejet de la *science* dialectique. Les interprétations analytiques partagent toutes le postulat d'une réécriture « apodictique » des textes, tiennent les Idées pour des classes (ce qui engendre quantité de problèmes raffinés), et sont heureusement surprises quand elles peuvent découvrir un syllogisme, mais la plupart du temps choquées par les imprécisions et les erreurs grossières qu'elles croient découvrir. Les partisans des doctrines non écrites sont encore plus radicaux, puisque la fonction de la dialectique est selon eux de montrer *a priori* que les modèles construits par les sciences mathématiques sont la réalité même ; la science dialectique aurait donc pour objets figures, mouvements et nombres agencés en système et rapportés à des Principes, L'Un et la Dyade indéfinie, qu'on n'atteint pas dialectiquement mais par « réduction catégorielle » et « réduction dimensionnelle ». Nouveaux aristotéliciens et nouveaux néoplatoniciens se disputent donc un Platon qui certes en a vu d'autres, et tous ont en commun de présenter la figure d'un platonisme dont la dialectique est absente ou au moins rendue plus traitable, soit parce qu'on la réduit à une simple procédure logique, soit parce qu'on en fait une mathématique ontologisée.

Il m'a semblé nécessaire et même urgent de réagir contre cette tendance générale, et de le faire non pas en défendant le dialogue, la forme dialoguée que Platon a donnée à sa philosophie, ce qui a trop souvent pour résultat de le réduire à une conversation et une coopération entre hommes de bonne volonté, ou de favoriser une approche « littéraire », mais en reprenant le problème de ce que Platon entend par dialectique. Car ce qui se trouve avec elle effacé, ou rabaissé, c'est d'abord la modalité interrogative du savoir, puis la diversité des chemins pris, et aussi la hardiesse, le découragement et la jubilation d'une pensée qui ne s'appuie que sur sa propre puissance. J'emploie volontairement ces termes « psychologiques », car d'intellect à part d'une âme, répète à plusieurs reprises Platon, il ne saurait y en avoir, pas plus qu'il n'y a de dialectique sans dialecticien philosophe. Je voudrais donc tenter ici de replatoniser Platon, qui n'était ni un logicien imparfait, ni un métaphysicien ésotérique, ni un auteur dramatique.

Pour le montrer, je ne vais pas étudier la dialectique chez Platon, parce que cela reviendrait selon moi à étudier Platon tout court. Je ne vais aborder que les textes où la dialectique se trouve réfléchie, décrite dans ses parcours, ou même objet d'éloge. Cela reviendra à aller de texte en texte. Ce livre est une série d'explications de textes, et il n'a pas d'autre prétention. Les passages ont été choisis selon un critère sémantique : la présence du terme *dialegesthai* et de ses dérivés (l'adjectif *dialektikos*, *dialektikè*, *dialektikon*, et l'adverbe *dialektikôs*). L'ordre adopté est chronologique, mais en un sens bien particulier. La question de savoir si Platon a effectivement écrit tel dialogue avant ou après tel autre n'est pas, je dois l'avouer, une de mes préoccupations fondamentales. Il me paraît plus important de savoir quel ordre de lecture les Dialogues eux-mêmes appellent. Je ne parle pas d'un ordre systématique et doctrinal comme ceux qui ont été proposés par les disciples de Platon ou les éditeurs des Dialogues, mais de séquences qui se dégagent à partir de critères internes. La séquence *Théétète-Sophiste-Politique* est indiscutable, mais *République-Timée-Critias* en serait une autre, ou *Cratyle-Banquet-Phédon*. L'ordre que j'ai suivi m'a paru être celui qu'imposait l'étude de la dialectique, il n'a d'ailleurs rien de révolutionnaire et recoupe, sauf pour les dialogues abordés dans le premier chapitre, l'ordre communément et « scientifiquement » établi. J'espère qu'il apparaîtra qu'il a sa cohérence.

Force est de constater qu'il est impossible de superposer exactement deux textes de Platon concernant la dialectique.

Celle-ci change d'aspect, non pas en raison d'une évolution qui conduirait Platon à des rectifications ou des révisions successives, mais selon la nature du problème posé. On ne divise pas de la même façon une Forme une comme la science, une relation comme la mesure ou une réalité illimitée comme le plaisir, et on ne rassemble pas non plus de la même façon des espèces différentes de multiplicité. Les derniers textes étudiés sont des textes difficiles, dont la difficulté est encore accrue par la multiplicité des interprétations « logico-analytiques » auxquelles ils ont donné lieu. On ne peut cependant ni ignorer celles-ci ni les négliger, d'abord parce que s'y trouvent parfois posées de vraies questions et proposées de vraisemblables solutions, mais aussi parce que les faux problèmes comme les solutions impossibles sont extrêmement instructifs par les présupposés qu'on y découvre. La manière dont j'ai compris certains passages est sans nul doute discutable, mais je souhaite avoir réussi à dégager à peu près clairement les problèmes qu'ils posent, et j'ai toujours indiqué les autres interprétations avancées.

Difficiles, ces textes le sont d'autant plus quand on les coupe de cette impulsion initiale qu'est la discussion socratique et de la « puissance naturelle d'aimer le vrai et de tout faire en vue de lui » qui est en nos âmes. C'est ce que rappelle le Socrate du *Philèbe*, c'est sans doute ce que signifie son retour comme protagoniste du dialogue, et, parlant à propos de la dialectique d'erôs et de puissance, il lui fait subir sa dernière métamorphose, celle qui change à nouveau le carrosse en citrouille.

CHAPITRE PREMIER

# D'UNE PRATIQUE DIFFÉRENTE DU DISCOURS À UNE SCIENCE DE L'USAGE

*Il n'est pas facile, Socrate, de rester à côté de toi sans te rendre raison.*

*Théétète, 169 a*

Tous les dialogues de Platon, à l'exception du *Ménexène*, du *Critias* et de la plus grande partie du *Timée*[1], mettent en œuvre une pratique caractérisée par le verbe *dialegesthai*. Pourtant, si l'on considère les passages où figurent les termes *dialegesthai*, *dialektikos*, *dialektikè*, les dialogues antérieurs à la *République* semblent ne nous fournir que de brèves remarques, lancées incidemment, et on voit mal au premier

1. Même dans l'*Apologie de Socrate,* le « contre-interrogatoire » de Mélètos (24 c-28 a) prend la forme d'une « discussion » socratique. – J'ai choisi, sans conviction, de traduire *dialegesthai* par « discuter », parfois par « dialoguer », et *didonai logon* par « rendre raison » ou « donner une justification rationnelle ». Ces traductions sont peu satisfaisantes, mais je n'en ai pas trouvé de meilleures.

abord comment, à partir d'eux, on pourrait saisir même une ébauche de théorie de ce qui sera la science dialectique. Il est assez communément admis qu'ils n'atteignent pas au degré d'abstraction suffisant pour formuler la nature et les règles de cette pratique, qu'ils servent à combler « l'écart entre un usage parfaitement idiomatique du verbe "converser" et la terminologie semi-technique des livres centraux de la *République* »[1].

Pourtant, s'il n'est pas toujours facile de distinguer entre ces deux sens, l'emploi banal du verbe – parler avec quelqu'un, s'entretenir avec lui – n'est vraiment indiscutable que dans un petit nombre de cas, et Socrate, pour sa part, ne lui donne ce sens faible qu'à trois occasions : quand il dit que le serviteur des Onze venait parfois « parler avec lui » (*Phéd.*, 116 d 6) – encore que Socrate soit bien capable de le soumettre lui aussi à examen; quand il entend les cigales (*Phèdre*, 259 a 1), mais il est après tout également capable de les entendre « discuter »; et quand, dans son premier discours (*Phèdre*, 241 a 6), il reprend la thèse de Lysias. Partout ailleurs, le verbe est pris dans son sens courant soit par le récitant, soit par un interlocuteur du dialogue[2].

Cela signifie-t-il qu'il faille supposer que, dans tous les autres cas, le verbe est déjà pris en un sens technique, ou

1. C.H. Kahn, *Plato and the Socratic Dialogue. The Philosophical Use of a Literary Form*, Cambridge, Cambridge University Press, 1996, p. 303 (ma traduction). *Cf.* R. Robinson, *Plato's Earlier Dialectic*, 2nd edition, Oxford, 1953, chap. V, p. 49-60. W. Müri, « Das Wort Dialektik bei Platon », *Museum Helveticum* 1, 1944, 152-168, écrit plus justement (p. 154) : « La signification particulière que le mot a gagné dans le cercle socratique [...] est liée à la pratique de Socrate » (ma traduction). Pour les rares occurrences pré-platoniciennes du verbe, voir p. 152-153.

2. Voir Appendice I. Le verbe est pris en ce sens une fois par l'Étranger d'Élée, quand il se pose la question : comment parlaient entre eux les hommes du temps de Cronos ? (*Polit.*, 272 c 6).

quasi-technique ? Le problème ne me semble pas se poser ainsi. Ce qui vient emplir le verbe d'un autre sens, c'est Socrate : parler avec lui, c'est se soumettre à ses exigences, quitter la manière commune de converser, accepter d'être mis à l'épreuve, examiné, être contraint de rendre raison de ce que l'on avance et de ce que l'on est :

> Tu m'as l'air de ne pas savoir que celui qui approche Socrate de tout près et qui, s'approchant, se met à discuter avec lui (καὶ πλησιάζῃ διαλεγόμενος), est forcé, quel que soit le sujet sur lequel il a d'abord commencé à discuter, de se laisser sans répit tourner et retourner par le logos, jusqu'à ce que ce soit finalement de lui-même qu'il vienne à rendre raison (εἰς τὸ διδόναι περὶ αὑτοῦ λόγον), de la manière dont il vit à présent et de celle dont il a vécu par le passé ; ni que, une fois arrivé là, Socrate ne le laissera pas partir avant d'avoir soumis bel et bien tout cela à la question (βασανίσῃ) [1].

Socrate projette autour de lui son propre espace discursif, et quiconque vient dans son voisinage entre, de gré ou de force, dans cet espace socratique du discours où rien n'échappe à examen, où le logos se donne et se reçoit, où l'on ne cesse d'avoir à fournir une justification rationnelle. Où qu'il soit, pourvu qu'il ait un interlocuteur qui consente à lui répondre, Socrate « discute », c'est-à-dire soumet l'autre et se soumet lui-même à la force du logos. Il incarne une certaine manière d'user du logos qui ne laisse aucun de ses interlocuteurs intact. Si donc c'est avec Socrate qu'on parle, le « parler avec » subit une mutation radicale. Car dans un entretien ordinaire, on échange des opinions ou des informations, on se raconte des histoires (comme le faisaient peut-être les hommes du temps de Cronos), ou encore on se sert de la parole comme

1. *Lachès*, 187 e 6-188 a 3 ; cf. *Apologie*, 38 a.

moyen (de séduction, d'intimidation, etc.). Mais Socrate rend impossible cette forme de conversation. Avec lui, le dialogue prend nécessairement une tournure particulière, il se situe tout entier dans l'horizon d'une question, de telle sorte que toute réplique prend la forme d'une tentative de réponse ou d'une reformulation de la question [1]. Toute discussion avec lui n'est faite que de questions et de réponses : c'est pourquoi la manière socratique de « dialoguer » donne à ce terme une signification qui n'est ni idiomatique ni technique, et qu'il serait sans doute plus juste d'appeler tout simplement philosophique. Socrate incarne une dimension de la parole philosophique, dimension ironique, interrogative, critique, érotique, qui restera pour Platon fondamentale, même si par la suite il lui en ajoute d'autres.

## DIALOGUER ET DISCOURIR
## (*Hippias Mineur*, *Gorgias*, *Protagoras*)

La manière socratique de discuter ne relève pas d'un art, d'une *technè*, plutôt d'un acharnement à faire reconnaître cette force de la parole rationnelle, à en faire pâtir les autres comme il en pâtit. Mais des experts, des « savants » (*sophoi*), prétendent, eux, posséder cet art. Comment, quand on est Socrate, articuler sa parole à celle d'un « savant » ?

La parole de Socrate soumet à examen le savoir de l'autre, mais on n'examine pas de la même façon les opinions d'un interlocuteur naïf et les affirmations de celui qui non

1. Ce qui n'empêche pas la parole de Socrate de produire des effets (séduction, paralysie…), mais ce ne sont pas des visées de sa parole, ils se produisent par surcroît (voir M. Dixsaut, *Le Naturel philosophe, Essai sur les Dialogues de Platon*, 3ᵉ éd. corr., Paris, Vrin, 2001, p. 157-161).

seulement a une maîtrise du logos, mais qui voit dans le logos le « grand dynaste » et lui prête une toute puissance, à savoir le sophiste. Pour la critique de l'ignorance – du croire savoir naïf –, l'enquête de l'*Apologie* suffit : poètes, politiques, artisans, tous relèvent d'une même erreur, qui consiste à croire être compétents sur tout dans la simple mesure où ils sont compétents en quelque chose. On ne se débarrasse pas de façon aussi expéditive de la *sophia* à laquelle prétendent les sophistes. Car eux ont l'intelligence, ou l'habileté, pour justifier l'extension universelle de leur savoir, de dissocier la forme et le contenu : seule une *sophia* formelle peut prétendre être une *passophia*, une science universelle, et la maîtrise de la forme assure celle de n'importe quel contenu. Or, dans ses dialogues dits socratiques, Platon représente presque toujours Socrate aux prises avec un sophiste, ou une thèse sophistique. Socrate cherche obstinément à faire entendre une question, à en faire reconnaître la validité par l'interlocuteur (c'est la fonction unique dévolue à son double anonyme dans l'*Hippias Majeur*, *cf.* 292 c, d). Mais quand celui-ci est un sophiste, son présupposé est qu'il n'a justement pas à se poser la question, puisqu'il détient la réponse.

### *L'exigence de brièveté*

Comment alors installer dans un même espace discursif une manière de parler essentiellement interrogative et aporétique, et cette parole qui prétend disposer d'un savoir infaillible qui est celle des sophistes ? D'autant que ces derniers sont bien conscients que pour Socrate, s'articuler à une parole, c'est la désarticuler, morceler sa belle unité, l'empêcher de se dérouler selon ses propres règles. Dans l'*Hippias Mineur*, le *Gorgias* et surtout le *Protagoras*, le problème se présente comme une opposition entre la brachylogie de l'un et la macrologie des autres, elle ne concerne, au moins en apparence, que la simple forme que doit adopter le dialogue.

Ainsi, dans l'*Hippias Mineur*, Socrate avoue sa perplexité devant le problème suivant : ceux qui ont commis une faute de leur plein gré sont-ils meilleurs que ceux qui l'ont commise contre leur gré ? Il demande alors au savant Hippias d'être « le médecin de son âme » en le débarrassant de cette maladie qu'est l'ignorance, à une condition toutefois : qu'Hippias ne se lance pas dans un long discours, car alors il ne pourra pas le suivre. Il prie donc Eudicos, puisque c'est lui qui l'a pressé de discuter avec Hippias, d'intervenir pour que celui-ci accepte de lui répondre brièvement (372 e-373 a).

De même, dans le *Gorgias* (447 b-c)[1], Socrate demande à Calliclès si Gorgias ne consentirait pas à discuter, car, pour une nouvelle conférence (*epideixis*), il pourra la faire une autre fois. À la question transmise par Chèréphon : « en quel art Gorgias est-il savant ? », c'est Pôlos qui répond que c'est « le plus beau des arts ». Socrate reprend la parole et préfère s'adresser à Gorgias, car « Pôlos (pour moi, c'est bien évident d'après tout ce qu'il a dit) s'est exercé davantage dans ce qu'on appelle la rhétorique qu'à la pratique de la discussion (*dialegesthai*) » (*Gorg.*, 448 d 8-10). L'opposition ne joue plus ici seulement entre longueur et brièveté de parole[2], comme dans l'*Hippias Mineur*, mais entre le discours qui définit ce qu'est la chose, et celui qui en loue ou blâme les propriétés : « mais moi, je ne peux lui répondre si je tiens l'art rhétorique pour une belle ou pour une vilaine chose, tant que

1. L'ordre des dialogues précédant la *République* suivi dans ce chapitre n'est pas chronologique, et ne prétend nullement indiquer une chronologie. Le *Gorgias* est probablement postérieur au *Protagoras* mais il contient moins d'indications pour la question qui m'occupe.

2. *Gorg.*, 449 b 4-c 8, *cf.* 461 d 6-462 a 10.

je n'apporte pas d'abord une réponse qui dise ce que c'est (πρὶν ἂν πρῶτον ἀποκρίνωμαι ὅτι ἐστίν) » (463 c 3-5).

L'exigence de brièveté trouve ainsi sa justification, elle est liée à une certaine sorte de question, celle qui porte sur « ce qu'est » la chose. Blâme et éloge doivent forcément recourir à des moyens rhétoriques, donc relèvent de la « macrologie », alors que pour arriver à dire « ce que c'est » il faut, comme va le faire Socrate lors de son entretien avec Gorgias, multiplier les questions et ainsi interrompre le flux du discours. Si le *dialegesthai* exige la brièveté, cette exigence ne porte pas en fait sur la longueur des réponses, mais sur le fait que les réponses doivent être des réponses, c'est-à-dire ne perdent pas de vue la question. Ce qui est visé, ce n'est finalement pas la longueur du long discours, mais sa continuité : est « long » un discours qui ne bute sur aucune aporie, mais esquive toutes les difficultés en se déroulant selon une logique apparente.

C'est cet art rhétorique de l'esquive – art qui lui permet justement d'avoir réponse à tout en contournant la difficulté propre à la question posée – que dénonce l'intermède du *Protagoras* (334 c 7-338 e 5). Protagoras vient de se livrer à la macrologie sur le problème de savoir s'il est possible d'identifier bon et utile. Son long discours n'est d'ailleurs pas dépourvu de sens, puisqu'il affirme l'essentielle relativité de l'un comme de l'autre : ce qui est utile à certains ne l'est pas pour d'autres, et il en va de même de ce qui est dit bon. Socrate invoque alors sa naturelle « propension à l'oubli » (ἐπιλήσμων) qui le rend incapable, si on lui en dit trop long, de se fixer sur l'objet en question, et demande à Protagoras de faire des réponses plus courtes. Ce dernier critique alors le sens purement quantitatif que Socrate semble donner à la longueur et à la brièveté : « Dois-je te les [mes réponses] faire plus courtes qu'il ne faut ? » (334 d 6-7, βραχύτερά [...] ἢ δεῖ). S'il s'agissait, comme ce sera le cas dans le *Politique*

(283 b-284 e), d'opposer mesure quantitative à juste mesure, Protagoras aurait évidemment raison : la juste mesure d'un discours est celle qui convient à l'objet du discours[1]. De même, dans le *Gorgias*, Gorgias fait remarquer à Socrate « qu'il y a certaines réponses qui rendent nécessaires de longs développements » (449 b 9-10). Sur ce point, les objections de Protagoras et de Gorgias semblent tout à fait justifiées, car si la brièveté est une exigence purement quantitative, la seule raison, bien légère, de cette exigence serait l'incapacité de l'auditeur à suivre. Mais, pour une réponse, quelle est la longueur requise, et surtout quel en est le critère? Selon Protagoras, ce n'est pas l'objet du discours qui en est la mesure, mais le sujet qui le tient. Une réponse, demande-t-il à Socrate, doit-elle avoir la longueur qu'il faut « selon moi ou selon toi ? » (334 e 2-3). « Ce qu'il faut »[2], au regard de Protagoras, est ce qui apparaît tel au sujet qui parle, en fonction de l'effet qu'il tend à produire. Sur ce point aussi, pour lui, chacun est mesure de ce qui lui apparaît comme cela lui apparaît. Si la mesure est subjective, relative à l'appréciation du locuteur, et si tout dialogue est « un combat de parole », celui qui se plierait aux règles de l'adversaire serait forcément vaincu (335 a 4-8). Ce qui est requis (*to deon*), convenable (*to prepon*)[3], est ainsi lié à la notion de *kairos* et d'improvisation, donc d'ajustement à la diversité et la variabilité des auditeurs, des circonstances etc. Cela ne vaut, par conséquent, que devant un auditoire multiple et à propos

1. *Cf.* par exemple *Rép.*, VI, 484 a, *Théét.*, 172 d.

2. Protagoras emploie le verbe *dei :* « il faut, il est requis ». Lorsque le problème sera repris et approfondi dans le *Politique*, l'adjectif substantivé formé sur ce verbe, *to deon*, figure parmi les aspects de la juste mesure (284 e 7).

3. Gorgias aurait fait de cette notion une des caractéristiques de son art, reprise par son élève, Isocrate.

de problèmes portant sur des choses en devenir. Ce que Protagoras comme Gorgias oppose à une mesure quantitative, ce n'est donc pas une juste mesure, mais un empirisme de la mesure. Pourtant, Socrate ne répond pas vraiment aux objections des deux sophistes et contourne le problème de la juste mesure d'un discours. Il se contente de faire appel à la capacité déclarée de Protagoras (335 b 7-8) de pouvoir pratiquer également la macrologie et la brachylogie (Gorgias a la même prétention[1]), alors que lui n'est capable que de la seconde.

*Les médiateurs*

Socrate menaçant de s'en aller, on assiste à une série de tentatives d'arbitrage de la part des assistants (occasion pour Platon de se livrer à une série de délicieux pastiches). Il s'agit d'instaurer un protocole de parole permettant la poursuite du dialogue. Toutes ces tentatives sont vouées à l'échec, car elles ne tendent qu'à assurer le déroulement d'un beau débat pour le plaisir des auditeurs. C'est pourquoi Socrate, que n'intéresse que la recherche d'une réponse à la question posée, les refuse toutes, et en propose une autre : inverser les rôles du questionneur et du répondant. Elle n'aura pas plus de succès, puisque Protagoras ne sait pas plus questionner qu'il ne sait répondre.

Ce passage du *Protagoras* est certainement le texte le plus éclairant quant au problème qui se pose constamment à Socrate : comment s'y prendre pour faire entendre sa parole par un sujet supposé savoir? Comment articuler une parole incertaine, questionnante, aporétique, à celle déjà parfaitement constituée du sophiste, parole que ferme sur elle-même la certitude de sa puissance et de son art? Comment installer

1. *Gorg.*, 449 c.

l'espace socratique de la discussion face à ceux qui savent aussi discuter, mais autrement ? Comment, en un mot, arracher le *dialegesthai* à sa pratique sophistique ?

Mais d'abord, pourquoi est-il nécessaire de mettre en scène un conflit dont on sait d'avance qu'il n'aura pas d'issue ? Le rapport entre le sophiste et Socrate n'est pas celui d'une ignorance positive, un croire savoir, à un savoir dont toute la supériorité consiste dans sa négation – la conscience de ne pas savoir ce qu'on ne sait pas. Cela, c'est le rapport de Socrate à tout ignorant. Quand il parle avec un sophiste, c'est à l'affrontement entre deux conceptions du savoir qu'on assiste, ou plutôt à celui entre une apparence de savoir et le savoir de la différence réelle du savoir. Cette différence entre le savoir et son image, Socrate a besoin du sophiste pour la prendre, la marquer, la réaffirmer inlassablement. Cela ne peut se faire qu'au cours d'un dialogue que le sophiste cherche à esquiver ou pervertir en imposant son propre maniement du discours. Le dialogue de Socrate avec un sophiste pose donc d'abord la question de la possibilité d'une rencontre entre deux usages différents du discours, découlant de deux conceptions radicalement différentes de ce que c'est que savoir. Ce qui permet cette improbable rencontre, c'est l'ironie : Socrate doit feindre, non pas sa propre ignorance – « Si je souhaite discuter avec toi [Protagoras], ne crois pas que c'est pour un autre motif que d'examiner tout au long des questions qui chaque fois me plongent dans l'embarras » (*Protag.*, 348 c 5-7) – mais feindre d'être certain que son interlocuteur possède effectivement un savoir lui permettant de répondre. Il sait fort bien que ce n'est pas le cas, mais c'est la condition pour qu'un dialogue s'instaure.

Les solutions proposées par les différents médiateurs n'ont rien à voir avec cette solution proprement socratique. Chacune suppose une conception de la discussion qui va du dialogue de sourds à la joute, de la dispute verbale entre amis à la recherche d'un compromis entre les deux thèses en présence.

Selon Callias un dialogue n'est possible que si chaque interlocuteur a le droit de parler comme il lui plaît : que chacun parle donc à sa façon, sans l'imposer à l'autre (droit que Gorgias reconnaît lui aussi à Socrate quand il dit à Calliclès : « Laisse Socrate t'interroger comme il lui plaît », *Gorg.*, 497 b). Autant dire que Protagoras parlera devant Socrate, et que Socrate n'aura plus d'autre rôle que de relancer, par ses questions, les longs discours du sophiste. Il n'y aura plus de dialogue, mais deux paroles parallèles.

Alcibiade le comprend, et montre les conséquences de la « macrologie » : un long discours permet d'éluder la question et de faire oublier aux auditeurs ce sur quoi elle portait. Puisque Protagoras prétend qu'il est aussi habile dans les deux manières de parler, qu'il démontre sa supériorité sur Socrate en matière de discussion. Mais Alcibiade, comme toujours, comprend à moitié ; il énonce les traits essentiels de la discussion socratique : savoir donner ses raisons et accueillir celles de l'autre, discuter en questionnant et en répondant[1], mais s'il défend Socrate c'est afin que celui-ci puisse triompher de Protagoras. Le dialogue est pour lui aussi une joute, un combat, et ce qui importe est de vaincre, non de répondre aux problèmes qui se posent. La seule question est : qui l'emporte ? De telle sorte que la différence précédemment énoncée par Socrate entre dialoguer (*dialegesthai*) et discourir (*demègorein*), parler comme un orateur devant le peuple[2], se

1. ἐπίστασθαι λόγον τε δοῦναι καὶ δέξασθαι (336 c 1), διαλεγέσθω ἐρωτῶν τε καὶ ἀποκρινόμενος (336 c 4-5).

2. « Sinon, quelle sera la tournure des entretiens ? Car pour moi, je croyais que se réunir pour discuter entre soi et parler comme un orateur populaire étaient deux choses séparées » (εἰ δὲ μή, τίς ὁ τρόπος ἔσται τῶν

trouve annulée, puisqu'il s'agit dans les deux cas de remporter les suffrages des auditeurs. Pour ce qui est des longs discours, Socrate cède le pas à Protagoras, mais pour ce qui est d'être capable de discuter, Socrate ne le cède à personne. Que Protagoras le reconnaisse, cela suffira à Socrate (336 b-c). Il y a en fait peu de chances que cela lui suffise.

Prodicos trouve alors l'occasion de déployer sa science « synonymique » : comme vient de le dire Critias, Callias et Alcibiade font preuve de partialité, l'un soutenant Protagoras et l'autre Socrate. Or il faut être impartial, mais pas neutre, disputer (*amphisbètein*) entre amis, mais non se quereller (*erizein*)[1], rechercher la réputation et non l'éloge, éprouver de la joie à écouter des discours, mais non du plaisir. La finalité, pour Prodicos, ce n'est pas comme pour Alcibiade la victoire, mais la joie qu'on éprouve à réfléchir, et réfléchir, selon lui, c'est distinguer les mots du lexique, refuser la synonymie.

Hippias enfin, joue les conciliateurs : que Socrate assouplisse un peu sa rigueur, modère sa recherche excessive de précision et de brièveté, et mette dans ses propos un peu de majesté et d'élégance. Pour Protagoras, qu'il cesse de prendre la haute mer des discours. Chacun doit donc « se rencontrer au milieu » (*eis to meson*), suivre une voie moyenne. Pour cela, il n'y a qu'à élire un arbitre, garant de la « longueur bien mesurée de chaque discours »[2]. Parce qu'il refuse que le dialogue soit pris pour un combat, un spectacle, ou une négociation, Socrate refuse d'instituer un tel juge. Car ou bien il

διαλόγων; χωρὶς γὰρ ἔγωγ' ᾤμην εἶναι τὸ συνεῖναί τε ἀλλήλοις διαλεγομένους καὶ τὸ δημηγορεῖν, 336 b 1-3).

1. περὶ τῶν λόγων ἀμφισβητεῖν μέν, ἐρίζειν δὲ μή - ἀμφισβητοῦσι μὲν γὰρ καὶ δι' εὔνοιαν οἱ φίλοι τοῖς φίλοις, ἐρίζουσιν δὲ οἱ διάφοροί τε καὶ ἐχθροὶ ἀλλήλοις (337 a 8-b 3).

2. ὃς ὑμῖν φυλάξει τὸ μέτριον μῆκος τῶν λόγων ἑκατέρου (338 a 9-b 1).

sera inférieur aux deux interlocuteurs, donc incompétent, ou bien égal et semblable, et il sera un interlocuteur de plus, ou bien supérieur, mais personne n'est supérieur à Protagoras. C'est lui-même qui l'a dit. En fait, le refus par Socrate de la proposition d'Hippias signifie qu'entre deux paroles aucune médiation extérieure n'est légitime; la seule médiation, c'est le logos et sa circulation, et c'est à cette circulation que la macrologie fait obstacle, en accaparant le logos.

Tout l'intermède se déroule dans l'horizon de la *sophia*, entre hommes qui, comme le proclame Hippias, sont « les plus savants des Grecs » et se trouvent réunis dans « le prytanée de la science »[1]. Face à ces paroles savantes, Socrate se conduit comme un malfaisant et vient y jeter le trouble (*Hipp. Min.*, 373 b 4-5). Non pas, comme le croient tous ceux rassemblés dans la maison de Callias, parce qu'il *veut* imposer ses propres règles à la discussion, mais parce qu'il ne *peut* pas faire autrement. Or tous, y compris Alcibiade, partagent le préjugé proprement sophistique que l'on peut *choisir* sa manière de parler. Personne n'a donc entendu ce qu'a dit Socrate quand il prétextait sa nature oublieuse, à savoir que lui *ne peut pas parler autrement qu'il ne parle*. Il n'est pas le maître du logos, c'est le logos qui le conduit. Se posant une question qui le met dans l'aporie, il attend de celui à qui il la pose qu'il se la pose, avant de tenter d'y répondre. Pour lui, dialoguer, discuter, signifie avant tout cette unité du questionner et du répondre. C'est elle qui entraîne la double exigence de précision et de brièveté, condition pour que le logos puisse se donner et se recevoir. La *sophia* des sages ne peut se manifester pleinement qu'à travers de longs discours,

1. σοφὸς γὰρ εἶ, dit Socrate à Protagoras (335 c 1); Ἱππίας ὁ σοφὸς (337 c 7-8); σοφωτάτους δὲ ὄντας τῶν Ἑλλήνων (337 d 1-4); τὸ πρυτανεῖον τῆς σοφίας (337 d 6).

et Alcibiade n'a pas tort de penser que Socrate leur abandonne cette habileté-là.

Cette suite d'efforts pour instituer un protocole de parole acceptable à la fois par Socrate et par Protagoras est réellement étonnante : dans aucun autre dialogue la réflexion sur ce qu'implique le face à face d'un philosophe et d'un sophiste n'est aussi développée. Ce qui en ressort est la négation, par tous les assistants, de la spécificité de la parole socratique. Elle est perçue comme étant de même nature que celle du sophiste, comme un exercice de virtuosité visant à vaincre, à plaire ou à arriver par compromis à un accord. Toutes les tentatives d'arbitrage ont ceci de commun qu'elles supposent que la forme, longue ou brève, adoptée par le discours, est indépendante du contenu, qu'on peut donc la choisir à sa convenance. Si Socrate préfère la brièveté, c'est soit qu'il y est plus habile, soit par une espèce de manie personnelle – préférence déraisonnable qu'il ferait bien de modérer. Aucun sophiste n'imagine que le rapport de Socrate à sa parole puisse être différent du sien. En présupposant que Socrate a le même rapport au discours et le même maniement du discours que les leurs, les sophistes présents dans le *Protagoras* ont de Socrate l'image d'un *sophos*, semblable à eux, donc sophiste. Et ils sont tout prêts à saluer son habileté, le retiennent de partir parce qu'ils prennent plaisir à l'écouter. Les sophistes sont connaisseurs en matière de discours et ils admirent la manière dont Socrate s'y prend[1]. Or la meilleure manière d'affirmer qu'en dépit des ressemblances il existe une différence essentielle, et que la pratique socratique de la discussion

1. Voir *Protag.*, 318 d 5-7 : Protagoras trouve que Socrate pose de bonnes questions. Comme dans le *Protagoras*, où les sophistes veulent continuer à écouter Socrate discuter, Gorgias intervient dans le *Gorgias* pour que le dialogue se poursuive (497 b).

n'est pas qu'une « noble sophistique »[1], c'est de la montrer en action.

Dans ces trois dialogues, seul le verbe (*dialegesthai*) est employé (trente-trois fois dans le *Protagoras*, dont treize fois dans l'intermède où figurent aussi quatre occurrences de *dialogos*). Ils confèrent au *dialegesthai* une même caractéristique : son opposition à la macrologie, autant dire à la rhétorique. Dialoguer consiste à poser des questions et à y répondre, en donnant les raisons de ce que l'on affirme. Le but est de « mettre à l'épreuve la vérité aussi bien que nous-mêmes »[2], non de réfuter la thèse de l'adversaire. Cependant, tous les traits caractéristiques concernent le maniement formel du logos, et seul le *Gorgias* lui assigne explicitement pour fin la recherche d'une définition : il faut dire quelle est la chose en question (448 e 4, ἥτις δέ ἐστιν), répondre d'abord ce qu'elle est (463 c 5, πρὶν ἂν πρῶτον ἀποκρίνωμαι ὅτι ἐστίν). Le choix socratique d'une certaine forme de dialogue est donc tout autre chose qu'un choix entre des modes de discours tels qu'on peut les trouver inventoriés chez Gorgias, où « les conflits entre discours philosophiques » ne représentent qu'un usage du discours parmi d'autres et sont un moyen de « montrer la rapidité de l'intelligence (*gnômè*) capable de faire aisément changer la confiance qu'accorde l'opinion » (*Éloge d'Hélène*, § 13). Car Socrate ne se distinguerait alors que par son usage exclusif et systématique de ce mode de discours

1. *Soph.*, 231 b 8 ; lors de cette sixième définition, l'Étranger hésite sur le nom qui convient à l'espèce d'art qu'il vient de définir, car ce qu'il a plutôt mis en évidence, c'est la ressemblance entre l'antilogie et la pratique socratique. En l'occurrence, la différence semble plus difficile à établir dialectiquement qu'à montrer en acte.

2. τῆς ἀληθείας καὶ ἡμῶν αὐτῶν πεῖραν λαμβάνοντας (*Protag.*, 348 a 5-6).

dont les règles auraient été déjà bien établies par les sophistes, ne rejetant les autres modes que par incapacité à les pratiquer. Or ce qui le différencie est son insistance à rappeler non seulement que le point de départ de tout ce qui mérite le nom de logos est la position claire d'une question, mais aussi à montrer la priorité absolue d'un certain type de question, celle qui prend la forme « qu'est-ce que ? ».

## Discuter et disputer
## (*Ménon*)

Après que Ménon lui a fourni un « essaim » de vertus, Socrate précise que ce n'était pas là sa question ; il souhaite qu'en dépit des multiples différences entre les abeilles, Ménon lui dise quelle réponse il donnerait à cette question : que peut bien être l'essence (*ousia*) de l'abeille ? (72 b 1). Car c'est cela qu'il cherche à propos de la vertu, ce qui est même en toutes les vertus.

### *Ousia, eidos, idea*

Que signifie ici *ousia ?* Peu après, Socrate lui substitue, comme objet de sa recherche, le terme *eidos :* il faut trouver « une même forme » (εἶδος), qui est la *cause* (δι' ὅ) du fait que toutes les vertus qui la possèdent sont des vertus : « Même si elles [les vertus] sont multiples et de toutes sortes, elles possèdent certes toutes une forme (*eidos*), la même, à cause de quoi elles sont des vertus » (72 c 7-8 : ἕν γέ τι εἶδος ταὐτὸν ἅπασαι ἔχουσιν δι' ὃ εἰσὶν ἀρεταί). La question « qu'est-ce que ? » porte donc sur l'essence, nommée aussi forme quand elle est envisagée sous son aspect causal.

Selon Bluck, et une interprétation qui remonte à Aristote, rien n'indique que l'*ousia*, au sens « socratique », celle du courage, par exemple, soit « ontologiquement ou métaphysiquement supérieure aux manifestations (*instances*) de courage que l'on peut trouver en ce monde, ni qu'elle existe séparée d'elles. Autrement dit, rien ne prouve ici que Platon avait déjà élaboré sa propre théorie des Formes transcendantes[1] ». Rien ne le prouve en effet, pas plus dans ce texte du *Ménon* que dans ceux du *Protagoras* ou de l'*Euthyphron* où le terme *ousia* est également employé. Dans le *Protagoras*, Socrate demande si les noms des cinq vertus énumérées par Protagoras se rapportent à une chose (*pragma*, la réalité que signifie le nom, *onoma*) unique, ou si sous le nom de chaque vertu se trouve une *ousia* particulière, possédant sa propre puissance[2]. Il reproche à Euthyphron le fait que celui-ci, interrogé sur ce que peut bien être le pieux, ne lui en ait pas révélé l'essence mais seulement une de ses qualités accidentelles (*pathos*) (« être cher aux dieux »)[3]. Dans les deux cas, l'*ousia* est présentée comme ce sur quoi porte la question : « Voici ma question » (τὸ ἐρώτημα τόδε), « interrogé sur ce que peut bien être… » (ἐρωτώμενος). Je ne souhaite pas traiter ici le problème d'une évolution de la dite théorie des Formes, mais le placer dans une autre perspective, non plus celle (qui obsède les

1. Ma traduction. R.S. Bluck, dans ce qui reste le plus remarquable commentaire du dialogue (*Plato's Meno*, edited with an Introduction, Commentary and an Appendix, Cambridge, Cambridge University Press, 1961), note à 72 b 1 p. 222 et à 72 c 6 p. 224.

2. τὸ ἐρώτημα τόδε· σοφία καὶ σωφροσύνη καὶ ἀνδρεία καὶ δικαιοσύνη καὶ ὁσιότης, πότερον ταῦτα, πέντε ὄντα ὀνόματα, ἐπὶ ἑνὶ πράγματί ἐστιν, ἢ ἑκάστῳ τῶν ὀνομάτων τούτων ὑπόκειταί τις ἴδιος οὐσία καὶ πρᾶγμα ἔχον ἑαυτοῦ δύναμιν ἕκαστον (*Protag.*, 349 b 1-5).

3. ἐρωτώμενος τὸ ὅσιον ὅτι ποτ' ἐστίν, τὴν μὲν οὐσίαν μοι αὐτοῦ οὐ βούλεσθαι δηλῶσαι, πάθος δέ τι περὶ αὐτοῦ λέγειν (*Euthyph.*, 11 a 7-9).

commentateurs) de leur séparation métaphysique, mais celle de la nécessité qui a poussé Platon à les poser.

Il est clair que dans les trois dialogues que je viens de citer, le terme *ousia* est déterminé comme l'objet de la question socratique par excellence, « qu'est-ce que ? ». Elle suppose, comme le dit le *Protagoras*, qu'à certains noms correspondent des « choses » qui possèdent chacune leur puissance (*dunamis*) propre, et cette puissance est déterminée dans l'*Euthyphron* comme celle de l'*eidos* lui-même, *par quoi* (datif instrumental) sont pieuses toutes les choses pieuses (ἀλλ' ἐκεῖνο αὐτὸ τὸ εἶδος ᾧ πάντα τὰ ὅσια ὅσιά ἐστιν, 6 d 10-11). Socrate ajoute que c'est par un caractère essentiel (*idea*) unique que les choses pieuses ou impies le sont, et qu'il faut donc dire « ce que peut bien être cette *idea*, afin que en tournant son regard vers elle et en s'en servant comme d'un modèle (*paradeigma*) [...] on puisse déclarer pieux tout ce qui est tel que ce modèle, et impie tout ce qui ne l'est pas »[1]. Commentant ce texte, L.-A. Dorion affirme que « cette variété de cause n'agit pas de l'extérieur sur la chose à laquelle elle communique sa nature » et qu'il s'agit d'« une cause *purement logique* », immanente, qu'il faut se garder de confondre « avec la causalité ontologique et transcendante qu'exercent les formes intelligibles dans les dialogues de la maturité », donc « d'une toute autre histoire »[2]. Or tout d'abord, il s'agit pour Platon d'une *même* histoire, ou plutôt d'un même problème, celui de la possibilité de penser, donc de l'existence d'objets pensables.

1. τὴν ἰδέαν τίς ποτέ ἐστιν, ἵνα εἰς ἐκείνην ἀποβλέπων καὶ χρώμενος αὐτῇ παραδείγματι, ὃ μὲν ἂν τοιοῦτον [...] φῶ ὅσιον εἶναι, ὃ δ' ἂν μὴ τοιοῦτον, μὴ φῶ. (*Euthyph.*, 6 e 3-6).

2. L.-A. Dorion, *Platon. Lachès, Euthyphron*, Traduction inédite, introduction et notes, Paris, GF-Flammarion, 1997, notes 79 p. 303-304 et 81 p. 304.

Ensuite, que veut dire « immanent » ? Cette *ousia*, cet *eidos*, cette *idea*, est-il bien certain qu'on doive les concevoir comme un caractère commun, immanent à une multiplicité des choses ? Le *Protagoras* ne dit pas que l'essence du courage doit être cherchée dans les actes courageux [1], mais se demande si à la différence existant entre les noms des vertus correspond une différence d'essence. L'*Euthyphron* est encore plus net : la caractéristique conférée par la forme est bien une caractéristique essentielle, non une caractéristique commune, puisque c'est elle qui permettra de dire si des actes sont pieux ou s'ils ne le sont pas, donc d'en constituer l'ensemble. À quels actes la forme du pieux serait-elle immanente ? Seulement, répond Socrate, à ceux qui sont tels que le modèle, lequel sert donc de critère à la rectitude de leur dénomination, leur donne le droit d'être appelé pieux. L'essence, ou la forme, ou la caractéristique essentielle, ne sont peut-être pas séparées des choses ou supérieures à elles, mais elles en sont assurément distinctes, comme une cause l'est de son effet, puisque ce sont elles qui confèrent aux choses leurs qualités, et par là permettent de les dénommer et de les prédiquer correctement.

On pourrait cependant objecter, comme le fait Dorion, qu'elles n'en sont que *logiquement* distinctes, et que ce paradigme, l'*idea*, qu'il importe à nouveau de ne pas confondre avec celui des dialogues ultérieurs, ne lui est pas « extérieur ». C'est ingénieux, et cela revient à différencier ce que l'on appellera plus tard « distinction de raison » et « distinction réelle », mais cela ne tient qu'à la condition de négliger l'identité établie entre *eidos* et *ousia*. Car si une cause peut en effet n'être que

1. Voir R. Robinson, *op. cit*, p. 52 : « *Nor does Plato represent Socrates as seeking to answer his What-is-X ? question by looking to cases or examples of X.* »

logiquement distincte de ses effets, l'essence, la manière d'être propre, ne le peut pas, précisément parce qu'elle est une manière d'*être*. Dans tous ces dialogues, celle-ci n'est déterminée que comme étant la même en toutes ses manifestations, et comme n'étant saisissable que par la question qui la vise et par le logos. Mais la question vise justement l'être de la chose, ou plutôt la chose en question *comme un être*. Ce sont ces deux implications du terme *ousia* qui en requièrent la séparation, à condition de n'entendre par là que la radicale distinction entre deux modes d'être et non pas leur localisation en deux mondes. « Extérieur » ne veut pas dire grand-chose, à moins de supposer que les Formes sont des *choses situées* dans le ciel des Idées.

Comme dans le *Phédon*[1], l'*ousia* est donc dans l'*Euthyphron* et dans le *Ménon* ce qui centre sur elle la question de savoir ce que c'est, et l'*eidos* est ce par quoi les choses multiples acquièrent leur nom et leurs propriétés. Il est certain qu'on ne peut les atteindre par induction (puisqu'il faut d'abord savoir ce qu'est le pieux pour décider si un acte est vraiment pieux)[2], et que le seul moyen est de poser la question

1. J'ai tenté de débrouiller cette question dans *Platon et la question de la pensée*, Paris, Vrin, 2000, p. 71-91.

2. Çela semble surprenant à R. Robinson qui, dans le chap. V de son livre, critique la priorité de la question « *What-is-X ?* » (p. 53-60). Mais si, comme il l'affirme, il n'est pas nécessaire de savoir ce qu'est l'amitié pour être vraiment ami, il faut à coup sûr avoir au moins de l'amitié une représentation. Si cette représentation n'est pas un savoir de son essence, elle ne peut qu'être issue de l'expérience (« *a twentieth-century philosopher would reply that it is a matter of experience* », p. 52). C'est aussi ce que pense Platon, mais de l'expérience ne sortira selon lui qu'une opinion. Critiquer la priorité de la question d'essence, c'est en fait reprocher à Platon de ne pas être empiriste. De plus, selon Robinson, le degré d'abstraction atteint dans les premiers dialogues serait tout à fait rudimentaire, et ce serait vrai même pour les suivants, puisque « Platon n'a jamais utilisé la lettre X ». C'est exact, mais

où l'essence est impliquée. Cela ne suffit peut-être pas à leur donner une existence séparée des choses sensibles, ou transcendante, mais cela suffit à leur donner une existence *différente*, qu'aucune expérience ne peut constituer et qu'aucune sensation ni aucune expérience sensible ne peut appréhender. Seulement une question.

*Répondre d'une manière plus dialectique*

Puisque Ménon n'arrive pas à saisir « cette vertu unique, qui s'étend à travers toutes les autres » (*Mén*., 74 a 9 : τὴν δὲ μίαν, ἣ διὰ πάντων τούτων ἐστίν), Socrate tente de lui faire voir ce qu'il cherche en prenant deux exemples : la figure et la couleur. Il demande alors à Ménon : « Quelle est donc cette chose dont le nom est "figure" (*skhèma*) ? » (74 e 11). Et, préfigurant ce qui deviendra dans le *Politique* la méthode par paradigme, il ajoute : « Essaie donc de le dire, afin que cela te serve justement d'exercice pour ta réponse au sujet de la vertu »[1]. Si Ménon arrive à comprendre pour ce petit sujet qu'est la figure ce qu'est une définition et sur quoi elle doit porter, il pourra peut-être réussir à le comprendre pour ce grand sujet qu'est la vertu.

c'est sans doute parce que pour lui il y a une pluralité d'essences, et que sa question n'est pas « qu'est-ce que l'essence (en général) d'une chose (en particulier) ? », mais bien « qu'est-ce que cette chose, en tant qu'elle *est* une essence ? », ce qui suffit à donner son sens et sa priorité à la question « qu'est-ce que ? ».

1. πειρῶ εἰπεῖν, ἵνα καὶ γένηταί σοι μελέτη πρὸς τὴν περὶ τῆς ἀρετῆς ἀπόκρισιν (*Mén*., 75 a 8-9). Le trait commun avec ce que le *Politique* déterminera comme un « paradigme » est la notion d'exercice sur un sujet plus aisé à définir que celui qu'on cherche, mais il manque évidemment la mise en parallèle de la structure du petit avec le grand sujet (essentielle dans le *Politique*, 278 a-c), puisque cette structure n'est ici nullement analogue.

Socrate répond donc que « la réalité qui est toujours associée à une couleur, c'est cela une figure ». Cet énoncé, destiné selon lui à servir de modèle de définition, est jugé sévèrement par Ménon, car, objecte-t-il, on pourra dire qu'on ne sait pas davantage ce que c'est qu'une couleur. Socrate réplique :

> Si mon questionneur était un de ces savants, de ces amateurs de disputes et de combats de parole (καὶ εἰ μέν γε τῶν σοφῶν τις εἴη καὶ ἐριστικῶν τε καὶ ἀγωνιστικῶν ὁ ἐρόμενος), je lui dirais ceci : « Voilà ce que j'ai dit. Si je ne parle pas correctement, c'est ton affaire de t'emparer de mon discours et de le réfuter. » Mais si, comme c'est le cas à présent, c'est en amis que toi et moi souhaitons discuter ensemble, alors il faut répondre en quelque sorte de manière plus douce et plus dialectique (πρᾳότερόν πως καὶ διαλεκτικώτερον). Or il est sans doute plus dialectique non seulement de répondre des choses vraies, mais de se servir de ce que celui qui est interrogé accorde savoir (δι' ἐκείνων ὧν ἂν προσομολογῇ εἰδέναι ὁ ἐρωτώμενος) (*Mén.*, 75 c 8-d 7).

Les *sophoi*, ici, sont les mêmes que ceux des dialogues précédents, visés non plus dans leur habileté rhétorique mais dans leur maîtrise du « combat de parole ». Socrate reprend à Prodicos sa distinction entre la contestation entre amis et la controverse entre gens hostiles[1], à ceci près que les verbes employés par celui-ci (ἀμφισβητεῖν, ἐρίζειν) désignaient tous deux un conflit, alors que ce que Socrate oppose à l'éristique est une manière « plus douce et plus dialectique » de discuter.

1. καὶ ἀλλήλοις περὶ τῶν λόγων ἀμφισβητεῖν μέν, ἐρίζειν δὲ μή – ἀμφισβητοῦσι μὲν γὰρ καὶ δι' εὔνοιαν οἱ φίλοι τοῖς φίλοις, ἐρίζουσιν δὲ οἱ διάφοροί τε καὶ ἐχθροὶ ἀλλήλοις (*Protag.*, 337 a 8-b 4) ; cf. *Gorg.*, 487 a 2-3 sur les conditions d'un véritable dialogue.

La pratique de la discussion (le *dialegesthai*) appelle ici la formation de l'adjectif, *dialektikoteron*[1], au comparatif puisque l'éristique emploie le même mode d'argumentation par questions et réponses. Pour se distinguer de lui, il ne suffit donc pas d'opposer la brachylogie à sa macrologie, comme c'était le cas quand il s'agissait de se distinguer du rhéteur. Il faut, dit Socrate, discuter d'une manière plus conforme à ce que discuter veut dire. Une discussion n'est en effet ni une querelle (*eris*) ni une lutte (*agôn*). Est alors indiquée la manière dont s'y prend l'éristique : il assène sa thèse (« voilà ce que j'ai dit »), sans s'inquiéter de démontrer si elle est correcte ou non, car c'est à son adversaire qu'il revient de la réfuter. La manière plus dialectique est déterminée comme plus douce, plus apprivoisée, et s'oppose à la sauvagerie, à l'agressivité du débat éristique. À entendre Ménon, qui lorsqu'il discute ne fait rien d'autre que commander, Socrate le compare à ces jeunes gens qui, tant qu'ils sont dans leur fleur, jouent les tyrans (76 b 7-8) ; le sophiste est, dans le *Sophiste* (231 a 6), comparé à un loup, l'animal le plus sauvage. Les disputeurs détiennent un art féroce, implacable, qui leur permet de mettre systématiquement en déroute toute opinion, vraie ou fausse, et qui contraint chaque interlocuteur à se réfuter lui-même. La discussion dialectique suppose au contraire une *philia* entre interlocuteurs, c'est-à-dire une orientation semblable vers un but commun. Ce but consiste

1. Selon Müri (art. cit.), *dialogos* et *dialektikos* n'apparaissent pas avant Platon, mais cela tient peut-être « au hasard de la transmission » des textes anciens. Un texte de Xénophon (*Mémorables*, IV, 5, 11-12) prête à Socrate le formation de l'adjectif : « Il disait que le *dialegesthai* tirait son nom du fait de s'assembler et de délibérer en commun en distinguant selon les genres (*dialegontas kata genè*) [...] C'est par ce moyen que les hommes deviennent tout à fait excellents, fort bons dirigeants et parfaits dialecticiens (*dialektikotatoi*). »

certes à dire des choses vraies, mais la vérité, invoquée par Socrate face à Protagoras comme but de la réfutation (*Protag.*, 347 e), est ici une condition minimale du dialogue, nécessaire, mais non suffisante. La distinction pertinente porte sur la manière de répondre.

Après avoir posé la question, Socrate va donc avancer en réponse une définition de la figure. Selon Ménon, la première réponse de Socrate n'est pas une bonne réponse car, si quelqu'un prétendait être à propos de la couleur dans le même embarras qu'à propos de la figure, la réponse de Socrate ne vaudrait rien. Socrate, qui n'est pas un disputeur, n'exige pas qu'il lui démontre pourquoi, mais va tenter de répondre de manière plus dialectique.

C'est l'objection de Ménon qui a conduit certains éditeurs à modifier, à la suite de Thompson, le texte des manuscrits[1] : répondre plus dialectiquement, cela doit, d'après eux, signifier se servir de termes que *celui qui questionne* accorde connaître. Ils corrigent donc ὁ ἐρωτώμενος (celui qui est questionné, donc qui répond) en ὁ ἐρωτῶν (celui qui questionne). Cette correction, que ni une corruption évidente du texte ni la syntaxe n'imposent, est extrêmement éclairante en elle-même, puisqu'elle force à s'interroger sur la situation dialectique des deux interlocuteurs. Or dans le cas précis, c'est Socrate qui fait les demandes et les réponses. En effet, en 74 b 5, c'est Ménon qui est interrogé : « Qu'est-ce que la figure, Ménon ? » (« Τί ἐστιν σχῆμα, ὦ Μένων ; »), mais en 75 b 1, il demande, ou ordonne, à Socrate de répondre

1. Après Thompson, Bluck et Sharples, M. Canto (*Platon. Ménon*, Traduction inédite, introduction et notes, Paris, GF-Flammarion, 1991, note 53, p. 230-231) adopte la correction. Mais elle remarque pour finir (p. 231) : « tout au long de cet entretien les rôles de questionneur et de répondant s'échangent à plusieurs reprises entre Ménon et Socrate ».

à sa propre question. Personne n'est donc littéralement questionné, si ce n'est peut-être Socrate, qui se pose la question et reconnaît qu'elle se pose.

Comme, selon Ménon, la réponse de Socrate contient un élément qui pourrait paraître tout aussi inconnu et encore plus complexe (la couleur) que celui qu'il prétend définir (la figure), Socrate, sans juger forcément valable l'objection (qu'on peut estimer « éristique », mais un aveugle pourrait après tout ne pas comprendre le terme « couleur »), propose une seconde définition. Il va questionner Ménon pour s'assurer que celui-ci en comprend bien, cette fois, tous les termes. Si Ménon accorde qu'il saisit en gros le sens du terme limite (*peras*) – c'est une extrémité, une fin –, et si ses notions de géométrie lui permettent de comprendre ce que signifie « solide », il doit estimer recevable la définition de Socrate : « la figure est la limite d'un solide »[1]. C'est donc bien en se servant de ce qu'accorde savoir celui qui est à présent *questionné* – Ménon – que Socrate donne sa définition. Ce qui complique les choses est que celui qui répond à la question posée, Socrate, et celui qui est questionné par lui, Ménon, se retrouvent être deux personnes distinctes. La situation dialectique n'est donc pas plus claire lors de cette seconde définition qu'elle ne l'était lors de la première, car on ne sait plus très bien qui répond, et si répondre signifie répondre à la question (ce que fait Socrate), ou répondre aux différentes

1. Sur cette définition, voir M. Canto, *op. cit.*, note 57 p. 232-233. Pour la correction en 75 d 6 de προσομολογῇ en προομολογῇ (« reconnaît déjà »), je n'en vois pas la nécessité, car le verbe προσομολογῶ n'a pas seulement le sens de « reconnaître en plus », mais aussi celui de « reconnaître » tout court (voir L.S.J., *s.v.*, 2, avec des références à Isocrate, contestées il est vrai par Bluck, p. 245). La double correction du texte impliquerait que le questionnant ne pose que des questions dont il connaît déjà les termes, ce qui me paraît difficilement soutenable : à quoi servirait alors le parcours dialectique ?

questions qu'il est nécessaire de poser pour y répondre (ce qui est le rôle de Ménon).

Tout cela embarrasse considérablement Bluck, qui accepte, mais « non sans hésitation », la correction de Thompson, embarras traduit dans cette phrase étrange (en tout cas, certainement étrange pour Bluck) : « C'est ce que fait Ménon, qui est à présent *ὁ ἐρωτών* [le *questionnant*], en *réponse* à la question de Socrate ». Bluck relève également le paradoxe consistant à donner une réponse à ὁ ἐρωτώμενος (celui qui est questionné), mais pour lui la véritable objection à la leçon des mss. réside en cela : on aurait ici « une maxime pour celui qui conduit la discussion – il doit utiliser des termes compréhensibles par celui qui lui répond –, et non pas une règle générale valant pour quiconque répond à une demande de définition »[1]. Il est certain que dans un dialogue platonicien le problème n'est pas que son interlocuteur donne à Socrate des réponses dont celui-ci ne comprend pas les termes, mais bien plutôt que l'interlocuteur ne les comprend pas lui-même. Or c'est exactement cela qu'énonce la règle : celui qui interroge doit se servir de ce que celui qui est interrogé dit qu'il sait. La maxime concerne en effet *celui qui interroge*, puisque c'est lui qui doit utiliser ce qu'accorde savoir *celui qui est interrogé*.

La situation n'est pas claire si l'on pense que dans un dialogue, au sens où le comprend Socrate (je ne parle que du Socrate de Platon), les rôles de questionneur et de répondant sont assignés de façon tranchée, et que les règles du jeu interdiraient de les échanger. Cela, c'est précisément le caractère du débat éristique, où l'adversaire doit, par ses questions, susciter de la part du répondant des réponses

1. *Op. cit.*, p. 246-247 (ma traduction).

contradictoires afin de venir à bout de sa thèse[1]. Procéder de manière plus dialectique, c'est accepter de soumettre à examen ce qu'on a dit soi-même, et ne pas s'en remettre pour cela à l'adversaire. De plus, Socrate ne dit pas que sa règle vaut pour celui qui *répond*, mais pour celui qui *est questionné*. On peut penser que cela revient au même, à cela près que l'accent est mis sur l'acte de questionner : celui qui questionne doit être lui-même questionné par sa question, et celui qui est questionné ne peut répondre que s'il questionne, non pas l'autre, mais la chose sur laquelle porte la question. L'*erotôn* et l'*erôtômenos*, le questionnant et le questionné, c'est au fond le même, et seul celui qui questionne peut répondre (c'est très exactement ce que va dire le *Cratyle*). En fait, c'est toujours Socrate, le questionnant par excellence, qui apporte les véritables réponses.

Dans ce passage du *Ménon*, le savoir que doit reconnaître avoir celui qui est questionné n'a rien de dialectique, au sens fort que prendra ce mot dans la *République :* il est puisé soit dans l'expérience commune et le langage ordinaire, pour le terme « limite », soit dans une science indiscutable et claire, la géométrie. Socrate apporte du mot « figure » une définition de type géométrique, tout en prenant soin de faire remarquer qu'au moins un de ses termes, *peras*, est pris par lui dans un

1. C'est cette conception de l'entretien dialectique comme un duel, un « jeu à deux » où « l'échange verbal est pris dans un réseau de conventions et de règles » que doit faire respecter un arbitre, et où les rôles du questionneur et du répondant sont déterminés une fois pour toutes – le questionneur devant réfuter la thèse du répondant si elle est positive, et l'établir si la thèse choisie est négative – que théorise Aristote dans les *Topiques* et en particulier dans le livre VIII (voir l'introduction de J. Brunschwig à Aristote, *Topiques*, t. I, livres I-IV, Paris, Les Belles Lettres, 1967, à qui j'ai emprunté ces expressions, p. XXIII-XXX). Voir également M. Dixsaut, « Aristote Parricide. Note sur la dialectique chez Platon et Aristote », dans *Platon et Aristote. Dialectique et métaphysique*, E. Tsimbidaros éd., Bruxelles, Ousia, 2002.

sens vague. Mais s'il est possible de définir ainsi la figure, il en va autrement de la vertu, comme toute la suite du dialogue va le montrer. Car, de la vertu, la définition ne pourrait être que dialectique, et le paradigme « dianoétique » (au sens du l. VI de la *République*) de définition fourni par Socrate n'est finalement pas un bon paradigme. Une définition claire, et même vraie, n'est donc pas pour autant une définition dialectique, bien qu'elle ait le mérite de ne pas chercher à éblouir l'auditeur en usant de termes énigmatiques, comme c'est le cas de la définition « tragique » de la couleur que Socrate emprunte à Gorgias, qui l'a lui-même prise chez Empédocle. La définition de la figure ne fait appel à aucune théorie particulière, alors que celle de la couleur fait appel à une théorie de la vision, théorie discutable puisque d'autres explications du même phénomène sont possibles. Celle de la figure ne s'appuie que sur des significations courantes ou précisément définies, sans faire intervenir des notions comme « émanations », « conduits » ou « commensurabilité », notions qui sont propres à une théorie et ne sont intelligibles que par elle seule. Si Ménon juge cette définition plus satisfaisante, c'est qu'elle est plus conforme à ce qu'il est habitué à entendre. L'accoutumance (*sunètheia*) n'est pas un bon critère de compréhension (76 d 6-8).

La manière plus dialectique de discuter a donc amené une petite leçon de définition. Socrate en fournit deux d'une même chose (la figure), la première jugée mauvaise et l'autre acceptable ; puis, à propos de deux choses différentes (la figure et la couleur), il montre qu'il y a deux manières de définir, l'une mathématique et l'autre « tragique ». Il faut prendre ce mot au sens de « intrépide et grandiose » (ἀφόβως τε καὶ μεγαλοπρεπῶς), caractéristiques de la manière de répondre de Gorgias (70 b 6-7), mais il vise sans doute aussi ce que Socrate appellera les « spéculations élevées » d'Anaxagore

(*Phèdre*, 270 a) et les « mythes » que nous racontent, selon l'Étranger éléatique, tous ceux qui ont écrit sur la Nature (*Soph.*, 242 c-243 a). La distinction entre la manière plus dialectique de discuter et la manière éristique ne se résume donc peut-être pas à une opposition entre querelle stérile et « forme constructive, coopérante de conversation »[1]. Cette dimension existe, mais la pacification n'est possible qu'à la condition de donner à la discussion son but : la découverte de l'essence, de la forme, de la chose en question, ce qui à son tour n'est possible que si questionner et répondre sont indissociables. Ce texte du *Ménon* montre aussi l'inadéquation d'une certaine sorte de définition, de type mathématique, à un certain type de réalité. Il n'y a pas de manière plus ou moins dialectique de discuter, il n'y en a qu'une seule, et l'effort pour la distinguer de la manière éristique risque de se faire au prix d'une autre confusion possible, entre mathématiques et dialectique.

## MATHÉMATICIENS ET DIALECTICIENS
## (*Euthydème*)

Si les quatre dialogues étudiés précédemment se situaient tous dans l'horizon de la *sophia*[2], un curieux passage de l'*Euthydème* se situe dans celui du philosopher : « Nous nous sommes accordés à dire qu'il faut philosopher » (288 d 6-7). La philosophie est « l'acquisition d'un savoir » (d 8), or on ne cherche à acquérir que ce qui est profitable et n'est profitable

1. Kahn, *op. cit.*, p. 305.

2. Pour les trois premiers, voir *supra*, note 14; pour le *Ménon*, voir ἐπὶ σοφίᾳ (70 b 1, 4), ὥσπερ αὐχμός τις τῆς σοφίας γέγονεν (70 c 4), παρ' ὑμᾶς οἴχεσθαι ἡ σοφία (71 a 1).

que ce dont on sait user. Ce qu'il nous faut donc, conclut Socrate, est une science « où se trouvent réunis à la fois un [savoir] produire et un savoir utiliser ce que celui-ci produit » (289 b 4-6). Généralement, science de la production et science de l'usage constituent deux savoirs distincts. Cela vaut également pour les arts d'acquisition, celui des pêcheurs et des chasseurs qui remettent leurs prises aux cuisiniers comme celui des généraux, qui les remettent aux politiques. Savoir capturer n'est pas plus savoir user que ne l'est savoir produire. Au milieu de ces exemples que nul (sauf peut-être quelques généraux factieux) ne songerait à contester, s'en trouve logé un pour le moins déconcertant :

> les géomètres encore, et les astronomes, et les arithméticiens sont certes eux aussi des chasseurs ; car aucun de ces savants-là ne produit (*poiousi*) les représentations figurées (*diagrammata*), mais ils découvrent (*aneuriskousin*) les réalités elles-mêmes (*ta onta*). Puisque donc ils ne savent pas les utiliser par eux-mêmes, mais seulement en faire la chasse, c'est sans doute pourquoi ils s'en remettent aux dialecticiens pour utiliser leurs découvertes, du moins tous ceux d'entre eux qui ne sont pas dépourvus d'intelligence[1].

1. οἱ δ' αὖ γεωμέτραι καὶ οἱ ἀστρονόμοι καὶ οἱ λογιστικοί - θηρευτικοὶ γάρ εἰσι καὶ οὗτοι· οὐ γὰρ ποιοῦσι τὰ διαγράμματα ἕκαστοι τούτων, ἀλλὰ τὰ ὄντα ἀνευρίσκουσιν - ἅτε οὖν χρῆσθαι αὐτοὶ αὐτοῖς οὐκ ἐπιστάμενοι, ἀλλὰ θηρεῦσαι μόνον, παραδιδόασι δήπου τοῖς διαλεκτικοῖς καταχρῆσθαι αὐτῶν τοῖς εὑρήμασιν, ὅσοι γε αὐτῶν μὴ παντάπασιν ἀνόητοί εἰσιν (*Euthyd.*, 290 b 10-c 6). M. Canto traduit : « aucun d'entre eux ne produit ses figures, mais ils découvrent celles qui existent » (*Platon. Euthydème*, Paris, GF-Flammarion, 1989) – voir son Introduction p. 74 et sa note 162 p. 209. La présence de l'article (τὰ ὄντα) rend cette traduction improbable et on attendrait alors plutôt quelque chose comme ὡς ὄντα. L. Robin traduit : « ces divers spécialistes ne fabriquent pas en effet, chacun, la représentation

Inséré dans une série faisant appel à l'expérience la plus courante, l'exemple des mathématiciens, mis sur le même plan que chasseurs et pêcheurs, est pour le moins déconcertant. D'abord parce que les mathématiques sont rangées du côté des arts d'acquisition et qu'on n'y voit pas une production originale de l'esprit humain : les mathématiciens ne produisent pas, en les définissant, les objets sur lesquels ils raisonnent et dont ils tracent les figures, ils les découvrent. Ensuite, ces objets sont nommés des *onta*, des êtres réels, indépendants du discours qu'on tient sur eux. Quand ils en tracent les figures, les mathématiciens ne font donc que chasser ces réalités. Enfin et surtout parce que se trouve affirmée la nécessaire subordination des mathématiciens aux dialecticiens.

Non seulement la conception platonicienne de la nature des sciences mathématiques et de leurs objets se trouve évoquée en passant, mais les dialecticiens débarquent de manière inopinée et se voient dotés de la science de l'usage qui fait défaut aux mathématiciens. Toute l'épistémologie de la *République* semble être déjà là, et la supériorité de la science dialectique sur les mathématiques est affirmée comme si elle était bien connue. On peut évidemment donner une solution chronologique à ce problème, et situer l'*Euthydème* après la *République*, mais le fait que la chronologie des Dialogues soit sans cesse bouleversée au gré des interprétations ne prouve qu'une seule chose, qu'aucune solution chronologique n'est

figurée qui est leur objet, mais ce sont les données réelles qu'ils soumettent à leurs investigations », et Ch. Kahn : « *For they are not makers of diagrams, each of these experts, but they discover truths about reality* » (*op. cit.*, p. 308). Les deux glosent un peu, mais c'est le sens. Pas plus que les mathématiciens ne produisent les réalités qu'ils découvrent, ils n'en produisent les figures, mais ainsi que le dit la *République*, ils utilisent des objets sensibles pour en tirer les représentations figurées de ce qui, en soi-même, n'a pas de figure sensible.

une solution. Celle de Kahn est aussi au fond chronologique : « ce passage, écrit-il, est conçu comme une annonce provoquante de choses à venir », il est « proleptique »[1]. Mais cela ne résout en rien la question de savoir pourquoi c'est précisément dans l'*Euthydème* que se trouve assénée, et assénée par un Clinias brusquement et mystérieusement saisi d'une sagesse surhumaine, l'insuffisance des sciences mathématiques.

L'ensemble du dialogue oppose Socrate à deux « éristiques », Euthydème et Dionysodore. Pourtant, le terme *dialektikoi* n'y sert pas, comme dans le *Ménon*, à désigner une manière non éristique de discuter, mais à différencier les dialecticiens des mathématiciens; cela, à l'occasion d'une distinction entre sciences de l'usage et sciences de la production et de l'acquisition. Socrate vient de définir la philosophie comme l'acquisition du savoir : elle n'est donc pas une science de l'acquisition de la science, ce qui supposerait une science préalable à la science. On apprend ici qu'elle n'est pas seulement l'acquisition d'une science de l'acquisition (elle « chasse ce que chacun des êtres est en lui-même et sans mélange », *Phéd.*, 66 a 2-3, c'est « une chasse à l'être », 66 c 2), mais aussi d'une science de l'usage, celle propre aux dialecticiens, auxquels même les mathématiciens, qui ont eux aussi affaire aux êtres véritables, doivent remettre leurs découvertes.

1. Kahn, *op. cit.*, p. 309 (ma traduction). Selon lui, les dialogues socratiques seraient des fictions littéraires, des « expressions partielles de la vision qui sera exprimée plus complètement dans le *Phédon* et dans la *République* ». Ces dialogues ne sont donc pas « des étapes de la pensée de Platon mais différents moments littéraires de la présentation de sa pensée » (p. I). Cela offre l'inconvénient de supposer que la pensée de Platon est déjà toute constituée, mais partiellement présentée, donc que le dialogue est pris comme une forme littéraire d'exposition et non comme la structure même de la pensée. Il reste que le chapitre 10 de cet ouvrage contient certainement une des études les plus utiles consacrées à la dialectique de Platon.

En la dialectique philosophique « tombent ensemble » science de l'acquisition et science de l'usage, elle est la science cherchée, mais elle est aussi celle que les éristiques (et pas seulement eux) ne peuvent reconnaître comme telle, parce qu'avec elle la signification du mot science change radicalement.

Celui qui se soumet à l'injonction « il faut philosopher » est lui aussi un chasseur, dont le savoir, comme celui des mathématiciens, découvre des réalités mais ne les produit pas. Ces réalités ne sont ni des poissons, ni des cailles, ni des armées, ce sont des êtres, non des choses sensibles. Mais puisqu'ils cherchent à capturer des réalités de même sorte, qu'est-ce qui distingue les dialecticiens des mathématiciens[1] ? Deux choses : le fait que les derniers se servent de *diagrammata*, et le fait qu'ils ne savent pas faire bon usage de leurs découvertes. La première différence est claire, même si on n'a pas lu la *République :* le dialecticien ne se sert pas d'images sensibles. Quant à la seconde, comment l'interpréter, sans recourir ni à la *République* ni au *Timée ?* Quel peut être le bon usage des découvertes des sciences mathématiques ? Un usage propédeutique, certes : les mathématiques détournent l'âme du « royaume visible » et orientent l'âme vers une autre espèce de réalités. Que ce passage se situe dans la perspective de l'éducation est ce que peut confirmer la remarque de Criton : « s'il [Clinias] s'exprime ainsi, il n'a besoin pour son éducation ni d'Euthydème ni d'aucun autre ! » (290 e 4-6). Mais cela a pour fondement l'affirmation de la *République* selon laquelle seul le dialecticien a la science du Bien. Or, sans le savoir du Bien, aucun bon usage de quoi que ce soit n'est possible – ce qui, au demeurant, est aussi affirmé à la fin du *Charmide* (174 b-d) : sans le savoir du bon et du mauvais,

1. Le même problème est posé en *Rép.*, VI, 510 b-511 d, et dans le *Philèbe*, 57 e-58 e (voir p. 324).

aucune activité ni aucune science ne peuvent être utiles ni avantageuses. Le caractère surprenant du passage tient donc moins à sa situation chronologique qu'à ce qu'il affirme.

Dans l'*Euthydème*, le verbe, *dialegesthai*, qui a produit dans le *Ménon* l'adjectif signifiant la manière dont son activité doit être exercé, produit, en le substantivant, son sujet, ou plutôt ses sujets : les dialecticiens. Ceux-ci sont caractérisés par une certaine sorte de savoir, dont la nature n'est précisée qu'en référence à celui des mathématiciens. On passe donc d'une pratique du *dialegesthai*, incarnée en un nom propre, Socrate, à la science que doivent avoir les dialecticiens – le nom commun, mis au pluriel, marquant justement ce passage d'une pratique singulière à une science. Cette science est déterminée comme science de l'usage des découvertes des autres sciences. Il ne s'agit donc plus d'opposer le *dialegesthai* à son contraire, la rhétorique entendue au sens de production de longs discours tenus devant le peuple, ni de le dissocier de son simulacre, l'éristique, mais de situer le dialecticien par rapport à d'autres savants, et qui le sont véritablement. Car ils ont certes plus de raisons d'affirmer détenir une science que les orateurs ou les éristiques [1]. Ils ne peuvent pourtant prétendre détenir la science la plus haute parce qu'une science de

1. Socrate se sert deux fois, dans le *Gorgias*, des mathématiques pour montrer d'abord qu'une science, si c'en est une, doit être capable de dire sur quels objets elle porte (451 a-c), ce dont n'est pas capable la rhétorique, ensuite que la conviction qu'engendre par exemple l'arithmétique découle de l'acte d'apprendre (*mathèsis*) et procure la science, alors que la rhétorique procure la croyance (*pistis*) sans la science (453 e-454 e). On sait que Protagoras a écrit un traité *Sur les mathématiques* (Diogène Laërce, *Vies et Doctrines des philosophes illustres*, IX, 55) et que selon Aristote (*Métaphysique*, B, 2, 998 a 2-4 = D.K. 80 B 7) il a critiqué la géométrie. Il est, et sera probablement toujours, plus facile de faire valoir le caractère authentiquement scientifique des mathématiques que celui de la dialectique.

l'acquisition n'a de valeur que couronnée par une science de l'usage.

On pourrait penser que ce texte de l'*Euthydème* marque une rupture et que la science possédée par le dialecticien, qui n'a pas encore reçu son nom, a des traits spécifiques différents de ceux qui caractérisaient la pratique socratique de la discussion. Le *Cratyle* montre qu'il n'en est rien, montre, autrement dit, la persistance du verbe dans tous ses dérivés, adjectif, adverbe ou substantif.

### Le Dialecticien et la langue commune (*Cratyle*)

Il n'appartient pas à tout homme d'instituer un nom : c'est l'affaire d'un artisan des noms, d'un législateur, qui est assurément, parmi les hommes, l'artisan le plus rare qui soit. Mais « vers quoi regarde le nomothète quand il institue les noms » ? Vers quoi regarde un menuisier quand il fabrique une navette, sinon « vers cette forme (*eidos*) qu'il avait en vue » et que « nous appellerions donc à bon droit la navette en soi ? » (ἢ πρὸς ἐκεῖνο τὸ εἶδος [...] Οὐκοῦν ἐκεῖνο δικαιότατ' ἂν αὐτὸ ὃ ἔστιν κερκὶς καλέσαιμεν, 389 b 2-6). Une fois découvert l'instrument adapté par nature à chaque ouvrage, c'est la forme qui est la meilleure en chaque cas qu'il faudra donner à l'ouvrage, en la tirant du matériau travaillé, « non pas telle que soi-même on voudrait, mais telle qu'elle est par nature » (οὐχ οἷον ἂν αὐτὸς βουληθῇ, ἀλλ' οἷον ἐπεφύκει, 389 c 5-6). Cela vaut pour tout instrument, donc aussi pour le fabriquant de ces instruments que sont les noms : « c'est en regardant vers cela même qu'est le nom qu'il doit produire et instituer tous les noms » (βλέποντα πρὸς αὐτὸ ἐκεῖνο ὃ ἔστιν ὄνομα, πάντα τὰ ὀνόματα ποιεῖν τε καὶ τίθεσθαι, 389 d 6-8).

Mais qui donc connaîtra si c'est la forme convenable (τὸ προσῆκον εἶδος) de la navette qui se trouve dans du bois, quel qu'il soit : celui qui l'a produite (ὁ ποιήσας), le menuisier, ou celui qui en usera (ὁ χρησόμενος), le tisserand (390 b 1-3)? Quel que soit l'art, celui qui en usera. S'il est capable de juger de la qualité du produit, c'est parce qu'il a une connaissance[1]. Ainsi, c'est le joueur de lyre qui sera juge de la qualité de la lyre, le pilote de celle du gouvernail. Savoir user d'une chose ne consiste pas seulement à savoir s'en servir, mais à savoir si elle a été bien produite. Or c'est selon Socrate également le cas de la langue. Mais qui, dans son cas, sera juge de sa qualité et de celle des instruments qu'elle fournit à celui qui la parle? Qui pourra dire qu'une langue a été bien instituée, que ce soit chez les Grecs ou chez les Barbares ?

Là encore, le tournant pris par le texte est assez inattendu. Entre les premiers exemples, la liaison est sans surprise et de simple bon sens. Chaque producteur sait bien *pour qui* il produit son instrument, et que c'est pour celui qui l'utilisera; c'est donc de lui qu'il attend un jugement sur son œuvre. Mais pour qui le nomothète produit-il la langue ? Pour être analogue aux précédentes, la réponse semblerait devoir être : pour ceux qui la parlent. Cependant, dans les exemples précédents (388 c-d), le juge est un technicien qui non seulement possède un savoir que tous ne possèdent pas, mais qui possède réellement ce savoir. Ce n'est pas le mauvais joueur de lyre qui peut apprécier la qualité de son instrument. Le bon joueur de lyre sait jouer de *la* lyre, et c'est parce qu'il a ce savoir général qu'il peut reconnaître la valeur d'*une* lyre. Pour ce qui est de la langue, la réponse doit donc être, non pas tous ceux qui la parlent, mais ceux qui savent la parler. Il ne suffit pas de parler grec, par exemple, pour juger si la langue grecque est bien

1. *Crat.*, 390 c 3 : κρίνειε ; 390 b 1 : ὁ γνωσόμενος, 7 : γνοίη.

faite, car cette pratique est commune à tous les Grecs qu'ils parlent bien ou mal ; il faut *savoir parler*, au moyen de cet instrument particulier qu'est la langue grecque.

La question est donc : qui sait parler ? Car c'est celui-là qui jugera si le nom a bien la forme que doit avoir un nom et si c'est vers elle qu'a regardé le nomothète : qu'il ait institué la langue grecque ou une langue barbare, il ne sera un bon législateur que « s'il a inscrit la forme du nom qui convient à chaque chose dans les syllabes, quelles qu'elles soient » (390 a 6-8 : τὸ τοῦ ὀνόματος εἶδος ἀποδιδῷ τὸ προσῆκον ἑκάστῳ ἐν ὁποιαισοῦν συλλαβαῖς). Le législateur doit connaître à la fois ce qu'est, en soi même, un nom (βλέποντα πρὸς αὐτὸ ἐκεῖνο ὃ ἔστιν ὄνομα, 389 d 6-7), donc la forme du nom, mais l'adapter à chaque chose nommée, comme le tisserand sait qu'il faut adapter la forme de la navette à ce que l'on veut tisser (du fil ou de la laine). Il faut en fait une double adaptation : au matériau dont est fait l'instrument et à la fonction particulière qu'il doit remplir. Dans le cas de la navette, la forme doit s'adapter à la nature du bois et à celle du tissu que l'on veut tisser, dans celui du nom, au matériel phonétique propre à chaque langue et à la chose à nommer. Mais la forme convenable est toujours celle qui est appropriée à une fonction déterminée. Le nom a comme la navette une fonction diacritique (388 b-c), il doit démêler, et pour lui démêler veut dire donner aux syllabes des significations pour pouvoir démêler des choses. Celui qui sait utiliser la langue est celui qui sait si un nom remplit bien cette fonction, c'est-à-dire permet de distinguer correctement une chose d'une autre.

Or celui qui sait utiliser la langue, affirme Socrate, c'est le dialecticien :

> *Socrate* — N'est-ce donc pas celui qui sait interroger ? *Hermogène* — Oui, certes. *Soc.* — Et c'est le même qui sait aussi répondre ? *Herm.* — Oui. *Soc.* — Et celui qui

sait interroger et répondre, l'appelles-tu, toi, autrement que dialecticien? *Herm.* — Non, c'est bien ce nom. (ΣΩ. Ἆρ' οὖν οὐχ ὁ ἐρωτᾶν ἐπιστάμενος οὗτός ἐστιν; ΕΡΜ. Πάνυ γε. ΣΩ. Ὁ δὲ αὐτὸς καὶ ἀποκρίνεσθαι; ΕΡΜ. Ναί. ΣΩ. Τὸν δὲ ἐρωτᾶν καὶ ἀποκρίνεσθαι ἐπιστάμενον ἄλλο τι σὺ καλεῖς ἢ διαλεκτικόν; ΕΡΜ. Οὔκ, ἀλλὰ τοῦτο.) (390 c 6-12)

Sait parler celui qui sait questionner. Hermogène est immédiatement convaincu, mais il est bien le seul. Pourquoi « questionner » et non pas argumenter, ou définir, ou persuader? De plus, Socrate précise aussitôt : « Et c'est le même qui sait aussi répondre ». A-t-on affaire à deux savoirs distincts que posséderait un même homme, ou à un seul et même savoir? Ce qui est sûr est qu'il est impossible de posséder l'un sans l'autre, comme l'a prouvé Protagoras qui, incapable de répondre, s'est montré tout aussi incapable d'interroger. Or savoir questionner et répondre est le trait essentiel de la pratique socratique du logos, l'essence même du *dialegesthai*. Quand il définit le dialecticien, Socrate lui donne pour activité celle que fait toujours entendre ce verbe, et en se formant, le substantif ne s'en détache pas, il en tire sa définition.

Mais pourquoi est-ce le dialecticien qui serait juge de la langue? Parce qu'il sait, comme le dira plus tard l'Athénien des *Lois* (895 d)[1], qu'il y a « pour la pensée, trois points de vue sur chaque chose » – le nom, la définition, l'essence –, et en conséquence deux manières possibles de poser une question : ou bien, partant du nom, on en cherche la définition

1. Ce qu'il dit n'est rien d'autre que la réflexion de Platon sur sa démarche dans l'ensemble des Dialogues : chacun, partiellement ou dans son ensemble, peut correspondre à l'un des deux mouvements décrits par l'Étranger d'Athènes.

(ou l'explicitation – toujours cet intraduisible *logos* !), et tantôt on tient le logos et on cherche quel est le nom qui lui convient. Mais quelle que soit la direction du mouvement, il faut tenir compte de l'*ousia* de la chose ; dans le premier cas, il faut ajuster le nom à l'essence par l'intermédiaire du logos, dans le second, il faut, à partir d'une connaissance de l'essence, en donner le logos et trouver dans la langue le nom approprié, ou, à défaut, le fabriquer. Autrement dit, le travail du dialecticien consiste soit à donner au nom sa signification véritable, soit à expliciter une réalité dont le nom existe ou n'existe pas dans la langue.

Savoir questionner, c'est donc se demander quelle est la définition qui rendra le nom adéquat à l'essence qu'il nomme (ce qui n'est par exemple pas le cas quand on définit l'âme comme une harmonie ou le sophiste comme un savant), soit, inversement, se demander quel est le nom qui convient à la définition qu'on a donnée de la chose (ainsi, il existe peut-être une science des autres sciences, mais son nom n'est pas *sôphrosunè*). Est donc toujours mise en question la conformité de l'essence et du nom, et cette question est toujours médiatisée par le logos.

Les étymologies du *Cratyle*, qui prennent les noms comme des définitions condensées, ont toutes pour fonction de reposer cette même question, et pour but caché de faire ressortir une même réponse : les noms, dans leur grande majorité, sont mal faits. Mais lorsqu'elle est posée par la science étymologique – science dont est miraculeusement possédé Socrate –, la question est mal posée, parce qu'il manque justement le troisième point de vue, celui de l'essence. Celui qui sait poser la question et y répondre, Socrate le nomme dialecticien. Or s'il semble avoir une certitude concernant le savoir que doit posséder le juge de la langue, il semble moins assuré de sa dénomination. On comprend mieux pourquoi quand on se reporte à 398 d. Si l'on considère l'ancienne langue attique, elle affirme des héros qu'ils ont été nommés ainsi

> parce qu'ils étaient des savants, des rhéteurs redoutables et des dialecticiens[1], puisque habiles à questionner (*erôtan*); car dire (*eirein*) c'est parler (*legein*). Ce que précisément nous disons à cette heure est que dans la langue attique se trouvent être dits « héros » des rhéteurs et des questionneurs (*erôtètikoi*) de sorte que la race des rhéteurs et des sophistes, voilà ce qu'est la race des héros. (ὅτι σοφοὶ ἦσαν καὶ ῥήτορες δεινοὶ καὶ διαλεκτικοί, ἐρωτᾶν ἱκανοὶ ὄντες· τὸ γὰρ "εἴρειν" λέγειν ἐστίν. ὅπερ οὖν ἄρτι λέγομεν, ἐν τῇ 'Αττικῇ φωνῇ λεγόμενοι οἱ ἥρωες ῥήτορές τινες καὶ ἐρωτητικοὶ συμβαίνουσιν, ὥστε ῥητόρων καὶ σοφιστῶν γένος γίγνεται τὸ ἡρωικὸν φῦλον.) (398 d-e 3)

Dans « l'ancienne langue attique », qui devient la langue attique tout court, en d'autres termes au regard des Athéniens, sont des héros ceux qui savent parler, les orateurs, et ceux qui savent en particulier questionner. Le texte passe de « dialecticiens » à « questionneurs » pour les identifier finalement aux « sophistes ». Les héros des Athéniens, leurs demi-dieux, sont les rhéteurs et les sophistes. On voit pourquoi Socrate hésitait sur la dénomination, et pourquoi le dialecticien tel qu'il l'entend doit rectifier la langue : pour arracher son propre

1. διαλεκτικοί est-il ici adjectif ou substantif? C. Dalimier (*Platon. Cratyle*, Traduction inédite, introduction, notes, bibliographie et index, Paris, GF-Flammarion, 1998) traduit « extraordinaires orateurs dialecticiens ». La leçon retenue n'est pas précisée, mais le ms β donne καὶ ῥήτορες καὶ δεινοὶ καὶ διαλεκτικοί, la mise en parallèle des adjectifs par les deux καί accroissant la possibilité de les rapporter tous deux aux orateurs; cependant, la reprise « race des rhéteurs et des sophistes » montre qu'il y a bien, pour les Athéniens, deux espèces de héros et non pas une seule.

nom à la signification sophistique qu'il a dans la langue attique.

Le dialecticien est le juge de l'œuvre du nomothète, la langue, mais pas seulement. De même que c'est « la tâche du menuisier de fabriquer un gouvernail en prenant comme juge le pilote de navire, s'il veut que son gouvernail soit un bon gouvernail », de même « c'est celle du nomothète, à ce qu'il semble, de fabriquer un nom en prenant pour juge un homme qui est dialecticien, s'il veut instituer les noms de la belle manière » (390 d). Le dialecticien ne serait pas seulement juge de l'œuvre une fois faite, il devrait aussi en diriger la production. La succession science de la production – science de l'usage s'inverse : c'est la seconde qui est en fait première. Assurément, le pilote n'est pas obligé de fabriquer lui-même le gouvernail et ne saurait peut-être pas le fabriquer, mais il est capable de prescrire comment il doit être fabriqué. Comme il est moins difficile de fabriquer un nom qu'un gouvernail, rien n'empêche le dialecticien de forger lui-même, en certains cas, les noms qui conviennent (et Platon ne s'en prive pas). Mais il ne peut pas les fabriquer tous, sous peine que sa langue ne soit compréhensible que de lui seul (et du tout petit nombre de ses semblables). La plupart du temps, il se contentera donc de rectifier la signification des noms usuels dont il s'empare, et n'en créera que lorsqu'il lui est impossible de faire autrement. Il possédera alors à la fois une science de la production et une science de l'usage, mais il n'aura la première que parce qu'il a la seconde.

## Conclusion

À travers les dialogues examinés dans ce chapitre se dessine, non pas une théorie de la dialectique (en fait, elle n'a pas encore dit son nom, qui manque dans la langue, et que le dialecticien qu'est Platon fabriquera dans la *République*), mais la série d'oppositions et de différenciations qui va permettre à la dialectique de se constituer comme science la plus haute. Tous les textes abordés ont en effet ceci de commun qu'ils opposent la pratique ou la science du dialecticien à d'autres usages du logos. La différenciation s'opère d'elle-même quand on voit Socrate à l'œuvre, mais les différences sont parfois explicitées, en général à certains moments clés de l'enquête ou bien quand Socrate est aux prises avec un interlocuteur récalcitrant. Ce que nous appelons « la dialectique » ne commence donc pas par désigner une science particulière, elle est d'abord incarnée dans un personnage, Socrate, qui ne peut que « dialectiquement » discuter. C'est lui qui affronte les savants, rhéteurs et éristiques, et fait éclater sa différence, évidente en soi, visible à tous (sinon compréhensible par tous), sauf précisément aux savants. Sa manière de dialoguer met la pensée en mouvement, en rappelle les exigences, et soit l'oppose à des formes de non-pensée – la rhétorique, l'éristique –, soit la distingue de ce qui pourrait apparaître comme son exercice le plus rigoureux, les mathématiques. Mais c'est *le dialecticien* que les mathématiciens comme le législateur des noms doivent prendre pour juge de ce qu'ils ont respectivement capturé et produit. Avant d'affirmer que la dialectique est la science suprême, Platon confronte le dialecticien à tous ceux qui pourraient sembler prétendre à bon droit la détenir, qu'ils la nomment *sophia* ou *epistèmè*. Si c'est lui qui acquiert d'abord son nom, et non la science qu'il détient, c'est qu'il n'y a, pour Platon, pas plus de dialectique sans dialecticien que de philosophie sans philosophe.

Dans l'*Euthydème* et dans le *Cratyle*, le dialecticien possède une science encore anonyme, contrairement à Socrate qui dit (ironiquement ?) qu'il n'en possède pas, mais cette science est toujours celle du questionner-répondre. Ce qu'il faut questionner est juste indiqué (c'est l'essence, la forme, quel que soit le sens qu'on veuille accorder à ces mots), et rien n'est précisé quant à la manière dont il faut le questionner. Tout le problème va donc être de savoir si, quand il avance dans sa réflexion, Platon soustrait à la dialectique cette dimension qui, à un moment, lui est apparue essentielle. Plus brièvement, le problème est de savoir si, devenant platonicienne, la dialectique cesse pour autant d'être socratique.

CHAPITRE II

# PUISSANCE ET SUPÉRIORITÉ DE LA DIALECTIQUE (*RÉPUBLIQUE*, V-VII)

*On raconte que Platon, après avoir découvert les Idées, s'est vu lui-même pourvu d'un troisième œil.*

*Prolégomènes à la philosophie de Platon*

À moins que les philosophes ne règnent dans les cités ou que ceux qui les gouvernent ne se mettent à philosopher, jamais la constitution qui vient d'être exposée ne verra le jour (*Rép.*, V, 473 d). Socrate est parfaitement conscient de ce qu'une telle déclaration peut avoir de provoquant et de ridicule. Une longue justification s'impose, et ce sera l'objet des livres centraux de la *République*.

Il faut d'abord (c'est le propos de la plus grande partie du livre VI) déterminer quels sont les philosophes véritables et les distinguer de ceux qui en usurpent le nom. Du coup, le problème se renverse : si la condition de la réalisation de la cité juste était que les philosophes deviennent gouvernants ou les gouvernants philosophes, il s'agit à présent de tracer le plan de l'espèce de constitution qui convient à un naturel philosophe et l'empêchera de se pervertir (497 a-d). On tourne ainsi dans un cercle : la cité juste n'existera que si des philosophes la gouvernent, mais pour que ceux qui sont naturellement philosophes le deviennent pleinement et le restent, ils doivent vivre dans une cité juste. Ils sont les garants de la justice de la *politeia*, mais une constitution n'est juste que si elle est compatible avec leur existence et leur permet d'exercer l'occupation pour laquelle ils sont naturellement faits.

Qu'est ce qui fonde l'autorité des philosophes à gouverner ? Une certaine sorte de savoir, qui n'est pas de nature politique, et dont la supériorité tient d'abord à la nature de ses objets. Sont philosophes ceux qui « sont capables d'appréhender ce qui se comporte toujours semblablement sous les mêmes rapports », sont « amoureux de l'être et de la vérité », donc aussi « toujours amoureux de la science capable de leur montrer quelque chose de l'essence qui est toujours »[1]. Ils sont les seuls à pouvoir saisir le « Bien en lui-même »[2], or, comme Glaucon « le lui a souvent entendu dire », l'*idea* du Bien est pour Socrate le plus important et plus haut objet d'étude (*megiston mathèma,* 505 a 2), puisque c'est par elle que les choses justes sont utiles et avantageuses. Mais il faut porter plus haut la puissance du Bien : une analogie avec le Soleil montre que l'existence du Bien garantit la différence entre la manière d'être des essences et celle des choses

1. φιλόσοφοι μὲν οἱ τοῦ ἀεὶ κατὰ ταὐτὰ ὡσαύτως ἔχοντος δυνάμενοι ἐφάπτεσθαι (VI, 484 b 3-5) ; τοῦ ὄντος τε καὶ ἀληθείας ἐραστὰς εἶναι τοὺς φιλοσόφους (VI, 501 d 1-2) ; ὅτι μαθήματός γε ἀεὶ ἐρῶσιν ὃ ἂν αὐτοῖς δηλοῖ ἐκείνης τῆς οὐσίας τῆς ἀεὶ οὔσης (VI, 485 b 1-2).

2. αὐτὸ ἀγαθόν (VI, 507 b 5), αὐτὸ τὸ ἀγαθόν (VII, 533 c 4), τὸ ἀγαθὸν αὐτό (VII, 540 a 8-9).

sensibles, tout comme l'existence du Soleil garantit la différence entre la lumière et l'obscurité [1]. Les sectionnements de la Ligne tirent leur fondement de cette analogie. À partir d'elle, il est en effet possible de situer sur une Ligne quatre affections (*pathèmata*) de l'âme selon qu'elle a affaire à des choses sensibles, objets d'opinion, ou à des êtres intelligibles, et, pour chacun de ces deux types de réalités, selon qu'elle est face à leurs images ou à ce dont ces images sont les images. La supériorité de la connaissance dialectique est établie par rapport à la section inférieure de l'intelligible, dont la manière de penser est nommée *dianoia* et est le propre de « ceux qui s'occupent de géométrie, de calculs et choses semblables » (510 c, *cf.* 511 d). La *dianoia* ne peut appréhender les réalités qu'elle vise qu'en se servant d'images.

À partir de 521 c se pose la question de l'éducation des gardiens : il faut leur enseigner des sciences capables « de tirer l'âme de ce qui devient vers ce qui est » (521 d 3-4). La question de la dialectique est à nouveau abordée. Cinq sciences mathématiques peuvent remplir cette fonction de conversion, à condition qu'elles soient étudiées d'une certaine façon. Il ne suffit pas de les étudier séparément, il faut découvrir « la communauté et la parenté qu'elles ont entre elles » [2]. Tout cela n'est pourtant, déclare Socrate à un Glaucon accablé, « qu'un prélude à l'air qu'il faut apprendre », car « tu n'imagines pas, je pense, que ceux qui sont habiles en ces sciences sont

1. Voir l'analyse plus détaillée que je donne de ce passage dans *Platon et la question de la pensée*, chap. IV, p. 121-151.

2. VII, 531 d 1-2. Voir sur ce point l'analyse de H.G. Gadamer, *L'Éthique dialectique de Platon, Interprétation phénoménologique du* Philèbe, trad. franç. de F. Vatan et V. von Schenke, Paris, Actes Sud, 1994, note * p. 121-122.

dialecticiens »[1]. Il ne s'agit plus d'affirmer seulement la supériorité de la dialectique, mais qu'elles est la *seule* science[2] parce qu'elle est la seule à aller jusqu'à un principe.

Située au sommet d'une Ligne qui hiérarchise les différentes manières qu'a l'âme de se rapporter aux choses qui se présentent à elles, dernière étape d'un cursus éducatif, la dialectique n'est envisagée dans la *République* que dans la perspective de sa supériorité sur les autres sciences – supériorité qui explique qu'elle soit réservée au petit nombre des vrais philosophes (c'est le seul moyen de la préserver du mal qui la menace), et qui fonde leur aptitude à gouverner. La « méthode » dialectique n'est déterminée que par différence avec celle des mathématiques, et Socrate se dérobe lorsque Glaucon lui demande d'exposer en quelles espèces elle se divise et quels en sont les parcours (κατὰ ποῖα δὴ εἴδη διέστηκεν, καὶ τίνες αὖ ὁδοί, 532 e 1). Socrate semble donc encourir ici le même reproche que celui qu'il fait à Pôlos déclarant que la rhétorique est le plus beau des arts avant d'avoir défini ce qu'elle est[3]. Et il commet une seconde faute, dénoncée dans le *Sophiste* (227 a-c) : son unique raison d'affirmer que la dialectique est la science la plus haute est qu'elle est la seule à pouvoir connaître l'objet le plus haut. Or la valeur d'une science ne dépend pas seulement de celle de son objet, mais de la rigueur des procédés qu'elle utilise[4].

1. ἢ οὐκ ἴσμεν ὅτι πάντα ταῦτα προοίμιά ἐστιν αὐτοῦ τοῦ νόμου ὃν δεῖ μαθεῖν; οὐ γάρ που δοκοῦσί γέ σοι οἱ ταῦτα δεινοὶ διαλεκτικοί (VII, 531 d 7-9).

2. ἡ τοῦ διαλέγεσθαι δύναμις μόνη (VII, 533 a 8), ἡ διαλεκτικὴ μέθοδος μόνη (VII, 533 c 7).

3. Voir chap. I, p. 18-19.

4. Cf. *Phil.*, 57 b : « notre logos n'a-t-il pas découvert précédemment qu'une science diffère d'une autre par les objets auxquels elle s'applique et par son plus ou moins grand degré de précision ? »

La réponse de Socrate à la demande de Glaucon est d'ailleurs ambiguë :

> Tu ne serais plus, dis-je, mon cher Glaucon, capable de me suivre – de mon côté, je ne manque certes nullement d'ardeur ; ce n'est plus l'image de ce dont nous parlons que tu verrais, mais la réalité vraie elle-même, du moins telle qu'elle m'apparaît. (Οὐκέτ', ἦν δ' ἐγώ, ὦ φίλε Γλαύκων, οἷός τ' ἔσῃ ἀκολουθεῖν – ἐπεὶ τό γ' ἐμὸν οὐδὲν ἂν προθυμίας ἀπολίποι – οὐδ' εἰκόνα ἂν ἔτι οὗ λέγομεν ἴδοις, ἀλλ' αὐτὸ τὸ ἀληθές, ὅ γε δή μοι φαίνεται.) (533 a 1-4)

À quoi se réfère l'image, c'est-à-dire de quoi Socrate et Glaucon parlent-ils ? Socrate a parlé « de ce qu'il y a de meilleur en tous les êtres » (532 c 5-6), mais Glaucon, lui, vient de l'interroger, assez longuement et précisément, sur la puissance dialectique. La référence à la Caverne (532 a), les derniers mots de Glaucon, « le terme de notre parcours » (τέλος τῆς πορείας), qui reprennent ceux de Socrate : le Bien « est le terme de l'intelligible » (τῷ τοῦ νοητοῦ τέλει, 532 b 2), peuvent incliner à penser qu'il s'agit de l'image du Bien. Or, d'une part il n'y a pas plus de raison de croire que ce à quoi se réfère Socrate est plutôt ce dont il parlait en 533 c – du Bien – que ce dont vient juste de parler Glaucon en 533 d-e, à savoir de la puissance dialectique. D'autant que le parcours, le cheminement, dont parle Glaucon doit selon Socrate s'appeler dialectique (οὐ διαλεκτικὴν ταύτην τὴν πορείαν καλεῖς ; 532 b 4). Et d'autre part, *to alethes,* le vrai opposé à l'image, est explicité dans la réplique suivante de Socrate comme « ce qu'est chaque chose » (ὃ ἔστιν ἕκαστον, 533 b 2). Selon l'Analogie, la vérité et l'être, l'être véritable, émanent du Bien mais ne sont pas le Bien. En refusant de répondre à sa question, il est donc tout autant possible que

Socrate indique à Glaucon qu'il ne lui donne qu'une image *de la puissance dialectique*. Les deux points sont en fait liés : c'est parce que Socrate ne donne ici qu'une image de la puissance dialectique qu'il est impossible de saisir autre chose qu'une image des réalités vraies et qu'une image du Bien. Et réciproquement : c'est parce qu'il n'a fourni jusque là que des images du Bien qu'il ne peut pas offrir à Glaucon autre chose qu'une image de la dialectique.

Socrate, à ce moment, n'exerce pas la puissance dialectique, il en parle. Est-il possible de parler de la dialectique ? L'accent mis sur le fait qu'elle est une puissance signifie que sa nature ne se révèle qu'en s'exerçant. On peut alors réfléchir sur les chemins qu'elle suit (c'est ce que feront les dialogues suivants), mais on ne peut pas dire ce qu'elle est, car une puissance ne peut exercer sur elle-même sa propre puissance (*Charm.*, 168 d-169 a) et il n'y a pas de définition dialectique possible de la dialectique[1]. C'est donc seulement de l'image qu'il s'en fait que Socrate affirme la puissance et la supériorité, et pour ce qu'il veut faire – légitimer le gouvernement des philosophes et le programme d'éducation qu'il leur destine – cela suffit. C'est pourquoi, comme on va le voir, si c'est dans les livres centraux de la *République* que la dialectique est dite être la seule science véritable, ces livres ne nous apprennent rien de précis sur la façon dont cette science procède, à l'exception d'un passage du livre V.

1. Si on applique le raisonnement du *Charmide :* la vision ne peut voir que des couleurs, or elle n'est pas elle-même colorée donc ne peut pas se voir elle-même, on pourrait dire que la dialectique connaît des essences mais, n'étant pas elle-même une essence, ne peut pas se connaître elle-même.

## PUISSANCE PARADOXALE DU *DIALEGESTHAI*

Dans les précédents dialogues, le verbe (*dialegesthai*) prédominait, et il produisait dans le *Ménon* l'adjectif (*dialektikos*) qui servait à l'opposer à une manière antilogique de discuter. Dans le livre V de la *République*, où sont à nouveau opposées deux manières de discuter, la manière antilogique relève de la querelle (*eris*) et est opposée à un nom, *dialektos*[1], qui semble faire office de synonyme plus dialectique de *dialogos*. Cette remarque méthodologique arrive dans le contexte de la « première vague »[2] que fait déferler Socrate en affirmant l'égale capacité des femmes à garder la cité.

Après avoir à nouveau énoncé le principe : aux mêmes natures conviennent les mêmes occupations et à des natures différentes des occupations différentes, Socrate observe qu'on pourrait lui reprocher de se contredire. Alors en effet que la nature de la femme est manifestement différente de celle de l'homme, il vient d'affirmer qu'il faut leur attribuer les mêmes tâches (453 e). C'est l'occasion d'opposer la pratique du dialogue à celle de la dispute, mais il y a là plus qu'une simple répétition de ce qui avait été dit dans les dialogues antérieurs : l'objection ne vient pas en effet d'un professionnel de l'éristique, le danger de verser dans l'antilogie n'est pas un danger extérieur, il menace du dedans : « nous risquons de

1. Voir W. Müri, art. cit., p. 161-162. Selon L.S.J., *s.v.*, le mot a le sens de « *discussion, debate, argument* » dans ce texte et en *Théét.*, 146 b 3 ; dans le *Banq.*, 203 a 3, il a plutôt le sens de « conversation » (entre les hommes et les dieux) et dans le *Théét.*, 186 b 6, il désigne la « façon de parler », le « dialecte » que devraient employer ceux qui soutiennent la thèse du mobilisme. Ce sont les quatre seules occurrences de ce mot dans les Dialogues.

2. La seconde consistera à affirmer la communauté des femmes et des enfants en ce qui concerne les gardiens, et la troisième, la plus forte, à montrer que les philosophes doivent gouverner.

nous adonner sans le vouloir à l'antilogie» (κινδυνεύομεν γοῦν ἄκοντες ἀντιλογίας ἅπτεσθαι, 454 b 1-2). Il existe «une noble puissance de la technique de l'antilogie» (Ἦ γενναία [...] ἡ δύναμις τῆς ἀντιλογικῆς τέχνης, 454 a 1-2), il y a là comme une pente naturelle du logos qui fait que toute discussion d'un problème risque de tourner en querelle de mots. L'art de l'antilogie n'est pas une création purement artificielle, sa puissance est enracinée dans le logos même quand il prend la forme d'un dialogue[1]. C'est pourquoi on peut y céder sans le vouloir (*akontes*, 454 a 3, b 1), lorsqu'on s'en tient à la littéralité de l'énoncé: «c'est alors en s'en tenant aux mots seuls (κατ' αὐτὸ τὸ ὄνομα) qu'on recherche la contradiction propre à ce qui a été dit» (454 a 7-8).

Comment se préserver de ce risque? En comprenant la cause qui fait de nous, contre notre gré, des disputeurs: «l'impuissance à soumettre ce qui est dit à examen en divisant selon les espèces» (454 a).

> Le fait qu'il arrive que la même nature ne doive pas avoir les mêmes occupations, voilà ce que nous soutenons avec une mâle ardeur et de façon tout à fait éristique, en nous attachant aux mots; mais nous n'avons en aucune façon examiné de quelle espèce de différence et de quelle espèce d'identité de nature il s'agissait, ni n'avons alors déterminé à quoi elles se rapportaient, lorsque nous avons attribué des occupations différentes à une nature différente et à une même nature les mêmes occupations. (Τὸ <μὴ> τὴν αὐτὴν φύσιν ὅτι οὐ τῶν αὐτῶν δεῖ ἐπιτηδευμάτων τυγχάνειν[2]

1. Cf. *Théét.*, 164 c. Voir H.G. Gadamer, *L'Éthique dialectique de Platon*, *op. cit.*, p. 131.

2. μή est donné seulement par le Ven. 184. J. Adam (*The Republic of Plato*, edited with critical Notes, Commentary and Appendices, 2nd ed. with an Introduction by D.A. Rees, Cambridge, Cambridge University Press,

πάνυ ἀνδρείως τε καὶ ἐριστικῶς κατὰ τὸ ὄνομα διώκομεν, ἐπεσκεψάμεθα δὲ οὐδ' ὁπῃοῦν τί εἶδος τὸ τῆς ἑτέρας τε καὶ τῆς αὐτῆς φύσεως καὶ πρὸς τί τεῖνον ὡριζόμεθα τότε, ὅτε τὰ ἐπιτηδεύματα ἄλλῃ φύσει ἄλλα, τῇ δὲ αὐτῇ τὰ αὐτὰ ἀπεδίδομεν.) (454 b 4-9)

L'opposition « habituelle » entre dialoguer et disputer (οὐκ ἐρίζειν ἀλλὰ διαλέγεσθαι, 454 a 5) prend la tournure nouvelle d'une opposition entre « s'en tenir aux mots » (κατὰ τὸ ὄνομα, 454 b 5-6) et « diviser selon les espèces » (κατ' εἴδη διαιρούμενοι, 454 a 6). Qu'est-ce qui n'a pas été correctement divisé selon les espèces? La différence et l'identité entre natures. Or sans cette division, il est impossible de dire si deux natures sont identiques ou différentes, car elles le sont *d'un certain point de vue*, qu'il faut préciser pour qu'on sache de quelle sorte de différence ou d'identité on parle. C'est lui qui servira de principe à la division et qui en constituera les

vol. I, Books I-V, 1965) traduit « *we cling to the verbal point and insist that what is* not *the same nature ought* not *to have the same occupations* », en prenant διώκομεν comme signifiant « *'we are pursuing' (the proposition that), i.e. 'we are insisting that'* » (note à 454 b 10, p. 286-287). Socrate dirait que sa proposition reste seulement verbale (mais néanmoins vraie) tant qu'il n'a pas défini les espèces. Il y a une autre manière possible de comprendre cette phrase, en gardant le texte des mss., donc en n'insérant pas μή. Socrate développerait l'objection : s'il existe une nature mâle et une nature femelle, *tous* les hommes (mâles) devraient avoir les mêmes occupations. Or la thèse soutenue par Socrate implique que certaines occupations sont réservées à *certains* hommes. Il arrive donc (τυγχάνειν), si l'on s'en tient à ce qu'il vient de dire, qu'une même nature, masculine, ne devrait pas avoir les mêmes occupations, et c'est cette contradiction qu'il semble soutenir de façon « tout à fait éristique » faute d'avoir montré que sous le rapport des occupations tous les hommes n'ont justement pas une même nature. J'ai choisi cette dernière interprétation, d'autant que la présence de ἡ αὐτὴ φύσις dans la conclusion du passage montre que c'était bien le postulat de cette identité de nature en chaque sexe qui engendrait une contradiction et suscitait l'objection.

espèces. Il n'y a pas de sens à parler de différence ou d'identité en général (*pantôs*, 454 c 8), il n'y a d'identité et de différence que relativement, sous un certain rapport. Pour distinguer correctement les différences et les identités naturelles entre êtres humains, il faut donc commencer par diviser le genre humain. Si on adopte le point de vue du sexe et de la génération, on aura une division hommes/femmes : « la femme enfante et l'homme engendre ». La différence ayant servi à diviser – sexuelle, physiologique – est certes une vraie différence[1], mais elle n'a aucune pertinence quant à la question de savoir à quelles occupations peut s'appliquer l'un ou l'autre sexe. Il faut diviser selon un autre principe, l'aptitude naturelle à accomplir telle ou telle tâche. Cela marque un déplacement de la notion de *phusis*, de la nature de l'espèce humaine en général vers la nature de chacun des individus qui la composent quel que soit son sexe. Une différence d'aptitude est tout aussi « naturelle » qu'une différence physiologique, et il y a chez les femmes comme chez les hommes des bien et des mal doués. Le critère est alors la rapidité, la facilité à apprendre, surtout la capacité de découvrir plus de choses qu'on ne vous en a enseignées, opposées à la difficulté à apprendre et à se souvenir de ce qu'on a appris, et aussi l'aptitude du corps à se mettre au service de la pensée (455 b-c). Même si les femmes montrent plus de capacité pour le tissage et la cuisine, et si on admet donc qu'il existe des aptitudes plus particulièrement féminines, cela ne signifie pas que ce soient leurs seules aptitudes naturelles et qu'on doive les cantonner à ces occupations. À condition qu'elles montrent de la facilité à apprendre et à inventer, elles sont naturellement capables d'assurer la garde et l'administration de la cité. La

1. C'est même cette division qui, dans le *Politique* (262 c-e), sera la vraie, par opposition à la division ethnocentrique entre Grecs et Barbares.

distinction du masculin et du féminin n'est pas ici plus pertinente que celle du chauve et du chevelu quand il s'agit du métier de cordonnier. La conclusion est que « c'est donc la même nature (ἡ αὐτὴ φύσις) qui chez l'homme comme chez la femme est propre à la garde de la cité, à ceci près qu'elle est plus faible ou plus forte » (456 a).

On a là le premier exemple d'une division élaborée. Il est remarquable en ce qu'il est éminemment paradoxal : il va contre une opinion qui semble indiscutable (il existe une différence naturelle entre les hommes et les femmes), fondée sur la naturalité la plus évidente de la nature et profondément ancrée dans la culture et dans la tradition. La division a donc le pouvoir de récuser les différences les plus manifestes pour atteindre les véritables et de découvrir l'identité là où tous ne voient que différence (ou l'inverse). Il n'y avait pas de plus belle occasion de le faire comprendre que la « première vague ».

Le second point acquis est que, si la division sert à déterminer identités et différences, le critère permettant de les déterminer est un critère relatif à la question posée, non un critère absolu. Aucune division ne doit en conséquence être prise absolument, puisque les principes servant à diviser sont toujours choisis en fonction du problème à résoudre[1]. C'est lui qui impose le point de vue à partir duquel devront être choisis les principes successifs d'une division. « Il nous est possible, à ce qu'il semble, de nous demander à nous-mêmes

1. Ce que montrent à l'évidence les deux divisions différentes de la science que l'on trouve dans le *Sophiste* et dans le *Politique*. Le sophiste s'attrapera dans la science de la production, non dans celle de l'acquisition, et le politique est le détenteur d'une science critique et prescriptive, non d'une science pratique. La première division, dont découlent toutes les suivantes, est en chaque cas entièrement relative à la question posée et imposée par elle.

si »[1] il faut interdire le métier de cordonnier aux chevelus ou aux chauves, question nullement ridicule puisqu'elle établit qu'il doit nécessairement exister un rapport entre une division et la question posée : « l'espèce de diversité et de ressemblance [cherchée] était seulement celle qui se rapporte aux occupations » (454 c 9-d 1). Lorsqu'on oublie cette nécessaire médiation qui donne à la division sa fonction de réponse à une question posée, on en fait un procédé technique qui viendrait, chez le dernier Platon, se substituer au *dialegesthai* socratique. Or si on divise certes pour définir, on ne cherche à définir que ce qui a d'abord fait l'objet d'une question. La division n'est donc pas un simple procédé logique, elle est et restera toujours pour Platon une démarche dialectique, essentiellement liée au fait d'interroger (et de répondre). À omettre ce moment de l'interrogation, tout ce qu'on aura à opposer à l'antilogique, c'est une logique.

## Les objets auxquels s'applique la puissance dialectique

Que la dialectique, même sous la forme de la division, ne soit pas une procédure logique, c'est ce que va confirmer son traitement dans les livres VI et VII.

### *Interroger et répondre, encore*

Les mathématiciens ne sont pas dialecticiens, car crois-tu, demande Socrate à Glaucon, que « ceux qui ne sont pas capables de donner et de recevoir le logos auront jamais un savoir des choses que nous affirmons qu'il faut savoir ? » (μὴ

1. ἔξεστιν ἡμῖν, ὡς ἔοικεν, ἀνερωτᾶν ἡμᾶς αὐτοὺς εἰ..., V, 454 c 1-2.

δυνατοὶ οἵτινες δοῦναί τε καὶ ἀποδέξασθαι λόγον εἴσεσθαί ποτέ τι ὧν φαμεν δεῖν εἰδέναι, 531 e 4-5). L'éducation des gardiens devra surtout les rendre capables « d'interroger et de répondre les choses les plus emplies de savoir »[1]. Le verbe *dialegesthai* désigne un moyen de savoir et conserve sa prépondérance ainsi que les traits essentiels qui l'opposent à l'éristique (499 a) et à l'antilogie (539 b-d). La question : à qui enseigner la science dialectique? provoque au livre VII un rappel de la définition du naturel philosophe qui peut maintenant s'identifier au « naturel dialectique » (διαλεκτικῆς φύσεως, 537 c 6), naturel qui sera mis à l'épreuve par « la puissance du *dialegesthai* ». Une telle précaution est nécessaire, « étant donné le mal dont le *dialegesthai* est à présent affecté » (537 e). Car il existe deux manières de s'appliquer aux *logoi*, à l'argumentation ou aux raisonnements : une bonne, orientée vers la recherche de la vérité et qui mérite le nom de *dialegesthai* (537 e 1, 539 c 6), et sa perversion antilogique.

C'est dans le livre VII que la dialectique est nommée par deux fois « la dialectique » (*hè dialektikè*), après que l'adjectif est apparu au féminin pour désigner d'abord un « cheminement » (*poreia,* 532 b 4), puis une « voie de recherche » (*methodos,* 533 c 7), puis qualifie la nature (*phusis,* 537 c 6) de ceux qui sont aptes à poursuivre une telle étude. L'adjectif féminin est enfin substantivé et désigne à deux reprises « la dialectique » : « nous plaçons au dessus la dialectique, comme une pierre de faîte couronnant les sciences » ; « ce que l'on doit

1. ταύτης μάλιστα τῆς παιδείας [...] ἐξ ἧς ἐρωτᾶν τε καὶ ἀποκρίνεσθαι ἐπιστημονέστατα οἷοί τ' ἔσονται; (VII, 534 d 8-10). Ch. Kahn voit dans ces deux termes, questionner et répondre, « le retour au moins verbal aux caractéristiques les plus modestes de l'argumentation socratique » (p. 296). Il n'y a pas retour puisqu'il n'y a jamais eu abandon.

étudier comme propédeutique à la dialectique »[1]. Cette manière de la nommer n'apparaîtra plus jamais par la suite dans l'œuvre de Platon. À la lire dans le texte, on constate donc que « la dialectique » relève davantage de notre invention que de la sienne. Il ne la nomme ainsi que deux fois, et il y a des chances que la raison en soit qu'il ne la pense pas essentiellement ainsi. Dans les deux cas, « la dialectique », « couronnement » d'une classification des sciences et dernière étape d'un cursus éducatif, est une désignation qu'appelle une *situation*, non une manière particulière de connaître ou de penser. Lorsque c'est cela qu'il veut nommer, Platon continue à employer le verbe (dix fois dans le livre VII)[2]. Sa suprématie et sa persistance constituent une indication non négligeable. Art (*tekhnè*) ou science (*epistèmè*), la dialectique l'est à coup sûr, mais cette science est encore définie dans la *République* comme un savoir questionner et répondre. Elle n'est donc pas une « science », si nous entendons par là un ensemble de principes, de méthodes et de résultats. Elle est l'activité même de la connaissance[3], et connaître implique toujours la capacité de poser de bonnes questions et d'y répondre. La manière de la désigner n'est pas sans importance, car dans les textes qui sont plus particulièrement consacrés à ce que nous nommons la dialectique, c'est de la puissance du *dialegesthai* qu'il s'agit[4].

1. ὥσπερ θριγκὸς τοῖς μαθήμασιν ἡ διαλεκτικὴ ἡμῖν ἐπάνω κεῖσθαι, VII, 534 e 2-3 ; ἣν τῆς διαλεκτικῆς δεῖ προπαιδευθῆναι, 536 d 6.

2. Le verbe apparaît une fois en V, 454 a 5, puis six fois dans le l. VII (il y est substantivé quatre fois) : 528 a 1, *532 a 2, *6, *537 d 5, *e 1, 539 c 6, et on rencontre quatre fois l'expression « la puissance du *dialegesthai* » : VI, 511 b 4, VII, 532 d 8, 533 a 8, 537 d 5.

3. Dans le *Phèdre*, le *Sophiste* et le *Philèbe*, est dialecticien celui qui est capable de faire (*drân*) un certain nombre d'opérations (voir p. 105 et n. 1).

4. Comme le remarque W. Müri, art. cit., p. 163, l'expression ἡ τοῦ διαλέγεσθαι δύναμις est intraduisible : il ne s'agit pas de la capacité *de*

Dans un passage rarement relevé, Socrate prend soin de préciser avec qui discute celui qui discute. Socrate force en effet Glaucon à se poser cette question car certains accorderont que les sciences mathématiques ont pour véritable utilité la purification de l'intelligence, mais d'autres le contesteront :

> examine donc ici même avec laquelle de ces deux espèces de gens tu discuteras, ou ni avec l'une ni avec l'autre, mais si c'est principalement pour toi-même que tu fais ces raisonnements, sans évidemment éprouver d'envie si un autre est capable de tirer d'eux quelque profit. – C'est ce parti que je choisis, dit-il, de parler surtout pour moi-même, de questionner et de répondre. (σκόπει οὖν αὐτόθεν πρὸς ποτέρους διαλέγῃ· ἢ οὐδὲ πρὸς ἑτέρους, ἀλλὰ σαυτοῦ ἕνεκα τὸ μέγιστον ποιῇ τοὺς λόγους, φθονοῖς μὴν οὐδ' ἂν ἄλλῳ, εἴ τίς τι δύναιτο ἀπ' αὐτῶν ὄνασθαι. – Οὕτως, ἔφη, αἱροῦμαι, ἐμαυτοῦ ἕνεκα τὸ πλεῖστον λέγειν τε καὶ ἐρωτᾶν καὶ ἀποκρίνεσθαι.) (527 e 6-528 a 5)

Il faut que cette question soit réglée « ici même » (αὐτόθεν) pour qu'il soit possible de continuer. Glaucon ne répond même pas qu'il veut discuter avec Socrate, il ne dit pas non plus qu'il discute avec lui-même, mais cela y revient finalement puisqu'il ne peut répondre aux questions de Socrate qu'en se les posant : une fois de plus questionner et répondre sont indissociables. Il ne souhaite donc pas persuader ceux qui ont une opinion différente, ses questions et ses réponses n'ont d'autre but que lui-même et s'il recherche un

discuter ou dialectiser (qui appartiendrait au dialecticien), mais de la puissance *du dialegesthai*, de celle qui lui appartient en propre. « Puissance dialectique » est la moins mauvaise transcription, si on y entend la puissance de l'activité dialectique.

accord, il ne veut, comme Socrate dans le *Phédon* (91 a, cf. *Gorg.*, 482 b-c), s'accorder qu'avec lui-même.

Même au moment où la dialectique est déterminée comme science suprême, elle ne rompt pas son lien avec le *dialegesthai* ni avec ses traits fondamentaux, interroger et répondre. La *République* ne consomme pas une rupture mais opère un déplacement : le *dialegesthai* ne se déploie plus dans l'espace socratique où il fallait s'opposer pour se différencier, il se situe sur une ligne où se trouvent distribués à la fois deux espèces de réalités et les états de l'âme quand elle est face à elles ou à leurs images, ou encore il devient le dernier moment du programme d'éducation des philosophes.

### *Qu'est ce qu'un philosophe ?*

Au livre V Glaucon rappelle à Socrate la question que celui-ci avait écartée précédemment, celle de « savoir si l'existence de ce régime politique est possible et de quelle façon elle peut bien l'être » (471 c). Son interruption soudaine (*exaiphnès*, 472 a 1) fait littéralement basculer le dialogue, qui prend son tournant philosophique en s'attachant à ce qu'il convient d'entendre par ce mot, « philosophe ».

La première définition est qu'on doit dire philosophe celui qui désire le savoir (*sophia*) tout entier, est désireux d'apprendre tout ce qui peut être appris, consent volontiers à goûter à toute étude (*mathèma*)[1]. Une telle définition prête à contresens : on pourrait en effet tenir alors pour philosophes tous les « amateurs de spectacles » (*philotheamones,* 475 d 2) qui ressemblent seulement à des philosophes sans en être. Seule une distinction claire et tranchée entre connaître et

1. Οὐκοῦν καὶ τὸν φιλόσοφον σοφίας φήσομεν ἐπιθυμητὴν εἶναι, οὐ τῆς μέν, τῆς δ' οὔ, ἀλλὰ πάσης ; (V, 475 b 8-9). Τὸν δὲ δὴ εὐχερῶς ἐθέλοντα παντὸς μαθήματος γεύεσθαι (475 c 5-6).

opiner permet d'éviter cette confusion. Celui qui opine s'arrête aux choses multiples qui roulent entre l'être et le non-être dans la mesure où, de chacune d'elles, on peut dire aussi bien qu'elle est et qu'elle n'est pas, et qu'elle n'est pas, tout autant qu'elle est, ce qu'on dit qu'elle est (479 b *sq.*). Existant d'une existence que ronge le devenir, essentiellement ambiguës puisque toutes les propriétés qu'elles possèdent peuvent se retourner en leurs contraires, les choses sur lesquelles portent les opinions sont radicalement différentes et distinctes des êtres sur lesquels porte la connaissance. Car l'opinion n'a même pas de ses objets une connaissance :

> De tous ceux qui considèrent de multiples choses belles, mais qui ne voient pas le beau en soi et sont impuissant à suivre celui qui voudrait les conduire vers lui [...] nous dirons que sur toutes ces choses ils ont des opinions, mais ne connaissent rien de ce sur quoi ils opinent (δοξάζειν φήσομεν ἅπαντα, γιγνώσκειν δὲ ὧν δοξάζουσιν οὐδέν, 479 e 1-5).

L'opinion n'est donc pas un mode inférieur de connaissance, ce n'est pas du tout une connaissance.

À partir de cette opposition, on peut constituer deux types d'homme : l'amateur de spectacles, qui est un « philodoxe » car ce qu'il appelle « beau » n'est que le contenu fluctuant et relatif de ce qui lui semble beau (belles voix, belles couleurs, etc.), et le « philosophe ». Sont réellement philosophes « ceux qui aspirent à [connaître] chaque être » ; pour eux, la vérité est le spectacle dont ils sont amateurs[1]. Si l'on rapproche ces deux phrases, elles donnent pour objet à la connaissance la vérité et l'être, ou plutôt l'être véritable, et en 501 d 1-2, c'est

1. Τοὺς αὐτὸ ἄρα ἕκαστον τὸ ὂν ἀσπαζομένους φιλοσόφους (V, 480 a 11-12) ; Τοὺς τῆς ἀληθείας, ἦν δ' ἐγώ, φιλοθεάμονας (V, 475 e 4).

de l'être et de la vérité que les philosophes sont amoureux. Le philosophe n'est donc pas épris de toutes les sciences (*mathèmata*), mais seulement de « celle qui peut lui rendre évident quelque chose de cette manière d'être (*ousia*) qui est toujours » (μαθήματός γε ἀεὶ ἐρῶσιν ὃ ἂν αὐτοῖς δηλοῖ ἐκείνης τῆς οὐσίας τῆς ἀεὶ οὔσης, 485 b 1-2).

La première définition se contentait de suivre l'étymologie : est philosophe celui qui aspire à la *sophia ;* la seconde rectifie : il n'aspire qu'à la science qui lui procurera la connaissance de l'essence. S'il aspire à quelque chose, ce n'est donc pas à posséder la science, ou toute science en général, c'est à dialectiser.

### *Les objets de la puissance dialectique*

Faut-il, demande Socrate au livre VII, affirmer que :

> la puissance dialectique (ἡ τοῦ διαλέγεσθαι δύναμις) peut *seule* manifester [cette réalité] à celui qui aura acquis l'expérience des études que nous venons d'énumérer, et que ce ne sera jamais possible d'aucune autre manière ? – Voilà aussi qui mérite d'être affirmé à toute force. – Ceci au moins, dis-je, personne ne nous le contestera, quand nous disons qu'il existe une autre voie de recherche[1] qui entreprend de saisir de chaque chose ce que chacune est, en suivant une route déterminée, et cela à propos de toute réalité. (ὅτι ἡ τοῦ διαλέγεσθαι δύναμις μόνη ἂν φήνειεν ἐμπείρῳ ὄντι ὧν νυνδὴ διήλθομεν, ἄλλῃ δὲ οὐδαμῇ δυνατόν; Καὶ τοῦτ', ἔφη, ἄξιον διισχυρίζεσθαι. Τόδε γοῦν, ἦν δ' ἐγώ, οὐδεὶς ἡμῖν ἀμφισβητήσει λέγουσιν, ὡς αὐτοῦ γε ἑκάστου πέρι ὃ ἔστιν

1. Dialectique, et différente de celle de toutes les autres *tekhnai* et des sciences mathématiques (voir la suite de ce texte).

ἕκαστον ἄλλη τις ἐπιχειρεῖ μέθοδος ὁδῷ περὶ παντὸς λαμβάνειν.) (VII, 533 a 8-b 3)

Pour arriver à la connaissance de ce qui est, il n'existe d'autre voie possible que dialectique. La dialectique est l'unique route, *odos* ou *methodos*, vers l'essence; seule la puissance dialectique peut nous frayer un chemin vers l'intelligence de ce qu'une chose est en vérité [1].

L'objet auquel s'applique la puissance du *dialegesthai* est ici désigné par l'expression « ce que c'est » (*ho estin*). Dans le *Phédon*, l'essence (*ousia*) est « ce que chaque chose se trouve être », « son nom a pour signification "ce que c'est" » (*Phéd.*, 65 d et 92 d). « C'est de son être que nous donnons le logos quand nous questionnons et quand nous répondons » (*Phéd.*, 78 d). Questionner et répondre sont des dimensions fondamentales de toute pensée, mais lorsque questions et réponses sont dialectiques, elles sont centrées sur l'essence [2]; le questionnement peut évidemment adopter, au cours de l'examen, d'autre formes que celles du « qu'est-ce que » (*ti estin*), mais il finit toujours par se recentrer sur une réalité essentielle, restant même qu'elle-même, soustraite au changement et inaffectée par la diversité des lieux où elle se manifeste et de ceux à qui elle apparaît [3]. L'essence est distincte à la fois des propriétés qu'une chose peut posséder, de sa valeur ou de sa non-valeur, et de toutes les réalités, même exemplaires, en lesquelles la chose peut se présenter.

1. Sur ce qu'impliquent ces affirmations quant à l'importation chez Platon d'une connaissance « intuitive » qui viendrait couronner la connaissance dialectique, voir *Platon et la question de la pensée*, p. 63-70.

2. Voir *Platon et la question de la pensée*, p. 47-59. Dans la *République*, ce recentrement s'opère en 472 b : « c'est en cherchant ce que sont la justice et l'injustice que nous sommes arrivés ici ».

3. Voir *Banquet*, 211 a-b.

Elle ne peut donc être saisie par aucune perception « elle est ce que seule peut atteindre la pensée pure » (*Phéd.*, 77 a).

Comme dans le *Phédon*, on rencontre dans la *République* toutes les dénominations et toutes les déterminations proprement platoniciennes des objets de la pensée pure : « ce que c'est » (ὃ ἔστιν), expression toujours liée à la question « que peut bien être ? » (τί ποτ' ἐστί)[1] ; l'« être », pris comme un terme générique quand il est opposé à « ce qui devient » et spécifié alors comme « réellement » étant et non visible, mais qui se trouve pluralisé en « êtres », distribué en une multiplicité d'étants, lorsqu'il s'agit de le connaître[2] ; l'essence (*ousia*), opposée également au devenir (*genesis*) et dont on doit donner le logos[3] ; la nature (*phusis*) de la chose[4] ; la réalité « en elle-même », c'est-à-dire qui est purement ce qu'elle est, sans mélange ni « communauté avec les actes ou avec les

1. "ὃ ἔστιν" ἕκαστον προσαγορεύομεν (VI, 507 b 7), ἐπ' αὐτὸ ὃ ἔστιν ἕκαστον (VII, 532 a 7), αὐτὸ ὃ ἔστιν ἀγαθόν (532 b 1), πέρι ὃ ἔστιν ἕκαστον (533 b 2).

2. Pris génériquement : πρὸς τὸ ὄν (VI, 490 a 8), τοῦ ὄντος (VI, 501 d 1-2, VII, 521 c 7), εἰς τὸ ὄν (VII, 518 c 9), περὶ τὸ ὄν τε [...] καὶ τὸ ἀόρατον (529 b 5), τοῦ γὰρ ἀεὶ ὄντος ἡ γεωμετρικὴ γνῶσίς ἐστιν (527 b 7-8) ; pris distributivement : ἕκαστον τὸ ὄν (VI, 484 d 6, *cf.* αὐτοῦ ὃ ἔστιν ἑκάστου τῆς φύσεως, 490 b 3, αὐτό τι ἕκαστον, 493 e 3), πρὸς τοῖς οὖσι (500 b 9), σκιὰς τῶν ὄντων (VII, 532 c 2).

3. Opposée au devenir : τῆς οὐσίας τῆς ἀεὶ οὔσης (VI, 485 b 2), ἐπὶ τὴν οὐσίαν (VII, 524 e 1), διὰ τὸ τῆς οὐσίας ἁπτέον εἶναι (525 b 5), ἐπ' ἀλήθειάν τε καὶ οὐσίαν (525 c 6), εἰ μὲν οὐσίαν ἀναγκάζει θεάσασθαι [*sc.* ἡ γεωμετρικὴ] προσήκει, εἰ δὲ γένεσιν, οὐ προσήκει (526 e 6-7), καὶ δόξαν μὲν περὶ γένεσιν, νόησιν δὲ περὶ οὐσίαν (534 a 2-3) ; prise distributivement : Ἦ καὶ διαλεκτικὸν καλεῖς τὸν λόγον ἑκάστου λαμβάνοντα τῆς οὐσίας ; (534 b 3-4).

4. πρὶν αὐτοῦ ὃ ἔστιν ἑκάστου τῆς φύσεως ἅψασθαι (VI, 490 b 2-3), τὸ φύσει δίκαιον καὶ καλὸν καὶ σῶφρον καὶ πάντα τὰ τοιαῦτα (501 b 2-3), ἐπὶ θέαν τῆς τῶν ἀριθμῶν φύσεως (VII, 525 c 2), τῆς τοῦ ὄντος φύσεως (537 c 3).

corps[1] ; l'intelligible (*noèton*), ce qui ne peut être saisi que par la pensée intelligente[2]; enfin l'*idea,* terme utilisé presque exclusivement à propos du Bien[3]. Quant au terme Forme, il ne figure en ce sens que dans un seul passage du livre VI, et encore les Formes sont-elles spécifiées par « en soi, en elles-mêmes » (αὐτοῖς εἴδεσι, 510 b 8, εἴδεσιν αὐτοῖς, 511 c 1) sans doute pour les distinguer de ces « formes visibles » qu'utilisent les mathématiciens (τοῖς ὁρωμένοις εἴδεσι, 510 d 5)[4]. L'emploi de ce terme pour désigner les objets de l'intelligence est donc encore plus rare dans la *République* qu'il l'est dans le *Phédon*, et s'il y a chez Platon une « théorie », elle mérite au moins autant le nom de « théorie des essences » que celui de théorie des Formes, ou Idées.

C'est en effet cette autre manière d'être, l'essence (*ousia*), qui est nécessaire pour sauver, non pas les phénomènes (elle les sauve par surcroît), mais pour rendre possible « une autre méthode », une autre manière de penser, différente de l'opinion même vraie, et Socrate commence par établir cette différence au livre V avant de donner ses objets à la

1. αὐτὸ δὲ τὸ καλὸν, αὐτὸ τὸ δίκαιον (V, 479 d 1, 3), αὐτὸ δὲ τὸ καλόν [...] ὥς τι ὄν (480 a 3-4), αὐτὸ τὸ καλόν (VI, 493 e 2-3), αὐτό τι ἕκαστον (493 e 3), αὐτὸ δὴ καλὸν καὶ αὐτὸ ἀγαθόν (507 b 5), αὐτὸ μὲν τί ποτ' ἐστὶ τἀγαθόν (506 d 8-e 1), τοῦ τετραγώνου αὐτοῦ (510 d 7), διαμέτρου αὐτῆς (d 8), αὐτὴν δικαιοσύνην (VII, 517 e 1-2), αὐτὸ τὸ ἕν (524 e 6), περὶ αὐτῶν τῶν ἀριθμῶν (525 d 6), αὐτὸ τὸ ἀγαθόν (534 c 4), ἐπ' αὐτὸ τὸ ὄν (537 d 6), τὸ ἀγαθὸν αὐτό (540 a 8-9).

2. νοητόν (VI, 509 d 4), τοῦτο τοίνυν νοητὸν μὲν τὸ εἶδος (511 a 2), ἕτερον μάνθανε τμῆμα τοῦ νοητοῦ (511 b 3), τοῦ ὄντος τε καὶ νοητοῦ θεωρούμενον (511 c 5).

3. ἡ τοῦ ἀγαθοῦ ἰδέα μέγιστον μάθημα (VI, 505 a 2), τὰς δ' αὖ ἰδέας νοεῖσθαι μέν, ὁρᾶσθαι δ' οὔ (507 b 9-10), τὴν τοῦ ἀγαθοῦ ἰδέαν (508 e 2-3, VII, 534 b 9-c 1), ἡ τοῦ ἀγαθοῦ ἰδέα (VII, 517 b 8-c 1).

4. αὐτοῖς εἴδεσι (VI, 510 b 8), ἀλλ' εἴδεσιν αὐτοῖς δι' αὐτῶν εἰς αὐτά, καὶ τελευτᾷ εἰς εἴδη (511 c 1-2).

dialectique. La pensée dialectique est la seule manière d'appréhender l'*ousia*, la manière d'être propre d'une réalité en tant qu'elle peut être pensée et comprise, et l'essence contraint la pensée à adopter une forme dialectique, c'est-à-dire à exercer toute sa puissance d'interroger et de répondre. Car avant d'appréhender ce que c'est, il faut bien évidemment se demander « qu'est-ce que ? ».

À quelle occasion peut surgir cette question ? Lorsqu'une sensation fournit simultanément deux propriétés contradictoires. Si la vue n'a jamais témoigné qu'un doigt fût en même temps un doigt et le contraire d'un doigt (οὐδαμοῦ γὰρ ἡ ὄψις αὐτῇ ἅμα ἐσήμηνεν τὸ δάκτυλον τοὐναντίον ἢ δάκτυλον εἶναι, *Rép.*, VII, 524 d 6-7), elle peut l'appréhender à la fois comme (plus) grand et (plus) petit. Les choses sensibles sont immédiatement perçues comme qualifiées, je les vois et les dis (même si c'est à moi-même en silence) grandes ou petites, lourdes ou légères, etc. En ce cas, les mots n'ont pas qu'une fonction de désignation et l'index de Cratyle ne suffit plus. Je peux le pointer vers un doigt si c'est sur ce qu'est un doigt que la question porte, mais vers quoi le pointer si je me demande comment il peut m'apparaître à la fois grand et petit ? On ne peut plus alors recourir à la sensation, la pensée doit se mettre en mouvement et réfléchir sur ce que sont grandeur et petitesse. On pourrait croire que la question « qu'est-ce que ? » est une question arbitraire et superflue, puisque si je demande ce qu'est un doigt, il suffit qu'on m'en donne un à voir. Or non seulement il existe des réalités invisibles, insensibles (la Justice en est une), dont le seul mode d'existence est l'essence et qui ne peuvent être atteintes que par une question posée sous cette forme, mais mêmes les réalités sensibles rendent nécessaire de la poser, parce que la perception peut confondre ce que seule la pensée peut distinguer.

Cependant, si le *Phédon* donnait comme solution à ce problème la participation simultanée de la chose à deux Formes contraires, la *République* ne fait rien de tel. Le problème n'est évoqué que pour expliquer pourquoi ceux qui ont la science des nombres sont conduits à définir l'unité comme ils le font (525 a) : « nous voyons l'unité une et multiple à l'infini », sa *vue* offre toujours « une contradiction, de telle sorte qu'elle n'est pas plus une que le contraire » (524 e). Les arithméticiens sont donc contraints de poser une unité qui est une négation de toute multiplicité.

## SUPÉRIORITÉ DE LA SCIENCE DIALECTIQUE SUR LES MATHÉMATIQUES

La supériorité de la dialectique ne peut se fonder sur la seule nature de ses objets, car les sciences mathématiques abandonnent, elles aussi, le « domaine de la génération » et se tournent vers des réalités purement intelligibles. Elles peuvent donc se poser en sciences rivales, et il se trouve même des gens pour ériger l'astronomie en philosophie (VII, 529 a). Or, et c'est là le propos de la plus grande partie du livre VII, elles n'ont de valeur que propédeutiques, et encore ne l'ont-elles que si on reconnaît leur véritable utilité.

### *Qu'est-ce qu'une hypothèse ?*

La subordination des mathématiques est affirmée une première fois à la fin du livre VI. De ce texte bien connu et abondamment commenté[1], je ne retiendrai que les quelques points suivants.

1. Sur le problème des rapports entre mathématiques et dialectique, voir F.M. Cornford, « Mathematics and Dialectic in the *Republic* VI-VII »,

Tout d'abord la Ligne est coupée selon la vérité ou l'absence de vérité (510 a 8-9). Il faut prendre ce terme en son sens ontologique, les coupures entre les deux grandes sections comme celles à l'intérieur de chaque section s'effectuant entre ce qui semble et ce à quoi ce qui semble est semblable (τὸ ὁμοιωθὲν πρὸς τὸ ᾧ ὡμοιώθη, 510 a 10). Ainsi, les images sensibles ressemblent aux choses sensibles, mais tout le domaine de l'opinable et du visible est rejeté du côté de « ce qui semble » et est fait à la semblance des êtres intelligibles. Cependant, pour couper la partie intelligible de la Ligne, Socrate n'utilise plus seulement la distinction ontologique réalités-images, il fait intervenir l'âme (510 b 5) et la manière dont elle chemine (*poreuomènè*), suit sa voie de recherche (*methodos*). Les deux sections de l'intelligible se distinguent par le fait que l'âme y décrit deux espèces différentes de mouvement. Dans la section inférieure de l'intelligible, elle part d'hypothèses pour aller vers une conclusion. Dans la partie supérieure, qui est la partie supérieure de l'ensemble de la Ligne, « elle va d'une hypothèse à un principe anhypothétique » (τὸ ἐπ' ἀρχὴν ἀνυπόθετον ἐξ ὑποθέσεως ἰοῦσα, 510 b 5-6). Mais si ce premier mouvement a un sens exactement contraire à celui parcouru dans la section

*Mind* 41, 1932, 37-52, repris dans *Studies in Plato's Metaphysics*, ed. by R.E. Allen, London, Routledge and Kegan Paul, 1965, p. 61-96; H. Cherniss, « Plato as Mathematician », *Review of Metaphysics* 4, 1951, 395-425, repris dans H. Cherniss, *Selected Papers*, ed. by L. Tarán, Leiden, Brill, 1977, p. 222-252; et I. Mueller, « Mathematical method and philosophical truth » dans *The Cambridge Companion to Plato*, ed. by R. Kraut, Cambridge, Cambridge University Press, 1992, p. 170-199. On trouvera également dans cet ouvrage une bibliographie plus complète sur la question, p. 510-511. Voir aussi M. Dixsaut, *Platon. République VI-VII*, Paris, Pédagogie Moderne, 1980, 2e éd. corr. Bordas, 1986, et *Platon et la question de la pensée*, p. 59-63.

précédente, l'âme ne s'en tient pas là : une fois que le logos a saisi le principe,

> il descend ainsi jusqu'à la conclusion, sans se servir d'absolument rien de sensible, mais [en se servant] des Formes elles-mêmes, passant à travers elles pour aller vers elles et aboutir finalement à des Formes. (οὕτως ἐπὶ τελευτὴν καταβαίνῃ, αἰσθητῷ παντάπασιν οὐδενὶ προσχρώμενος, ἀλλ' εἴδεσιν αὐτοῖς δι' αὐτῶν εἰς αὐτά, καὶ τελευτᾷ εἰς εἴδη.) (511 b 8-c 2)

Les objets auxquels l'âme a affaire dans la section supérieure reçoivent leur nom propre : ce sont des Formes, des Idées, alors que pour la partie inférieure seule l'orientation du mouvement de l'âme est déterminée. C'est seulement pour répondre à Glaucon qui n'a pas bien compris que Socrate énumère des exemples d'objets : « le pair, l'impair, les figures, les trois espèces d'angle et d'autres choses parentes de celles-là », sans les unifier sous un terme commun. Il insiste simplement sur le fait que certaines sciences « ayant fait de ces objets des hypothèses » (ποιησάμενοι ὑποθέσεις αὐτά) les traitent « comme s'ils en avaient un savoir, sans estimer qu'il faille en donner une explicitation rationnelle ni à eux-mêmes ni aux autres, comme s'ils étaient évidents à chacun » (ταῦτα μὲν ὡς εἰδότες [...] οὐδένα λόγον οὔτε αὑτοῖς οὔτε ἄλλοις ἔτι ἀξιοῦσι περὶ αὐτῶν διδόναι ὡς παντὶ φανερῶν) (510 c 6-8). αὐτά réfère forcément au neutre pluriel qui précède (καὶ ἄλλα τούτων ἀδελφά) et non au féminin pluriel ὑποθέσεις, et est repris par ταῦτα. Ce sont donc des *objets* posés par lui *comme* autant d'hypothèses dont il est dit que le mathématicien ne rend pas raison, non des hypothèses. Le glissement opéré par les traducteurs témoigne de leurs préjugés quant à la nature des hypothèses en question. De même que le dialecticien pose le Beau en soi comme quelque chose qui est (αὐτὸ δὲ τὸ καλὸν [...] ὥς τι ὄν, 480 a 3-4), le mathématicien pose le Carré en soi ou l'Unité en soi comme des êtres qui sont.

Il semble donc assez clair qu'il ne s'agit pas de propositions, de définitions, d'axiomes, mais d'objets, de réalités[1]. Le mathématicien va assurément les définir, mais ce qu'il commence par *poser*, c'est l'*existence* de quelque chose comme le Pair ou le Carré. C'est, me semble-t-il, la seule manière de comprendre que, pour Socrate, le mathématicien ne donne pas le logos de ce qu'il pose. Cela n'aurait aucun sens si Socrate voulait dire qu'il ne donne pas la *définition* du pair ou de la figure carrée. Mais ce qu'il ne cherche ni ne donne à comprendre est pourquoi et comment, selon lui, ces réalités existent et sont, comme le disait l'*Euthydème*, indépendantes des représentations figurées qu'il en donne[2]. La science arithmétique peut définir (dianoétiquement) le nombre, et chaque nombre, mais elle ne peut rendre raison du fait qu'elle tient les nombres pour des réalités qui existent en elles-mêmes.

1. Sur la question de savoir si une hypothèse est une proposition ou un jugement d'existence (*statement of existence*), voir R. Robinson, *Plato's Earlier Dialectic*, p. 100-105. Il reconnaît que si on trouve des « hypothèses existentielles » en *Phéd.*, 100 b et *Parm.*, 136 b, il y a d'autres exemples où ce n'est pas le cas. Mais dans chacun des exemples qu'il donne, l'hypothèse n'engendre pas un examen dialectique au sens de la *République*, c'est-à-dire ne procède pas à travers les seules Formes. Robinson conteste même le fait qu'Aristote donne ce sens à *hypothesis* quand il affirme que la définition arithmétique de l'unité n'en est pas une mais une *thesis*, « car ce n'est pas la même chose de dire ce qu'est une unité et de dire qu'il existe une unité » (*Post. Anal.*, I, 2, 78 a 24). On peut laisser de côté Aristote, mais non le fait que selon Robinson (p. 105) une hypothèse n'a pas chez Platon « de forme spéciale ». Elle en a assurément une dans le *Phédon* et dans la *République*, où elle est une position d'existence, et c'est tout ce qui m'importe ici.

2. Voir chap. I, p. 42-43 et n. 1.

C'est aussi ce qui explique que la science dialectique parte d'hypothèses. Ce que Socrate juge nécessaire de *poser* chaque fois qu'on a commencé par poser une multiplicité, c'est le Beau en soi, le Bien en soi et toutes les réalités de ce genre :

> Et le Beau en soi, le Bien soi, et ainsi de toutes les réalités que nous posions alors comme multiples, les posant cette fois, à l'inverse, en considérant le trait essentiel (*idea*) unique de chacune comme étant réellement unique, nous appelons chacune « ce que c'est ». (Καὶ αὐτὸ δὴ καλὸν καὶ αὐτὸ ἀγαθόν, καὶ οὕτω περὶ πάντων ἃ τότε ὡς πολλὰ ἐτίθεμεν, πάλιν αὖ κατ' ἰδέαν μίαν ἑκάστου ὡς μιᾶς οὔσης τιθέντες, "ὃ ἔστιν" ἕκαστον προσαγορεύομεν [1].) (*Rép.*, VI, 507 b 5-7)

La multiplicité n'est pas donnée, elle est *posée*. Il ne s'agit donc pas d'une multiplicité simplement sentie, perçue – la sensation ne pose rien, elle affecte – mais de la multiplicité des choses que nous posons quand nous les *disons* belles ou bonnes, analogue à l'essaim des vertus fourni par Ménon en lieu et place de la vertu. Ce texte ne dit pas non plus que chaque fois que l'on donne un nom commun à une multiplicité, il faut poser une réalité en soi correspondant à ce nom, mais qu'il faut changer de perspective, considérer cette multiplicité du point de vue de l'*idea*, et si elle correspond à une *idea* unique (ce qui implique que le nom soit correctement attribué), en poser l'essence, le « ce que c'est ». L'*idea* est ici, comme dans le *Phédon*, le « trait essentiel » imprimé par les réalités en soi à la multiplicité qui en participe.

1. Sur cet autre texte controversé, voir J. Adam, *op. cit.*, vol II, Books VI-X and Indexes, Appendice VII au l. VI, p. 81-82. Il penche pour la substitution de καί à κατ'. Elle revient à supprimer la médiation de l'*idea* entre les choses multiples et leur essence. Sur le sens à donner à *idea*, voir *Platon et la question de la pensée*, p. 76-78, 84-91.

Chaque fois qu'il cherche à comprendre ce que c'est, le dialecticien pose l'essence (même de la mort, Socrate se demande au moment de mourir si c'est « quelque chose », *Phéd.*, 64 c). Le dialecticien et le mathématicien posent, hypothétisent, l'existence intelligible et toujours même de l'objet sur lequel ils réfléchissent[1].

La différence est que la seconde section de l'intelligible

> est celle que saisit le logos tout seul par la puissance dialectique, faisant de ses hypothèses non pas des principes mais bien réellement des hypothèses, qui sont comme des points d'appui et des élans pour aller jusqu'à ce qui est anhypothétique afin de chercher le principe du tout. (τοῦτο οὗ αὐτὸς ὁ λόγος ἅπτεται τῇ τοῦ διαλέγεσθαι δυνάμει, τὰς ὑποθέσεις ποιούμενος οὐκ ἀρχὰς ἀλλὰ τῷ ὄντι ὑποθέσεις, οἷον ἐπιβάσεις τε καὶ ὁρμάς, ἵνα μέχρι τοῦ ἀνυποθέτου ἐπὶ τὴν τοῦ παντὸς ἀρχὴν ἰών.) (511 b 4-7).

Cette célèbre définition n'est pas une définition de « la dialectique » ou de la « science dialectique », mais de la puissance du *dialegesthai*. Or, selon le livre V, une puissance se définit par ce à quoi elle s'applique, et par ce qu'elle effectue (ἐφ' ᾧ τε ἔστι καὶ ὃ ἀπεργάζεται, 477 d 1). À quoi le *dialegesthai* applique-t-il sa puissance ? Socrate parle de « cette

1. Tout devient d'une confusion inextricable si on veut voir ici la reprise de la « méthode par hypothèse », qui n'apparaît que dans le *Ménon* et est empruntée, sans grand succès d'ailleurs, aux mathématiciens. Le texte de la *République* est assurément proche de celui du *Phédon*, 101 d-e, mais il n'en a pas l'aspect défensif; les deux textes ne se rejoignent que lorsque Socrate conseille à Cébès de justifier son hypothèse en faisant appel à une hypothèse « d'en haut », autrement dit, de justifier la position d'une Forme en ayant recours à une autre Forme (voir la note 289 p. 380-387 de mon édition, *Platon, Phédon*, traduction nouvelle, introduction et notes, Paris, GF-Flammarion, 1991).

espèce d'intelligible » où l'âme était contrainte de se servir d'hypothèses et de « l'autre section de l'intelligible ». Faut-il en déduire qu'il existe deux espèces de réalités intelligibles ? Cette interprétation a été maintes fois avancées, elle a reçu des néoplatoniciens ses lettres de noblesse, et on la retrouve chez les modernes tenants des doctrines non écrites[1]. Cependant, la position de réalités intelligibles inférieures, intermédiaires entre les réalités sensibles et les Formes, réalités qui seraient les objets des sciences mathématiques, ne trouve pas de fondement textuel. « Cette espèce d'intelligible » ne désigne pas une espèce particulière de réalités intelligibles, mais un état particulier de l'âme à l'égard de l'intelligible, celui où elle est forcée d'utiliser pour le saisir hypothèses et images. De plus, le Pair, l'Impair, tout comme le Deux ou le Trois, sont dans le *Phédon* des exemples de ces Formes qui confèrent leur nom ou leur propriété aux choses qui en participent. Elles figurent à côté de la Neige ou du Feu, et ce dernier est dans le *Timée* (51 b-c) l'exemple même d'une Forme intelligible. Il est donc bien plus probable que la différence ne tient pas à la nature des objets mais à la façon de les connaître.

La manière dianoétique se sert d'images et maintient ses hypothèses à titre de principes, et l'autre non. Cette dernière n'est déterminée que négativement, le fait de *ne pas* se servir d'images et de *ne pas* prendre ses hypothèses pour des principes suffit à en faire une science plus exacte que les sciences mathématiques. Car si les mathématiciens prennent

1. Voir L. Robin, *La Théorie platonicienne des Idées et des Nombres d'après Aristote*, Paris, F. Alcan, 1908; H.J. Kraemer, *Arete bei Platon und Aristoteles, zum Wesen und zur Geschichte der platonischen Ontologie*, Heidelberg, C. Winter, 1959, en particulier p. 437 note 118. Pour une critique précise de cette thèse, voir l'introduction de L. Boulakia à H. Cherniss, *L'Énigme de l'Ancienne Académie*, Paris, Vrin, 1993, p. 27-48, et Cherniss, p. 133-134.

comme principe une chose dont ils n'ont pas de savoir, toutes leurs déductions pourront bien être cohérentes, cela ne fera jamais une science. En revanche, les hypothèses dont part le dialecticien sont pour lui des points de départ pour aller vers un principe. « Supprimer » les hypothèses ne signifie donc pas pour lui les rejeter, mais rejeter leur caractère « hypothétique ». Tout le monde s'accorde à présent sur ce point[1], mais non pas forcément sur ce que signifie « hypothétique » : l'hypothèse des mathématiciens n'est pas une « supposition », c'est une position, et c'est ce caractère définitivement thétique qui est supprimé par le dialecticien. Les sciences mathématiques ne prennent pas la peine de rendre intelligibles les réalités intelligibles dont elles parlent (elles n'en donnent pas le logos), et les mathématiciens ne se soucient pas de se les rendre intelligibles à eux-mêmes, parce qu'ils s'arrêtent à une trop facile évidence. Dialectiser, c'est précisément refuser qu'il y ait là évidence, refuser ce que les hypothèses impliquent de non-savoir. On ne peut pas avoir de savoir de ce que le logos n'a pas mis en question ; c'est ce logos-là qu'il faut parcourir, et ne pas se contenter de le réduire à une proposition définitionnelle :

> Est-ce que tu appelles aussi dialecticien celui qui saisit le logos de l'essence de chaque chose ? et celui qui n'en est pas capable, dans la mesure où il n'est pas capable d'en fournir le logos à lui-même ou à un autre, ne diras-tu pas que, de cette chose, il n'a pas l'intelligence ? (Ἦ καὶ διαλεκτικὸν καλεῖς τὸν λόγον ἑκάστου λαμβάνοντα τῆς οὐσίας; καὶ τὸν μὴ ἔχοντα, καθ' ὅσον ἂν μὴ ἔχῃ λόγον αὑτῷ τε καὶ ἄλλῳ διδόναι, κατὰ τοσοῦτον νοῦν περὶ τούτου οὐ φήσεις ἔχειν ;) (VII, 534 b 3-6)

1. Voir I. Mueller, art. cit., p. 188.

La section supérieure de l'intelligible a pour affection correspondante au livre VI l'intellection (*noèsis*, 511 e 1) et au livre VII la science (*epistèmè*, 533 e 7-8) : avoir la science, c'est avoir l'intelligence de la chose dont on parle. C'est sous l'effet de la puissance dialectique – *dunamis tou dialegesthai* – que cet état se produit en l'âme [1].

### *Un exemple d'hypothèse arithmétique*

On trouve dans le livre VII de quoi comprendre ce que Socrate affirme au livre VI. Celui qui possède la science des nombres se moque de tous ceux qui prétendent diviser l'unité, unité arithmétique qu'il pose comme parfaitement égale à toute autre et sans partie (525 d-526 a). Si cette unité fournit l'exemple même d'une réalité non sensible, il reste cependant que les arithméticiens se contentent de la poser. Ils appellent « unités » les éléments parfaitement identiques et homogènes entrant dans la composition des nombres entiers. L'arithmétique est particulièrement apte à tirer l'âme vers le haut (525 d) mais sa puissance n'est qu'une puissance de conversion. Car, comme le montre le *Parménide*, le simple fait de parler de « nombres » implique nécessairement une autre espèce d'unité : celle précisément qui fait d'un nombre *un* nombre en unifiant la multiplicité des unités constituantes, unification qui permet de considérer chaque nombre comme une totalité. Et cela en présuppose encore une autre, capable d'intégrer successivement chaque nouvelle unité ajoutée à un nombre pour en faire un nouveau nombre. Unité élémentaire, unité d'un tout, unité synthétique : les deux dernières comportent

1. Τὸ τοίνυν ἕτερον [...] τμῆμα τοῦ νοητοῦ [...] οὗ αὐτὸς ὁ λόγος ἅπτεται τῇ τοῦ διαλέγεσθαι δυνάμει (VI, 511 b 3-4), σαφέστερον εἶναι τὸ ὑπὸ τῆς τοῦ διαλέγεσθαι ἐπιστήμης τοῦ ὄντος τε καὶ νοητοῦ θεωρούμενον (VI, 511 c 4-6).

des parties mais sont cependant bien des unités[1]. L'unité arithmétique, la seule que supportent les mathématiciens, est une unité sans parties et n'est donc qu'une hypothèse, puisqu'elle est impuissante à rendre compte de ce que c'est qu'une unité, de rendre cela intelligible. Tenant pour évident que l'unité est exclusive de toute multiplicité, l'arithméticien est aveugle au fait qu'une unité peut parfaitement intégrer une pluralité sans pour autant cesser d'être une. En posant l'unité telle qu'il la pose, l'arithméticien rend sa science possible parce que c'est de cette unité-là qu'il pourra tirer quantité de conséquences, mais il ne cherche nullement à comprendre ce qu'il ne pose que *pour* en tirer des conséquences non contradictoires. Bref, le mathématicien se contente de *poser* l'existence de réalités intelligibles, il ne les *pense* pas.

Le dialecticien ne nie pas que cette espèce d'unité, l'unité arithmétique, existe, mais il voit qu'il existe d'autres espèces, qui requièrent par exemple l'introduction des couples de Formes Un-Multiple et Tout-Partie. Il conçoit donc que le domaine de cette Forme qu'est l'Un déborde largement celui de la science des nombres, et que c'est cette Forme, non plus simplement posée mais divisée en ses espèces, qui est le principe permettant de les ordonner, et le but de tout le travail dialectique. Ce qui explique que Socrate puisse dire que les objets du mathématicien, s'ils étaient accompagnés de leur principe, deviendraient intelligibles (511 d). L'unité arithmétique serait intelligible si on n'y voyait qu'une espèce d'unité, qu'une certaine manière d'être un, liée à d'autres manières également possibles de l'être.

1. Voir *Parm.*, 153 a-154 a : en tant qu'elle est un élément constituant, l'unité est plus vieille que (antérieure à) ce qu'elle constitue; en tant qu'elle l'unifie en une totalité, elle est plus jeune (postérieure), et elle est également contemporaine de tout processus de constitution.

### *Aller d'une hypothèse à un principe*

Comment s'y prend la pensée pour aller d'hypothèses jusqu'à un principe qui soit anhypothétique ? Il faut d'abord remarquer que le terme principe (*arkhè*) commence par être utilisé trois fois sans article (511 a 5, 511 d 2, 4). Il n'est question « *du* principe du tout » qu'en 511 b 7, lorsqu'est décrite la démarche du logos qui, grâce à la puissance dialectique, prend appui sur des hypothèses qu'elle ne tient pas pour des principes et va vers ce qui est le principe « du tout » – ou « qui les commande toutes ». Or ce principe n'est pas alors qualifié d'anhypothétique : ἵνα μέχρι τοῦ ἀνυποθέτου ἐπὶ τὴν τοῦ παντὸς ἀρχὴν ἰών. Le verbe « aller », au participe présent (ἰών), ne peut pas gouverner deux prépositions qui indiqueraient toutes deux une direction et ne seraient pas reliées entre elles, μέχρι plus génitif et ἐπί plus accusatif. ἐπί ne marque donc pas ici la direction, mais la finalité du logos qui va *jusqu'à* ce qui n'est pas hypothétique *pour chercher* ce qui est le principe de l'ensemble[1].

Rien n'empêche en effet qu'une hypothèse soit tenue pour un principe, puisque c'est ce que font les mathématiciens. Un principe n'est donc pas *en soi* anhypothétique, puisqu'une hypothèse peut parfaitement en remplir la fonction. C'est la puissance dialectique qui localise le principe dans ce qui n'est pas hypothétique, elle poursuit sa marche jusqu'à ce qu'elle trouve de l'anhypothétique, pour trouver ce qu'elle pourra tenir pour un principe. Le fait d'être « anhypothétique » n'est donc pas une propriété naturelle ou essentielle de tout principe, pas même celle d'un principe suprême ; c'est la *condition* pour que le dialecticien, à la différence du mathématicien, accepte de parler de « principe ». Il ne s'agit donc pas de

1. Voir *Platon et la question de la pensée*, p. 65-66 et note 1.

remonter vers un, ou vers le, principe qui serait anhypothétique en soi et par soi, mais d'aller vers de l'anhypothétique, autrement dit de substituer à un terme qu'on se contente de poser comme évident – une hypothèse – un terme de l'être duquel on peut rendre raison parce qu'on a d'abord commencé par se demander ce qu'il est.

La supériorité de la méthode dialectique sur la mathématique tient encore et toujours à cela, à sa capacité de mettre en question ce que l'autre ne fait que poser. C'est pourquoi la science dialectique est la seule à pouvoir atteindre ce qui est réellement principe.

Mais comment procède-t-elle exactement ? Elle ne se sert que de Formes, ne circule qu'à travers des Formes et n'aboutit qu'à des Formes. Le terme Forme est chaque fois mis au pluriel. Si la dialectique n'a affaire qu'à des Formes, et part d'hypothèses, ces hypothèses ne peuvent être que des Formes ou porter sur des Formes, lesquelles restent à l'état d'hypothèses tant qu'on n'a pas fait intervenir d'autres Formes pour en rendre raison. Une Forme ne peut être comprise qu'à l'aide d'autres Formes, et c'est seulement quand elle est comprise qu'elle peut être considérée comme un principe. L'âme a l'intelligence d'une réalité quand, cessant d'en poser simplement l'essence pour donner sens à la question « qu'est-ce que ? », elle se sert d'autres Formes pour rendre raison de la première, et peut alors la tenir pour un principe permettant de redescendre vers d'autres Formes, qui, si on se réfère au passage du livre V annonçant les textes ultérieurs sur la division, en seront les espèces.

Ce qui revient à aborder le second aspect de la *puissance* du *dialegesthai*. Cette puissance ne s'applique qu'à des Formes intelligibles, mais qu'est-ce qu'elle effectue ? Si la puissance dialectique circule à travers des Formes, elle n'y circule certainement pas n'importe comment. Or tout ce qui est dit ici est qu'elle en utilise certaines pour aller vers d'autres. On peut supposer que son travail consiste à articuler certaines Formes entre elles, et que cette articulation suppose à son principe une Forme, qui est le « principe de l'ensemble ». Mais on ne peut que le supposer. On peut également juste admettre que le « principe du tout » n'est pas forcément ni toujours le Bien, seulement le principe de la totalité d'*une* démarche dialectique qui doit, comme l'a fait Socrate à propos des hommes et des femmes, s'interroger sur les différences et les identités entre Formes, énoncer ses critères de distinction et relier et distinguer en conséquence. Cependant, il est certain que le Bien est le *telos* de tout l'intelligible, et dans cette mesure l'expression « principe du tout » peut également renvoyer au principe de toute intelligibilité, autrement dit au Bien. Chaque démarche dialectique particulière ne va pas nécessairement, de façon explicite, jusqu'au Bien, mais toute démarche dialectique implique l'intelligence de ce qu'est le Bien.

*La dialectique, « méthode » et seule science véritable*

À la suite de l'analyse de chacune des cinq sciences mathématiques devant entrer dans la formation des gardiens et gardiennes, le problème de la dialectique est repris (à partir de 531 d). Jusqu'à la fin du livre VII, l'examen aura à nouveau pour but d'affirmer la supériorité de la dialectique sur les sciences mathématiques, supériorité fondée alors sur le fait que seule la science dialectique est capable de saisir l'*idea* du Bien.

Ce passage du livre VII est celui de la *République* (et de l'ensemble des Dialogues) où la dialectique se trouve le plus longuement traitée. Il s'ouvre sur la nécessité de réfléchir à la parenté entre toutes les sciences qui viennent d'être énumérées, d'en avoir une vue d'ensemble (*synopsis*, 537c). Le travail se trouve cependant abaissé aussitôt au rang de prélude (531a), de propédeutique (536 d). Car les experts en mathématiques ne sont pas, sauf exception, dialecticiens. Or l'air que le prélude annonce est le *dialegesthai*, déterminé comme capacité de donner et de recevoir le logos (531 e), à soi-même ou à un autre (534 b), ce dont les mathématiciens sont incapables (533 c). Mais l'important est que dans le livre VII la puissance dialectique devienne inséparable du philosophe, tel que l'a longuement défini le livre VI. On pourrait en effet supposer que, puisque mathématiques et dialectique ont les mêmes objets, leur différence réside essentiellement dans leur méthode. Or la différence n'est pas purement méthodologique, ou plutôt ce n'est pas une exigence méthodologique, donc logique, qui peut expliquer le chemin suivi par le dialecticien. S'il suit un pareil chemin, c'est parce qu'il *désire* connaître ce que chaque être est en lui-même. Le philosophe est naturellement dialecticien, mais le dialecticien ne sauve la dialectique de l'antilogie que s'il est philosophe. C'est ce qu'indique la longue reprise, au cours du livre VII (535 a-536 b), de l'analyse du naturel philosophe.

La dialectique peut être dite méthode, cheminement, mais elle est aussi la science la plus haute, ou plus exactement elle est la seule science véritable. Elle est la seule science digne de ce nom parce qu'elle « est la seule à suivre un pareil chemin » (ἡ διαλεκτικὴ μέθοδος μόνη ταύτῃ πορεύεται) : elle tire doucement l'œil de l'âme et l'amène en haut, « en utilisant comme auxiliaires et artisans de conversion les arts que nous venons d'énumérer [les arts mathématiques] ». À ces arts (τέχναι) souvent, ajoute Socrate, nous avons, cédant à l'usage, donné le nom de « sciences (ἐπιστῆμαι) » ; mais « il leur faudrait un autre nom, plus clair que celui d'"opinion", mais plus obscur que celui de "science" » (VII, 533 c 7-d 6).

« Méthode » ne désigne donc pas pour Platon un *instrument* dont la science ou les différentes sciences seraient le résultat; la méthode et la seule science digne de ce nom ne font qu'un, et elles sont toutes deux l'accomplissement de la puissance dialectique.

Mathématiques et dialectique ont en commun leur aptitude à « élever ce qu'il y a de meilleur en l'âme vers le spectacle de ce qu'il y a de meilleur dans les êtres ». Insister sur leur différence, ce n'est pas seulement opposer deux méthodologies, c'est donner à l'intelligible un autre sens, mais pour le lui donner il faut atteindre son *telos*, le Bien. Quel est ce *telos*, but, terme, achèvement de la dialectique? Selon l'Analogie, le Bien est source de toute différence, différence ontologique, d'abord, entre l'intelligible et le sensible, qui appelle une différence épistémologique entre l'opinion et la connaissance. Que le Bien soit principe de différence a déjà été établi de façon moins solennelle en 505 d : « s'agissant des choses justes et belles, beaucoup choisiraient celles qui leur semblent l'être [...], mais quand il s'agit des choses bonnes, personne ne se contente plus de celles qui semblent l'être (*ta dokounta*), mais cherchent celles qui le sont réellement (*ta onta*) ». Le Bien garantit à la fois la valeur éminente des essences par rapport aux choses soumises à génération et à corruption, et la valeur supérieure de la science qui les saisit.

Cette autre manière d'être, « la géométrie et les sciences qui s'y rattachent » ne font que « rêver à son propos » (533 c). Les mathématiciens rêvent d'une intelligibilité si parfaitement rationnelle qu'elle les dispenserait d'avoir à en rendre raison. Leur rêve d'une totale transparence fait qu'ils ne s'interrogent jamais sur la source, ou la cause, de l'intelligibilité de l'être intelligible. On pourrait dire que toutes leurs hypothèses dérivent d'une hypothèse première, qu'ils

« laissent » sans la mettre en mouvement, à savoir que l'intelligence, quand elle pose des objets qu'elle est seule à pouvoir poser, ne peut avoir pour principe et pour conclusion rien d'inintelligible. Mais quelle est la cause par laquelle des réalités intelligibles existent ? C'est le fait de ne jamais poser cette question qui enferme les mathématiciens dans leur rêve.

## La dialectique et le Bien

Cette cause est le Bien. Qu'il y ait le Bien implique qu'une façon de connaître – interroger et répondre en ne circulant qu'à travers des Formes – non seulement mérite le nom de science, mais est la seule à le mériter. Le savoir du dialecticien-philosophe est ainsi l'effet du Bien, l'existence et la possibilité de ce savoir différent dépendent intégralement de lui. Car il ne suffit pas « d'articuler le nom du Bien » pour comprendre ce qu'est le Bien (505 c 4), il importe de le reconnaître dans ses manifestations. Si son action peut rester inaperçue de la plupart, elle ne peut pas échapper au dialecticien qui n'est ce qu'il est et ne fait ce qu'il fait que parce que la puissance du Bien existe.

C'est pourquoi, dans la *République*, la question du Bien est toujours liée à celle de la dialectique. Seule la puissance dialectique peut appréhender ce qu'est le Bien, d'abord parce qu'elle est la seule à pouvoir savoir ce qu'est en elle-même une réalité, et que le Bien est une réalité en soi [1], ensuite parce qu'elle ne s'arrête pas avant d'être arrivée au terme de l'intelligible. Que la pensée soit capable de penser, de penser vraiment et non pas seulement de juger droitement ou de démontrer, telle est l'action du Bien qui engendre la différence

1. Voir p. 77 note 1.

essence différente de toutes les autres. L'analogie permet ainsi de distinguer deux types de causalité : la première fait advenir à l'existence et maintient dans l'existence, la seconde donne l'être et la manière d'être propre à chaque être, l'essence.

L'affirmation suivante de Socrate comporte trois points : le Bien n'est pas une essence, il est par delà l'essence, il la surpasse en ancienneté et en puissance. Si on les prend séparément, il faut comprendre que le Bien n'est absolument pas, sous aucun aspect, une essence, et la contradiction avec d'autres passages est alors insurmontable. Mais si on relie ensemble les trois points et si on les rattache à ce qui précède, on peut comprendre que le Bien n'est pas une essence *dans la mesure où* il est par delà l'essence, cette expression étant *spécifiée* par « en ancienneté et en puissance ». Le Bien n'est pas une essence puisqu'il « procure » l'essence, et s'il la surpasse, c'est sous le double rapport de l'ancienneté et de la puissance. Il ne peut pas être seulement une essence, une essence parmi d'autres, d'une part parce qu'il est « plus vieux » [1] que toute autre essence, étant la cause du fait que les essences existent (et que n'existent pas seulement des choses sensibles en devenir). D'autre part, outre son antériorité, ou plutôt sa priorité, le Bien possède une puissance supérieure à celle de toute autre essence. Toute essence a la puissance de conférer son essence ou ses propriétés à une multiplicité de choses, et le Bien possède aussi cette puissance-là (c'est pourquoi on peut parler de l'*idea* du Bien) : c'est par le Bien qu'il existe *des biens*, que les choses bonnes sont bonnes.

1. C'est bien le sens de πρεσβεία – voir L.S.J., *s.v. : age, seniority, right of the elder ;* quant au sens 2, « *rank, dignity* », il a pour seule référence cette phrase de la *République*. Dire que le Bien surpasse l'essence, c'est certes dire qu'il a une dignité plus haute, mais en ce cas on dit deux fois la même chose. S'il la surpasse, c'est parce qu'il est plus âgé que (antérieur à) toute essence.



de la pensée. Affirmer que le Bien en est cause, et non pas la vérité, par exemple, signifie qu'il y a des différences dans la vérité elle-même, puisqu'il existe des opinions vraies et que les mathématiques ne cessent d'aligner des propositions vraies à propos d'êtres existant véritablement.

La pensée dialectique reconnaît dans le Bien à la fois son principe et sa fin, ce dont elle dérive et ce vers quoi elle tend. Si ce principe est principe de toutes choses et de toutes connaissances, il est avant tout *son* principe, il est ce qui donne sens à toutes les questions qu'elle pose, dans la mesure où elles portent toutes sur ces êtres dont le trait essentiel est d'être totalement intelligibles. En étant cause de l'intelligibilité totale des êtres qui existent vraiment, le Bien garantit à la puissance dialectique que ce qu'elle vise en posant des questions d'essence existe, et d'une manière telle qu'il est possible de répondre à cette question (qu'on réussisse ou non à le faire). La « puissance naturelle » qu'est l'intelligence en l'âme comprend que le Bien est cause à la fois de son désir de comprendre ce que c'est, et du fait que l'objet de ce désir existe. La question du Bien est donc une cause *intérieure* au cheminement dialectique : si on la pose sans emprunter ce chemin, du dehors, on n'attrapera du Bien que des images.

Lorsque Glaucon interroge Socrate sur la dialectique, lui demandant d'en déterminer les espèces et les voies, Socrate répond ceci :

> Celui qui entreprend, en usant de la dialectique (*dialegesthai*), sans se servir d'aucune sensation, de s'élancer à travers le logos vers ce qu'est la chose, et ne s'arrête pas avant d'avoir saisi par la seule intelligence ce qu'est le Bien en lui-même, parvient au terme même de l'intelligible. (καὶ ὅταν τις τῷ διαλέγεσθαι ἐπιχειρῇ ἄνευ πασῶν τῶν αἰσθήσεων διὰ τοῦ λόγου ἐπ' αὐτὸ ὃ ἔστιν ἕκαστον ὁρμᾶν, καὶ μὴ ἀποστῇ πρὶν

> ἂν αὐτὸ ὃ ἔστιν ἀγαθὸν αὐτῇ νοήσει λάβῃ, ἐπ' αὐτῷ γίγνεται τῷ τοῦ νοητοῦ τέλει.) (532 a 5-b 2)

L'expression αὐτὸ ὃ ἔστιν est, on l'a vu maintes fois, la formule développée pour désigner l'essence (*ousia*). L'intelligence doit saisir ce qu'est le Bien en lui-même. Or une phrase fameuse du livre VI (509 b 8-10) affirme que le Bien « n'est pas une essence, mais, par delà l'essence, il la surpasse encore en ancienneté et en puissance » (οὐκ οὐσίας ὄντος τοῦ ἀγαθοῦ, ἀλλ' ἔτι ἐπέκεινα τῆς οὐσίας πρεσβείᾳ καὶ δυνάμει ὑπερέχοντος). Aurait-on là une belle contradiction ?

Pour interpréter cette phrase sur laquelle se sont construites des philosophies entières, il me semble qu'il peut être utile de procéder à rebours de ce qui se fait habituellement, et de commencer par rappeler que nombre d'expressions et de passages du livre VII semblent la contredire expressément. Platon parle de l'*idea* du Bien, du Bien en soi, du logos qui ne doit pas s'arrêter avant d'avoir saisi par l'intelligence (*noèsis*) ce qu'est le Bien lui-même. Il affirme également que

> celui qui ne sera pas capable de déterminer par le logos (διορίσασθαι τῷ λόγῳ), en la distinguant de toutes les autres, l'*idea* du Bien, et, comme dans un combat, de se frayer un chemin à travers toutes les objections, plein d'ardeur pour les réfuter en se fondant non sur l'opinion mais sur l'essence (μὴ κατὰ δόξαν ἀλλὰ κατ' οὐσίαν), s'ouvrant un passage à travers toutes grâce à son logos infaillible, tu ne déclareras pas qu'un tel homme a un savoir du Bien en soi (αὐτὸ τὸ ἀγαθόν) ni d'aucun autre bien, mais que, s'il en touche par quelque côté une image (εἰδώλου τινός), c'est par une opinion, non par un savoir (δόξῃ, οὐκ ἐπιστήμῃ). (534 b 8-c 6)

L'intelligence, le logos, peuvent définir en la différenciant de toutes les autres l'*idea* du Bien et le Bien en soi, et cela en



procédant « selon l'essence ». Le Bien n'est donc ni ineffable ni inconnaissable, l'intelligence peut parfaitement non seulement le saisir mais définir (dialectiquement) ce qu'il est, comme elle le fait pour toute autre réalité intelligible, en adoptant le point de vue de l'essence – ce qui ne peut signifier qu'une seule chose : que ce qu'elle cherche, c'est l'essence du Bien, distincte de la multiplicité des biens. Comment alors, dans cette phrase unique du livre VI et dont Glaucon se moque, Socrate peut-il affirmer que le Bien n'est pas une essence ?

Pour tenter de résoudre cette énigme, il me semble qu'il faut déjà éviter soigneusement de dissocier, d'abord la phrase de son contexte, ensuite les trois points énoncés par Socrate. Le contexte est celui de l'analogie entre le Bien et le Soleil :

> Et de même pour les réalités connaissables, tu diras que non seulement la faculté d'être connues leur est présente grâce au Bien, mais aussi que c'est par lui qu leur viennent l'être et l'essence, alors que le Bien n'e pas une essence, mais, par delà l'essence, il la surpas encore en ancienneté et en puissance. (Καὶ γιγνωσκομένοις τοίνυν μὴ μόνον τὸ γιγνώσκεσθαι φ ὑπὸ τοῦ ἀγαθοῦ παρεῖναι, ἀλλὰ καὶ τὸ εἶναί τε κα οὐσίαν ὑπ' ἐκείνου αὐτοῖς προσεῖναι, οὐκ οὐσίας ὄντ ἀγαθοῦ, ἀλλ' ἔτι ἐπέκεινα τῆς οὐσίας πρεσβεί δυνάμει ὑπερέχοντος.) (509 b 6-10)

De même que le Soleil procure aux choses vu seulement leur visibilité mais aussi le devenir (*ge* croissance et la nourriture, donc leur manière d'exis conditions de leur existence, de même le Bien pr objets de connaissance non seulement leur co mais leur être et leur essence, autrement dit l d'exister, qui consiste à être toujours et toujo blement, et le fait que chacune soit vraiment ce q

Mais il possède également une sorte de causalité éminente qui consiste à rendre toutes les essences connaissables par l'intelligence. « Par delà » signifie alors qu'il n'est pas, comme toute essence, cause seulement d'une certaine propriété pour les choses qui en participent, mais cause universelle d'intelligibilité. Sa plus grande ancienneté et la nature de sa puissance le situent donc « au delà » de l'essence, ce qui ne veut pas dire qu'il n'est pas du tout une essence mais que, d'un double point de vue, il surpasse ce qui est habituellement entendu sous ce mot. Ancienneté et puissance déterminent ainsi la signification du terme « par delà », et la restreignent.

Le Bien n'est pas absolument, sous tous les points de vue possibles, « par delà l'essence », puisqu'il peut aussi, sous un certain point de vue, en être une. Tout comme le Soleil, être sensible parmi d'autres mais aussi cause de la génération et de la croissance de toutes les choses sensibles, le Bien a un double statut selon qu'on l'envisage dans ce qu'il est ou dans ce qu'il peut[1]. Cause première des essences et de leur

1. On refuse évidemment la possibilité de l'envisager dans ce qu'il est si on le situe par-delà l'*être*. La transformation de la formule ἐπέκεινα τῆς οὐσίας en ἐπέκεινα τοῦ ὄντος se propage de Plotin à Proclus jusqu'à Heidegger. La traduction donnée par ce dernier de la phrase οὐκ οὐσίας ὄντος τοῦ ἀγαθοῦ : « même si le Bien n'est lui-même ni mode d'être (*Wiesein*) ni essence (*Wassein*) » est manifestement impossible (*Les Problèmes fondamentaux de la Phénoménologie*, trad. franç. J.-F. Courtine, Paris, Gallimard, 1985, p. 341). ὄντος est ici un verbe au participe présent (mis au génitif puisque la formule est au génitif absolu), comme en témoigne l'absence de liaison avec οὐσίας. Voir sur ce point (dans Platon. *Œuvres complètes*, t. VII, 1re partie, *La République*, livres IV-VII, Paris, Les Belles Lettres, 1931) la note d'E. Chambry à 526 e, p. 164, qui renvoie à 518 c 9 (le Bien est τοῦ ὄντος τὸ φανότατον) et à 532 c 5-6 (τοῦ ἀρίστου ἐν τοῖς οὖσι). On peut ajouter : αὐτὸ ὃ ἔστιν ἀγαθόν (VII, 532 b 1), αὐτὸ ἀγαθόν (VI, 507 b 5), αὐτὸ μὲν τί ποτ' ἐστὶ τἀγαθόν (506 d 8-e 1), αὐτὸ τὸ ἀγαθόν (VII, 534 c 4), τὸ ἀγαθὸν αὐτό (540 a 8-9).

intelligibilité, donc cause aussi de l'intelligibilité qu'elles confèrent aux choses en devenir[1], il est également cause essentielle de la bonté de toutes les choses bonnes. L'*idea* du Bien est source de la valeur de toute chose et de toute action, et il est impossible au gardien de garder les choses justes et belles s'il ignore le Bien (506 a). Quoi que ce soit qu'on possède ou qu'on pense, ce ne nous est avantageux que si c'est bon (505 a-b). Seul celui qui connaît l'*idea* du Bien saura pourquoi il vaut mieux être juste qu'injuste et agir justement qu'injustement. Il ne pourra en effet affirmer que c'est parce que les choses justes et belles sont bonnes, et leurs contraires mauvaises, que s'il connaît ce qu'est le Bien. C'est son *idea* « qu'il faut voir si on veut agir de manière sensée soit en privé soit en public », et quand les gouvernants « auront vu le Bien en soi, ils le prendront comme paradigme pour mettre en ordre la cité, les particuliers et eux-mêmes »[2]. Cette fonction éthico-politique du Bien est donc maintenue tout au long des livres VI et VII, mais ce n'est là que l'action du Bien dans le lieu visible. Dans le « lieu intelligible », il exerce un autre type de causalité.

1. A la fin du *Philèbe*, la première et la plus importante manifestation du Bien est la Mesure, or une chose qui n'en comporte pas ne peut pas être intelligible, elle a l'inintelligibilité d'un devenir (*genesis*) incessant (voir *infra*, p. 336).

2. δεῖ ταύτην [*sc.* ἡ τοῦ ἀγαθοῦ ἰδέα] ἰδεῖν τὸν μέλλοντα ἐμφρόνως πράξειν ἢ ἰδίᾳ ἢ δημοσίᾳ (517 c 4-5); καὶ ἰδόντας τὸ ἀγαθὸν αὐτό, παραδείγματι χρωμένους ἐκείνῳ, καὶ πόλιν καὶ ἰδιώτας καὶ ἑαυτοὺς κοσμεῖν (540 a 9-b 1). H.G. Gadamer (*L'Idée du Bien comme enjeu platonico-aristotélicien. Le savoir pratique*, trad. franç. de P. David et D. Saatdjian, Paris, Vrin, 1994) affirme que « c'est là en un sens ne rien dire du tout, car cette formulation s'applique non moins à toutes les autres Idées » (p. 79). Si le sens qu'il donne à ces formules est juste, la conclusion scandalisée qu'il en tire est symptomatique d'une lecture en « transcendance absolue » qui a au moins contre elle le fait qu'elle ne puisse rendre compte de *tous* les textes.

Parce que le dialecticien comprend que le trait essentiel, l'*idea* du Bien, n'est pas le bon (au sens éthique) mais l'intelligible, et est capable de reconnaître dans l'intelligible une valeur plus haute – la valeur la plus haute –, le Bien est son bien, il est le *telo*s, but et achèvement de la dialectique. Tant que l'intelligence n'a pas déterminé le Bien comme étant la source de toute intelligibilité, il n'est possible de n'avoir de lui qu'une image, celle que l'opinion se fait du Bien à partir des multiples biens. Pourtant, à partir du savoir paradoxal et parfaitement déconcertant qu'il a du Bien, le dialecticien philosophe tire les règles de son gouvernement : il sait que la cité ne sera bonne que s'il réussit à introduire dans sa constitution toute l'intelligibilité dont une constitution politique est capable.

Socrate refuse de répondre à la question de Glaucon sur les espèces et les chemins de la dialectique ; c'est à cette question que répondent les passages qui vont être à présent étudiés. Le refus de Socrate a sa raison dans le contexte de la *République*, et dans ce contexte c'était assez d'établir que la dialectique est la science suprême, qu'elle est réservée aux philosophes, et que c'est elle qui leur confère leur droit de gouverner la cité. C'est aussi le contexte de chacun des dialogues suivants qui expliquera les métamorphoses que va y subir la dialectique.

CHAPITRE III

# LA MÉTHODE EXPOSÉE DANS LE *PHÈDRE* (265 C-266 C)

> *...cette sorte d'exégèse qui arrache de leur contexte les indications méthodologiques des Dialogues pour les transporter en quelque sorte dans l'espace vide où elles se meuvent dans toutes les directions et prennent tous les sens qu'on voudra. – La méthode et les procédés dialectiques ne s'éclairent que par l'application qu'en font les Dialogues.*
>
> V. Goldschmidt,
> *Le Paradigme dans la dialectique platonicienne*

Dans ce chapitre et dans ceux qui suivent, je vais être contrainte de me livrer à un travail de Pénélope, défaire autant que faire, essayer de détisser tout un réseau d'interprétations courant de texte en texte et projetant sur eux des difficultés et des obscurités que leurs auteurs attribuent à Platon, sans songer qu'ils en sont peut-être pour une grande part responsables. Il est vrai que la plupart de ces interprétations semblent si naturelles, si évidentes, que même si l'on s'efforce de s'en dégager, on y retombe parfois à son insu. Je suis partie d'une simple constatation : des passages consacrés à la méthode dialectique, du *Phèdre* jusqu'au *Philèbe* en passant par le *Sophiste* et le *Politique*, les interprètes affirment qu'ils ne sont pas clairs, que les termes en sont imprécis et que la description des différents procédés y est confuse. Les interprètes, eux, ont des idées claires : la dialectique est dans les derniers dialogues une affaire de rassemblement et de division, donc de genres et d'espèces (et porte aussi, éventuellement, sur les réalités individuelles sensibles comprises dans ces espèces, mais sur ce point les avis sont partagés). Platon, lui, s'obstine à parler de même et d'autre, d'un et de multiple, de ressemblances et de différences. Il faut donc faire coïncider les deux vocabulaires, et c'est là que les difficultés commencent et que les présupposés clairs se mettent à engendrer une multitude d'obscurités – quand il s'agit d'un même texte, d'abord, et plus encore quand il s'agit d'en comparer plusieurs.

On pourrait objecter qu'un passage bien connu du *Phèdre* affirme au contraire l'existence d'une méthode dialectique universellement applicable et indépendante de tout contexte. Lorsque Socrate déclare son amour pour les divisions et les rassemblements, il affirme que c'est parce que ces deux opérations le rendent « capable de parler et de penser » (266 b 3-5). Ne sont-elles pas présentées alors comme les procédés généraux commandant tout logos dialectique ?

C'est là qu'une référence au contexte s'impose. Au même titre que la rhétorique, la dialectique permet de parler, mais à la différence de celle-ci elle permet aussi de penser. Penser, c'est avoir en vue une unité et une multiplicité ainsi que le rapport naturel qui unit les deux. Avoir en vue (*horan*) selon

Platon, c'est faire (*dran*, le même verbe se retrouve, à propos du dialecticien, dans le *Sophiste* et dans le *Philèbe*[1]) : la mise en relation de l'un et du multiple résulte d'un certain nombre d'opérations du dialecticien, opérations orientées par une visée unificatrice.

> Voilà, Phèdre, de quoi je suis amoureux, des divisions et des rassemblements, dans le but d'être capable de parler et de penser. Si je crois avoir trouvé quelqu'un d'autre qui soit capable de porter ses regards vers une unité qui soit l'unité naturelle d'une multiplicité[2], « je marche sur ses pas et je le suis à la trace comme si c'était un dieu ». Qui plus est, ceux qui sont précisément capables de faire cela, dieu sait si j'ai raison ou tort de les appeler ainsi, mais donc, jusqu'à présent, je les appelle dialecticiens. (Τούτων δὴ ἔγωγε αὐτός τε ἐραστής, ὦ Φαῖδρε, τῶν διαιρέσεων καὶ συναγωγῶν, ἵνα οἷός τε ὦ λέγειν τε καὶ φρονεῖν· ἐάν τέ τιν' ἄλλον ἡγήσωμαι δυνατὸν εἰς ἓν καὶ ἐπὶ πολλὰ πεφυκὸς ὁρᾶν, τοῦτον διώκω "κατόπισθε μετ' ἴχνιον ὥστε θεοῖο." καὶ μέντοι καὶ τοὺς δυναμένους αὐτὸ δρᾶν εἰ μὲν ὀρθῶς ἢ μὴ προσαγορεύω, θεὸς οἶδε, καλῶ δὲ οὖν μέχρι τοῦδε διαλεκτικούς.) (266 b 3-c 1)

Socrate hésite sur la dénomination (« dieu sait si j'ai raison ou tort de les appeler ainsi ») : s'applique-t-elle à ceux

1. Cf. *Soph.*, 253 d 5, *Phil.*, 19 b 6, 25 b 2.

2. Faut-il comprendre « vers une unité et une multiplicité naturelles » (πεφυκότα, donné par l'édition aldine ou πεφυκόθ', correction de Burnet) ? Je préfère lire πεφυκός (donné par les mss. B et T et Stobée) et comprends comme Robin, à savoir que le dialecticien ne porte par ses regards vers une unité *et* une multiplicité toutes deux naturelles, mais vers l'unité capable de surmonter une multiplicité parce qu'elle en est l'unité naturelle. La multiplicité résultant d'une division selon les articulations naturelles est certes naturelle, mais c'est, me semble-t-il, vers l'unité à diviser que le dialecticien doit diriger ses regards.

qui ont étudié auprès de Phèdre ou de Lysias et convient-elle à cet « art des discours » qui a permis à Thrasymaque et à d'autres de devenir des savants (*sophoi*) ? Phèdre en doute, et il a raison, mais ce dont au fond il n'est nullement convaincu est qu'il existe un lien entre dialectique et rhétorique. Socrate vient de définir le genre (*eidos*) dialectique mais il lui semble que « le genre rhétorique nous échappe encore ». Or c'est précisément la nécessité du lien entre dialectique et rhétorique que veut établir Socrate. Car le discours auquel cette unification naturelle d'une multiplicité donne lieu est alors celui *de l'éloge et du blâme* – type de discours qui semble relever essentiellement de l'art rhétorique. Même si l'on se trouve dans une situation discursive que tout désigne comme rhétorique, on peut, selon Socrate, agir en dialecticien, penser et non pas simplement parler. Le fait de se trouver dans le cas éminemment rhétorique de l'éloge et du blâme ne doit pas empêcher le philosophe de réfléchir, de penser et de dialectiser.

Mérite le nom de dialecticien celui qui, quels que soient le contexte, l'objet et la fin du logos, s'efforce d'effectuer correctement l'entrelacement de l'un et du multiple. Si dans tous les premiers dialogues l'examen pouvait tomber à un moment sur le problème de l'un et du multiple (en particulier concernant la vertu), ce passage du *Phèdre* est le premier[1] à déterminer explicitement le travail dialectique comme recherche de l'unité d'une multiplicité. *Penser* une unité implique de la multiplier, c'est-à-dire de la diviser, *penser* une multiplicité c'est forcément la conduire à son unité. Il n'y a là

1. Le premier de ceux que nous avons rencontrés. Il est peut-être aussi chronologiquement le premier, mais cela n'apporte rien d'essentiel à la question.

aucune règle à appliquer, cette structure indissociable de l'un et du multiple est celle même du logos :

> Disons donc comment il peut bien se faire que nous appelions chaque fois une même chose d'une pluralité de noms. [...] et en toutes ces appellations comme en des milliers d'autres, ce n'est pas seulement « homme » que nous affirmons être un homme, mais aussi « bon » et d'autres attributs en nombre illimité; et pour les autres choses assurément, tenant le même discours, nous posons ainsi chacune comme étant une et inversement comme étant multiple et utilisons de multiples noms pour la dire. (Λέγωμεν δὴ καθ' ὅντινά ποτε τρόπον πολλοῖς ὀνόμασι ταὐτὸν τοῦτο ἑκάστοτε προσαγορεύομεν. [...] ἐν οἷς πᾶσι καὶ ἑτέροις μυρίοις οὐ μόνον ἄνθρωπον αὐτὸν εἶναί φαμεν, ἀλλὰ καὶ ἀγαθὸν καὶ ἕτερα ἄπειρα, καὶ τἆλλα δὴ κατὰ τὸν αὐτὸν λόγον οὕτως ἓν ἕκαστον ὑποθέμενοι πάλιν αὐτὸ πολλὰ καὶ πολλοῖς ὀνόμασι λέγομεν.) (*Soph.*, 251 a 8-b 2)
>
> Nous déclarons, je pense, que cette identité de l'un et du multiple opérée par le discours rôde partout autour de chaque chose qu'à chaque fois nous disons, aussi bien jadis qu'à présent, et que cela ne cessera jamais et n'a pas commencé d'aujourd'hui, mais que, à ce qui m'apparaît, c'est en nous une propriété immortelle et indépassable des discours eux-mêmes. (Φαμέν που ταὐτὸν ἓν καὶ πολλὰ ὑπὸ λόγων γιγνόμενα περιτρέχειν πάντῃ καθ' ἕκαστον τῶν λεγομένων ἀεί, καὶ πάλαι καὶ νῦν. καὶ τοῦτο οὔτε μὴ παύσηταί ποτε οὔτε ἤρξατο νῦν, ἀλλ' ἔστι τὸ τοιοῦτον, ὡς ἐμοὶ φαίνεται, τῶν λόγων αὐτῶν ἀθάνατόν τι καὶ ἀγήρων πάθος ἐν ἡμῖν·) (*Phil.*, 15 d 4-8)

L'entrelacement de l'un et du multiple est la structure même du discours et il en fonde deux usages également possibles. Le premier en joue pour faire surgir sans cesse des contradictions, ne cessant de dénoncer cette multiplicité imposée par le discours à une même chose, et posant alors l'alternative : ou bien toute identité est fictive, ou bien il ne faut pas parler mais seulement désigner. Le second cherche à comprendre comment l'entrelacement doit s'opérer. La distinction entre éristique et dialectique ne tient plus seulement ici à la nature querelleuse de l'une, pacifique de l'autre[1] : elles s'enracinent toutes deux dans la structure même du discours, mais la première ne voit dans le rapport de l'un au multiple qu'un rapport purement conventionnel alors que la seconde pose qu'il existe une unité naturelle correspondant à chaque multiplicité. Si elle est naturelle, c'est qu'elle se fonde sur la nature même de la chose dont on affirme l'unité. Penser cette nature, la rendre intelligible, c'est découvrir la juste articulation de son unité et de sa multiplicité. Lorsqu'on se contente soit de l'une soit de l'autre, on tombe dans l'antilogie ou la mathématique. L'expression « donner le logos » s'explique enfin pleinement : cela consiste à multiplier si c'est l'unité qui est donnée, et à unifier si c'est une multiplicité. Multiplier, c'est diviser, unifier, c'est rassembler. La dialectique n'est donc bien qu'une affaire de division et de rassemblement ? Elle le serait s'il s'agissait de rassembler et de diviser toujours de la même façon. Or je vais essayer de montrer que ce texte du *Phèdre* prouve exactement le contraire.

## Le contexte

Un premier discours, celui de Lysias, dit qu'il ne faut pas qu'un garçon aimé cède à celui qui l'aime, parce qu'il n'en tirera aucun bénéfice mais au contraire quantité de désavantages. Erôs étant source de catastrophes, le garçon doit céder à

1. Comme dans le *Ménon* : voir chap. I, p. 34-36.

celui qui ne l'aime pas. Lors de son premier discours, Socrate soutient en apparence la même thèse que Lysias, à ceci près que, selon une fiction tout à fait romanesque, le discours est tenu par quelqu'un qui aime et fait semblant de ne pas aimer pour mieux obtenir les faveurs de celui qu'il aime. Ce premier discours est suivi d'une palinodie ; Socrate se repent d'avoir blasphémé et prononce un second discours où il fait l'éloge d'Erôs, source des plus grands bienfaits, comme le sont d'ailleurs toutes les formes de délire divin. Erôs fait donc partie des sujets qui prêtent à controverse, sur lesquels nous sommes en désaccord avec nous-mêmes et avec les autres (263 c) ; il suscite des opinions contradictoires sur sa nature et surtout sur sa valeur.

La description des deux espèces de procédés intervient au terme de ces deux discours. Elle est commandée par la question suivante : « Voici, à partir de là, ce qu'il nous faut comprendre, comment le discours a pu passer du blâme à l'éloge » (265 c 5-6). Blâmer et louer une même chose est ce que les rhéteurs se vantent de pouvoir faire grâce à la perfection d'une technique totalement indifférente à l'objet du discours. Socrate aurait-il donc procédé comme eux, est-il passé du blâme à l'éloge sans se préoccuper de la nature de ce dont il parle ?

> Pour moi, c'est évident, pour la plupart des choses [que nous avons dites], nous n'avons fait réellement que jouer un jeu ; mais parmi celles qu'une heureuse fortune (*ek tukhès*) a fait formuler, il y a deux procédés dont il ne serait pas sans intérêt d'acquérir techniquement (*tekhnèi*) la capacité. (Ἐμοὶ μὲν φαίνεται τὰ μὲν ἄλλα τῷ ὄντι παιδιᾷ πεπαῖσθαι· τούτων δέ τινων ἐκ τύχης ῥηθέντων δυοῖν εἰδοῖν, εἰ αὐτοῖν τὴν δύναμιν τέχνῃ λαβεῖν δύναιτό τις, οὐκ ἄχαρι.) (265 c 8-d 1)

Une réflexion rétrospective permet de découvrir dans ce qui semblait ne procéder que d'une inspiration issue d'une heureuse fortune certaines règles que les discours précédents ont « inconsciemment » appliquées. C'est de leur application « hasardeuse » que Socrate dégage, *a posteriori*, les deux mouvements de la méthode. Ces règles une fois techniquement formulées pourront être transmises, apprises et appliquées.

Cependant, ont-elles été réellement appliquées ?

Les deux procédés techniques dégagés par Socrate naissent, selon lui, de sa réflexion sur les deux discours qu'il vient de prononcer, discours qui doivent servir d'illustration à la méthode énoncée. Cela n'empêche pas nombre de commentateurs de nier qu'il existe un rapport : « Le *Phèdre* est rempli de remarques de méthode ; mais jusqu'à quel point est-il écrit méthodiquement ? [...] Ce dialogue semble lui-même plutôt impliquer qu'il ne devrait pas y avoir beaucoup de méthode dans un dialogue, puisqu'il y est dit qu'un dialogue doit être en grande partie un jeu [1] ». Dans le même sens, Ch. Griswold écrit : « Les discours de Socrate n'ont pas suivi la méthode qui est déterminée ici. Dans le *Phèdre*, la théorie de la méthode et la pratique du dialogue ne concordent pas [2] ». Luc Brisson, dans une note à ce passage, y voit la « description de la double méthode de rassemblement et de division qui caractérise la dialectique », et affirme dans son Introduction que « c'est dans

1. Ma traduction. R. Robinson, *Plato' Earlier Dialectic*, p. 66 : « *The* Phaedrus *is full of remarks on method; but to what extent is it itself methodically written ? [...] It rather seems to imply that there should not be much method in a dialogue, since it says that a dialogue must be partly play* ».

2. Ma traduction. Ch. Griswold, *Self-Knowledge in Plato's 'Phaedrus'*, Yale University Press, New Haven-London, 1986, p. 178-179 : « *Socrates' speeches did not proceed in the way here characterized. The theory of method and the practice of dialogue in the* Phaedrus *do not mesh* ».

le *Phèdre* qu'on trouve pour la première fois la description des deux procédés de rassemblement et de division qui seront utilisés par Platon de façon systématique dans le *Politique* et le *Sophiste* ». Le *Phèdre* ne doit pas lui paraître non plus une bonne illustration de ces deux procédés, puisqu'il consacre les pages suivantes à une division du *Sophiste*[1].

S'il était vrai que Platon n'ait pas appliqué dans le *Phèdre* les procédés qu'il prétend dégager, on aurait donc affaire à une digression méthodologique, réflexion générale détachée du contenu et du contexte du dialogue. Refuser de voir dans les deux discours de Socrate l'application de la méthode qu'il énonce me semble pourtant être l'indice de la lecture réellement perverse que ce texte semble susciter : on commence par le prendre pour ce qu'il n'est pas, c'est-à-dire pour l'énoncé d'une méthode universelle. On décide ensuite que Socrate y définit deux procédés, rassemblement et division, que tout examen dialectique, ou en tout cas que tout exposé de la méthode dialectique, ne pourra que reprendre et appliquer. Moyennant quoi on est nécessairement amené à récuser le fait que les discours précédents aient appliqué une telle méthode, puisque celle-ci n'existe que dans l'esprit des commentateurs.

## Rassembler

En 265 c, Socrate parle de « deux espèces » (δυοῖν εἴδοιν), ou de deux formes. Formes, ou espèces, de quoi ? De « choses exprimées », « formulées » (ῥηθέντων) – il s'agit donc ici de

1. Luc Brisson, *Platon. Phèdre*, Traduction inédite, Introduction et notes, Paris, GF, 1989, note 356, Introduction, p. 53-55. Une exception, cependant : D.A. White, *Rhetoric and Reality in Plato's 'Phaedrus'*, New York, State University of New York Press, 1992, p. 219.

deux manières de s'y prendre pour parler, quand parler prend la forme de l'éloge ou du blâme. Il faut, dit d'abord Socrate,

> vers une *idea* unique mener, grâce à une vision d'ensemble, les éléments disséminés dans de multiples lieux, pour arriver à rendre manifeste, en définissant chacune, la chose que l'on cherche en chaque cas à enseigner. Voilà comment tout à l'heure nous avons procédé à propos de l'amour : on a défini ce qu'il est; que cela ait été bien ou mal formulé, du moins cela était-il clair et en accord avec soi-même, et c'est ce qui a permis au discours de se prononcer. (Εἰς μίαν τε ἰδέαν συνορῶντα ἄγειν τὰ πολλαχῇ διεσπαρμένα, ἵνα ἕκαστον ὁριζόμενος δῆλον ποιῇ περὶ οὗ ἂν ἀεὶ διδάσκειν ἐθέλῃ. ὥσπερ τὰ νυνδὴ περὶ Ἔρωτος -ὃ ἔστιν ὁρισθέν- εἴτ' εὖ εἴτε κακῶς ἐλέχθη, τὸ γοῦν σαφὲς καὶ τὸ αὐτὸ αὑτῷ ὁμολογούμενον διὰ ταῦτα ἔσχεν εἰπεῖν ὁ λόγος.) (*Phèdre*, 265 d 3-6)

Cette phrase est, de l'avis de tous, consacrée au rassemblement, bien que le mot n'y soit pas prononcé. Mais aussitôt, des difficulté surgissent : que sont ces éléments multiplement disséminés qu'il s'agit de rassembler, s'agit-il de perceptions sensibles, d'objets singuliers ou de Formes ? Que veut dire πολλαχῇ, quel est le statut de l' ἰδέα ? Le rassemblement doit-il toujours précéder la division [1] ?

Avant de discuter ces questions, il me semble qu'il faut d'abord en poser une autre : pourquoi, dans quel but, rassembler ? Sur ce point au moins, le texte répond tout à fait clairement : pour préciser de quoi on parle. « Rendre manifeste » (δῆλον), expliciter ce dont on parle, c'est définir l'objet du discours (le verbe « définir », ὁριζόμενος, ὁρισθέν, apparaît deux fois dans cette courte phrase). On rassemble

1. Tous ces problèmes sont posés par Ch. Griswold, *op. cit.*, p. 179-180.

donc *pour définir*. Quelle que soit la position qu'il adopte sur les autres questions, l'interprète ne devrait pas perdre de vue cette finalité. On va voir que ce n'est pas toujours le cas.

Sur le premier problème – que sont les éléments disséminés en tous lieux qu'il faut conduire à une *idea* unique – deux interprétations s'opposent. L'une, la plus communément répandue, est que le rassemblement rassemble des genres et des espèces. Ainsi, par exemple, Cornford : « La seule description antérieure de la méthode [1] (*Phèdre*, 265 d) nous dit qu'une division doit être précédée d'un rassemblement (συναγωγή) ou vue d'ensemble de termes (species) "largement dispersés" qui doivent être amenés sous une seule Forme (générique). L'objet d'un tel examen d'ensemble est de deviner la Forme générique qui doit figurer à la tête de la division qui va suivre [2] ». On peut remarquer la façon dont les « espèces » et la « Forme générique » apparaissent d'abord discrètement, dans des parenthèses, pour qu'ensuite la vision du genre à diviser devienne la finalité de tout rassemblement. Quelques pages plus loin, la formulation se fait plus catégorique : « Le rassemblement est une vision de l'ensemble des Formes spécifiques ayant à première vue quelque droit de prétendre être des membres du même Genre [3] ». On voit donc

1. Il s'agit de la seule description de la méthode antérieure au *Sophiste*.

2. Ma traduction. F.M. Cornford, *Plato's Theory of Knowledge, The 'Theaetetus' and the 'Sophist' of Plato translated with a running commentary*, London-New York, Routledge and Kegan Paul, 1937, p. 170 : « *The only anterior description of the method* (Phaedrus *265 d) tells us that a Division should be preceded by a Collection (συναγωγή) or survey of the "widely scattered" terms (species) which are to be brought under a single (generic) Form. The object of such a review is to divine the generic Form which is to stand at the head of the subsequent Division* ».

3. Ma traduction. *Ibid.*, p. 180 : « *Collection is a survey of specific Forms having some* prima facie *claim to be members of the same Genus* ».

que la réponse est double : le rassemblement ne rassemble que des Formes, et ces Formes sont les espèces du genre auquel il faut les reconduire, à savoir l'*idea* unique.

Dans son édition du *Phèdre*, Hackforth estime pour sa part qu'il est probable que Socrate prescrive « à la fois le fait de ramener des individus singuliers sous une Forme, ou Genre, et la subsomption d'une Forme de moindre extension sous une autre d'extension plus grande[1] ». Il était en effet revenu dans son « Additional Note on "Collection" »[2] sur l'interprétation « communément acceptée », à savoir que le rassemblement est toujours rassemblement de genres ou d'espèces mais jamais de réalités sensibles individuelles. Se référant aux interprétations d'Arnim (il s'agit de rassembler de multiples unités singulières, *Einzelheiten*, dans l'unité du concept, *Begriff*), et de Raeder (ramener des phénomènes, *Phänomene*, divers à une unité), Hackforth estime qu'on a là en fait l'interprétation « naturelle », et qu'Hermias avait raison de référer cette phrase du *Phèdre* à celle de 249 b 7-c 1 : « comprendre, pour un homme, cela doit en effet se faire conformément à ce que l'on appelle une Forme, en allant d'une multiplicité de sensations vers une unité que le raisonnement a pris ensemble » (δεῖ γὰρ ἄνθρωπον συνιέναι κατ' εἶδος λεγόμενον, ἐκ πολλῶν ἰὸν αἰσθήσεων εἰς ἓν λογισμῷ συναιρούμενον).

Cependant, comment se continue la phrase citée par Hermias ? « Et cela est une réminiscence des réalités que jadis notre âme a vues… » (Τοῦτο δ' ἐστὶν ἀνάμνησις ἐκείνων ἅ ποτ' εἶδεν ἡμῶν ἡ ψυχή). Or le rassemblement ne peut pas être

1. Ma traduction. R. Hackforth, *Plato's 'Phaedrus'*, Cambridge, Cambridge University Press, 1952, p. 132 n. 4 : « *both the bringing of particulars under a Form or Kind and the subsomption of a narrower Form under a wider one.* »

2. Voir R. Hackforth, *Plato's Examination of Pleasure*, Cambridge, Cambridge University Press, 1945, p. 142-143.

identique à la réminiscence, il n'est pas ressouvenir de la Forme à l'occasion de perceptions sensibles, pas ce passage du percevoir au concevoir que décrit le *Phédon*, car ce passage n'a rien d'une opération dialectique. Mais le rassemblement n'est pas non plus une induction : si les éléments en tous lieux dispersés du *Phèdre* étaient des choses et des expériences sensibles, la *sunagôgè* serait l'*epagôgè*, l'induction socratique, et sur ce point Cornford a parfaitement raison : « On ne doit pas confondre le rassemblement avec la collection socratique d'exemples individuels (ἐπαγωγή)[1] ». L'induction socratique, le rapprochement d'exemples pris dans des champs empiriques différents, peut, dans certains cas, être un préalable à la recherche et à l'élaboration de la définition, mais c'est un préalable pré-dialectique, antérieur à l'examen qui aboutira (ou non) à définir la réalité en question. Dans ce passage du *Phèdre*, Socrate dit que rassembler a pour but de définir ce qu'est la chose et que c'est précisément ce qu'il a fait à propos de l'amour, il l'a défini. Il est sans doute nécessaire, pour définir, de présupposer l'unité de ce qui est à définir et de lui conférer un mode d'existence distinct de celui des choses sensibles ; mais la position d'une réalité une et non sensible ne suffit certes pas à la définir, simplement à donner un sens à la recherche de la définition et à l'orienter. Définir erôs, ce n'est pas ramener une diversité d'expériences amoureuses à une unité pour montrer qu'elles participent toutes d'erôs donc méritent toutes d'être nommées érotiques.

Si les éléments dispersés ne sont pas des réalités, des phénomènes ou des expériences sensibles, faut-il conclure pour autant qu'il s'agit d'espèces de moindre extension à

1. Ma traduction. *Plato's Theory of Knowledge*, *op. cit.*, p. 186 : « *Collection must not be confused with the Socratic muster of individual instances (ἐπαγωγή)* ».

subsumer sous un genre unique d'extension plus large? Une telle subsomption est plutôt le propre de la division, puisque seule la division peut découvrir et poser une différence d'extension entre les Formes. Le rassemblement subsume des espèces sous un genre, il ne rassemble correctement que s'il est solidaire de la division dont ces espèces sont le résultat, sinon, il se contente de « deviner », comme dit Cornford, le genre dont relève la réalité qu'il cherche à définir. C'est d'ailleurs l'une des raisons pour lesquelles Hackforth a jugé préférable de revenir sur sa position antérieure, et de poser finalement deux espèces de rassemblement : l'un, préalable, réunissant des choses individuelles sensibles, l'autre subsumant des espèces sous un genre. Le rassemblement, ce serait alors l'induction, plus l'opération strictement réciproque de celle de la division. Rien dans la description par Socrate du *premier* procédé ne permet de justifier l'une ou l'autre affirmation.

Il semble donc ne pas y avoir sur ce point de solution satisfaisante. Lorsque l'on traite le problème en soi, en général, on débouche nécessairement sur la difficulté suivante : les éléments à rassembler sont ou bien des espèces (Cornford, Stenzel), ou bien des réalités singulières sensibles (Arnim, Campbell, Raeder), ou encore les deux (Hackforth). Mais les termes entre lesquels il faudrait choisir n'ont, force est de le répéter, aucun fondement dans la phrase prononcée par Socrate.

Supposons qu'au lieu de poser la question ainsi on ait l'idée aberrante de prendre Socrate au mot, à ses mots. Il affirme que c'est ainsi qu'il a procédé tout à l'heure en définissant l'amour. Or quelle que soit la solution apportée, on est conduit à affirmer que tel n'est pas le cas : il n'a pas commencé par évoquer une diversité d'expériences amoureuses pour les ramener à l'unité, et il n'a pas davantage, pour définir erôs, subsumé ses espèces sous un genre unique (cela, c'est ce qu'il *va faire* dans la réplique qui suit, non ce qu'il *a fait*). Mais quand a-t-il défini erôs ? « Dis-moi ceci encore [...] est-ce qu'en commençant mon discours j'ai défini erôs ? – Par Zeus, oui, et de façon tout à fait imprenable » (263 d 2-3).

Reportons-nous donc au début du discours, c'est-à-dire au début du premier discours. Socrate commence par poser l'exigence définitionnelle : il faut se mettre d'accord sur l'essence de la chose avant d'en examiner les effets (237 b 7-d 3). La définition s'effectue alors en trois temps :

– tout d'abord, il est évident pour chacun qu'erôs est une espèce d'appétit, de désir (ὅτι μὲν οὖν δὴ ἐπιθυμία τις ὁ ἔρως, ἅπαντι δῆλον, 237 d 3-4) ; mais laquelle, quelle en est la différence propre ? Le genre n'a pas, en ce cas, à être cherché ou deviné, il est donné par l'opinion commune ;

– pour déterminer la différence propre à erôs, il faut constater qu'il existe en chacun de nous deux principes qui nous gouvernent et nous conduisent (ὅτι ἡμῶν ἐν ἑκάστῳ δύο τινέ ἐστον ἰδέα ἄρχοντε καὶ ἄγοντε), l'appétit inné des plaisirs et l'aspiration acquise au meilleur. Les deux principes s'accordent parfois, mais il arrive aussi qu'ils luttent pour la domination. Quand le premier triomphe du second, il y a démesure (*hubris*) [1], et quand c'est le second qui l'emporte, il y a modération (*sôphrosunè*) (237 d 4-e 3) ;

1. L'*hubris* ne prend pas, contrairement à ce qu'affirme Hackforth (*Plato's 'Phaedrus'*, p. 40), la place du genre à diviser (celle de l'*epithumia*) ; elle *résulte* du triomphe du désir déraisonnable de plaisirs (238 a 1-2). Hackforth est suivi par White, *op. cit.*, p. 222, et par S. Benardete, *The Rhetoric of Morality and Philosophy, Plato's 'Gorgias' and 'Phaedrus'*, Chicago-London, The University of Chicago Press, 1991, p. 178, qui font de l'*hubris* une espèce de la *paranoia* et omettent complètement l'*epithumia*.

– l'*hubris* est multiforme et les formes qu'elle prend sont fonction des objets dont l'appétit désire tirer du plaisir : l'appétit excessif des plaisirs pris à la nourriture est gloutonnerie, quand il s'agit de boisson, ivrognerie, etc. – et l'appétit excessif et incessant des plaisirs pris à la beauté se nomme erôs (238 a 1-b 5).

La définition peut alors être énoncée : ce qu'il faut nommer erôs, c'est un appétit irraisonné, qui réussit à triompher de l'opinion orientée vers ce qui est droit et se caractérise par l'*hubris,* et qui enfin a pour objet le plaisir pris à la beauté ; il voit sa force accrue par tous les désirs apparentés, amateurs de beautés corporelles, qui contribuent à assurer sa victoire (238 b 7-c 4). Pour définir erôs Socrate a donc tenu ensemble son genre (l'*epithumia),* le type de force déraisonnable (*alogos*) qui est le sien et qui entraîne en nous la démesure (*hubris*) ainsi que le type de force qu'il cherche à vaincre (la *sôphrosunè*), et pour finir son objet : le plaisir que procure la beauté corporelle.

Ce sont ces éléments dispersés qu'il a su voir ensemble et rassembler en une *idea* unique, et c'est ce rassemblement qui lui permet de la définir. Ces éléments ne sont pas tous liés entre eux par un rapport de genre à espèce (de plus ou moins grande extension). Définir erôs ne se résume donc pas à en énoncer le genre, c'est aussi en marquer l'aspect dynamique, excessif, y voir un désir d'anéantir toute modération, et également en assigner l'objet. Tous ces éléments sont bien disséminés, ils se trouvent bien en de multiples lieux (la *sôphrosunè,* par exemple, ne se rencontre pas dans le même champ que la beauté mais plutôt dans celui d'une analyse des vertus, le terme « irrationnel » a un sens aussi bien dans le domaine mathématique que logique ou psychologique, etc.), lieux où le dialecticien doit voir qu'il faut aller les chercher. Autrement dit, la définition formulée par Socrate est synthétique et non pas analytique, les éléments rassemblés par lui dans sa définition n'étaient pas compris dans l'*idea* à définir. Les liaisons établies entre les éléments ne sont pas non plus des relations générales (comme celle qui relierait l'appétit au plaisir), ce sont les liaisons pertinentes pour la définition à énoncer.

L'*idea* une n'est pas nécessairement une Forme (*eidos*). Le terme *idea* est souvent employé par Platon pour désigner une réalité non sensible qui, bien que n'étant pas une Forme, possède sa manière d'être et son unité propres donc peut parfaitement se définir[1]. Ainsi, on peut définir une puissance, une faculté (*dunamis*), selon les règles énoncées dans le livre V de la *République* (V, 477 b-c) : une puissance n'est pas une réalité sensible, et, pour la définir, il faut déterminer ce à quoi elle s'applique et ce qu'elle effectue. On peut même définir un processus (*genesis*), comme le fait Socrate pour l'illimité (*apeiron*) dans le *Philèbe.* L'emploi du terme *idea* se justifie donc parce que le terme a un registre plus large que celui d'*eidos*, et qu'erôs est justement une puissance, une force (*rhômè*), et non pas une Forme intelligible. C'est pourquoi Socrate a suivi dans sa définition les règles énoncées dans la *République :* erôs « s'applique » aux plaisirs que procure la beauté corporelle, et il « travaille » à anéantir tout ce qui en nous s'oppose à lui.

Dans cette perspective, quelle réponse donne-t-on à la première question, qui portait sur la nature des éléments multiplement disséminés ? Ce seraient *les éléments de la définition*, éléments qui ne sont pas obtenus par division ou simple subsomption de l'*idea* sous son genre, car définir ne se réduit pas pour Platon à rattacher l'espèce au genre. Les

1. Socrate parle par exemple dans la *République* de l'*idea* de la lumière (VI, 507 e).

éléments disséminés (*epithumia, sôphrosunè, hubris, rhômè, hèdonè, kallos*) sont des Formes – et en cela on rejoint une des deux interprétations traditionnelles –, à ceci près que les rassembler ne signifie pas seulement les ordonner selon une relation hiérarchique mais les articuler selon des relations de nature différente : opposition dynamique et domination alternée, ou encore pulsion vers un objet déterminé. Les termes introduits dans la définition et la nature de leurs relations sont évidemment fonction de cet objet particulier qu'est erôs.

On le voit, cette compréhension du texte repose en premier lieu sur la finalité donnée par Socrate à cette sorte de rassemblement : définir, ce qui exclut toute référence à des réalités sensibles. Mais elle part surtout du principe inverse de celui qui commande les autres interprétations. Étant donné que rassembler, dit-on, consiste à inclure des espèces dans des espèces plus larges ou dans des genres, et que Socrate, en définissant l'amour, n'a rien fait de tel, il faut conclure que Socrate n'a pas appliquée la règle qu'il formule. Or si au contraire on croit Socrate sur parole et va voir comment il a procédé quand il a défini erôs, on ne trouve ni processus de réminiscence, ni mouvement d'induction, ni subsomption d'espèces sous un genre, mais une définition dont les multiples éléments sont clairement articulés selon des relations différentes (celle de genre à espèce n'étant que l'une d'entre elles), et reconduits à l'unité d'une *idea*, d'une réalité non sensible possédant consistance et unité propres.

Socrate ne formule peut être pas le genre de règle que ses commentateurs souhaiteraient lui voir énoncer, et la nécessité même, pour celui qui parle, d'avoir une vision d'ensemble (συνορῶντα) introduit certainement un facteur aléatoire incompatible avec l'idée que l'on se fait de la rigueur d'une méthode. Ce facteur « personnel » ne joue pas seulement lorsqu'il s'agit de tenir un discours rhétorique, il vaut également quand il s'agit d'une procédure strictement dialectique. La vision synoptique propre au dialecticien fait en effet partie de la méthode : si on regarde l'emploi, finalement assez rare (19 occurrences), de l'adjectif *dialektikos*, on constate qu'au masculin il s'applique toujours au dialecticien (10 fois)[1]. Pour faire de la dialectique il faut un véritable dialecticien, c'est-à-dire, comme l'a dit la *République* et le répète le *Sophiste*, un dialecticien philosophe. Le dialecticien non seulement décide de la méthode à employer mais il est aussi le seul à pouvoir l'appliquer adéquatement, et son juste discernement ne relève, lui, d'aucune méthode (comme le dira Kant, il y a les règles, et il y a l'application des règles, mais il n'y a pas de règles de l'application des règles). Il reste que la définition énoncée par Socrate est suffisamment rigoureuse, même si nous ne voyons pas comment il y arrive.

Socrate pourtant se demande si sa définition a été bien ou mal formulée. Un second facteur peut le conduire à se poser cette question : le choix du genre, effectué en fonction d'une évidence commune[2]. La phrase suivante va apporter la réponse : la définition a été bien formulée mais n'a fourni qu'une définition partielle, portant sur une seule espèce d'erôs, son espèce « gauche ». Mais supposons que la formulation n'ait pas été bonne : elle aurait malgré tout garanti la clarté et la cohérence. Clarté et cohérence sont des qualités qui ne concernent que la forme d'un discours et sont indépendantes de la vérité de son contenu. Socrate affirme que bonne et mauvaise définition peuvent avoir la même fonction, produire les mêmes effets : elles permettent de tenir un

1. Voir Appendice II, p. 353-354.

2. C'est le reproche fait aux mathématiciens en *Rép.*, VI, 510 c (ὡς παντὶ φανερῶν) ; voir chap. II, p. 81-88.

discours clair – puisque celui qui le tient a en commençant défini de quoi il parlait – et cohérent, puisque même si le discours n'envisage qu'une partie de son objet ou le manque complètement, il ne contredit pas son propre point de départ.

De quelle sorte de discours s'agit-il ? Non pas de celui qui, dialectiquement, interroge et répond, mais du discours rhétorique, qui se développe en accord avec ce qu'il a – bien ou mal – posé au départ et dont la préoccupation essentielle est justement de se dérouler de façon claire et cohérente. Agathon, dans le *Banquet*, commence par énoncer la règle : « Il n'existe qu'une méthode correcte de tout éloge, sur tout sujet, et c'est que le discours explique ce que se trouve être l'objet dont il parle et de quoi il est cause », puis énonce son plan : il va dire « quel est amour puis quels sont ses bienfaits » (*Banq.*, 195 a). Quand il s'agit du blâme et de l'éloge, la définition mise au principe du discours ne peut pas être une définition neutre et objective, elle doit nécessairement comporter un jugement de valeur sur ce qu'elle définit. Force irrationnelle et pleine de démesure, l'erôs du premier discours est *mauvais*, tyrannique (pour reprendre l'expression de la *République*[1]). La nature particulière du discours requiert donc à la fois la position *initiale* de la définition et le fait qu'y soit compris *un jugement de valeur :* on ne peut légitimement blâmer que ce dont on a montré, par une définition, le caractère essentiellement mauvais.

Ce n'est évidemment pas le cas de tout discours dialectique, qui se présente au contraire comme une *recherche* de la définition, celle-ci arrivant, quand elle arrive, *au terme* de l'examen dialectique. Le fait de devoir *commencer* par formuler une définition au lieu de s'en mettre en quête est une exigence propre au discours rhétorique de l'éloge et du

1. Voir *Rép.*, IX, 573 a *sq.*

blâme[1]. La règle énoncée par Socrate n'est donc pas une règle valable pour tout discours dialectique, c'est une règle formulée lors d'une réflexion sur ces espèces de discours rhétoriques que sont le blâme et l'éloge. La rhétorique ne peut être une bonne rhétorique qu'à la condition de se conformer à des règles que seul le dialecticien peut déterminer. *Mais d'une réflexion dialectique sur les procédés d'une bonne rhétorique ne peuvent sortir des règles uniquement dialectiques, encore moins des règles valables pour toute démarche dialectique.* Le discours rhétorique a pour but d'« enseigner », c'est-à-dire d'exposer de façon convaincante la conception vraie ou fausse que se fait celui qui parle de la réalité en question[2], il n'a pas pour but de chercher et d'examiner ce que cette nature est en vérité. S'il est vrai que toute définition rassemble des éléments disséminé en de multiples lieux, la différence est que pour un discours rhétorique cette opération doit être *initiale*, alors qu'elle s'effectue *tout au long* d'une recherche dialectique et, dans le meilleur des cas, ne rassemble les éléments

1. Bien que nombre de nos conclusions diffèrent, je partage avec M.I. Santa Cruz (« Division et dialectique dans le *Phèdre* », dans *Understanding the 'Phaedrus'*, Proceedings of the II Symposium Platonicum, ed. by L. Rossetti, Sankt Augustin, Academia Verlag, 1992, 253-256) trois principes d'interprétation de ce texte, qui me paraissent essentiels : 1) l'importance du contexte (« fonder une rhétorique philosophique », p. 254) qui entraîne la remise en question du « rapprochement entre la méthode du *Phèdre* et la division dichotomique du *Sophiste* et du *Politique* » (p. 255), 2) l'orientation de la phrase de 265 d vers la définition (p. 253), et 3) le fait que la dialectique doit discerner une structure intelligible « formée par un nœud de relations plus complexes que celles ayant lieu entre les genres et les espèces subordonnées » (p. 255).

2. « Mais peut-être Lysias, en commençant son discours sur l'amour, nous a-t-il contraints de prendre l'Amour pour celle des réalités qu'il voulait, et c'est par rapport à elle qu'il a tout organisé quand il a tenu le discours qui a suivi » (*Phèdre*, 263 d-e).

dans une définition qu'à la fin (puisque c'est elle alors qui *achève* le discours, qui sinon reste en suspens et se termine sans véritablement s'achever).

## Diviser et rassembler

Dans la phrase de Socrate consacrée à « l'autre espèce » de procédé, on semble cependant rencontrer avec elle une seconde sorte de rassemblement. Quelle est la nature de cette « seconde espèce » ?

> Elle consiste à pouvoir à l'inverse découper les espèces selon les articulations naturelles en tâchant de ne casser aucune partie comme le ferait un mauvais boucher sacrificateur. Au contraire, il faut procéder comme nos deux discours de tout à l'heure qui ont saisi le fait de perdre l'esprit comme une seule Forme (*eidos*) commune ; mais, ainsi que d'un corps unique sortent des membres naturellement doubles et de même nom, désignés comme gauches ou droits, de même aussi nos deux discours ont considéré le fait du dérèglement de l'esprit (*paranoia*) comme étant en nous une Forme (*eidos*) naturelle <unique>... (Τὸ πάλιν κατ' εἴδη δύνασθαι διατέμνειν κατ' ἄρθρα ᾗ πέφυκεν, καὶ μὴ ἐπιχειρεῖν καταγνύναι μέρος μηδέν, κακοῦ μαγείρου τρόπῳ χρώμενον· ἀλλ' ὥσπερ ἄρτι τὼ λόγω τὸ μὲν ἄφρον τῆς διανοίας ἕν τι κοινῇ εἶδος ἐλαβέτην, ὥσπερ δὲ σώματος ἐξ ἑνὸς διπλᾶ καὶ ὁμώνυμα πέφυκε, σκαιά, τὰ δὲ δεξιὰ κληθέντα, οὕτω καὶ τὸ τῆς παρανοίας ὡς <ἓν> ἐν ἡμῖν πεφυκὸς εἶδος ἡγησαμένω τὼ λόγω...) (265 e 1-266 b 3)

L'autre procédé consiste à découper une Forme selon ses articulations naturelles, autrement dit à la découper en ses espèces qui sont également des Formes. Mais Socrate insiste d'abord sur la saisie d'« une seule Forme commune », ses deux discours précédents ont considéré « une Forme naturelle » <unique>. <Unique> (ἓν) est un ajout de Heindorf, justifié par la comparaison avec le corps unique d'où sortent des couples de membres ; mais Socrate insiste-t-il à nouveau sur le fait que la *paranoia*, autre nom de « l'égarement de l'esprit », est une Forme unique, ou sur le fait que cette Forme « est naturellement *en nous* » ? La *paranoia* est comme toute Forme une nature unique, mais à cette nature notre nature participe : il nous est *naturel* de délirer, et le problème n'est pas de savoir comment nous pouvons devenir fous mais comment nous pouvons cesser de l'être[1]. Ce que divise la division, c'est donc l'unité réelle d'une Forme (*eidos*), la démence, dont erôs, humaine maladie ou délire divin, est une espèce. La Forme en question ici n'est plus erôs, mais ce que la nature humaine comporte d'insensé, la *paranoia*, nommée quelques lignes plus loin *mania*. Les deux discours, par une heureuse fortune, ont saisi l'unité générique permettant d'intégrer les deux espèces contraires d'erôs.

À quel moment les deux discours ont-ils considéré le dérèglement de l'esprit comme une seule Forme commune ? Explicitement, jamais. La *mania* est bien le thème du second discours, mais non pas celui du premier. Hackforth relève que le terme *mania* apparaît deux fois dans le premier discours (en 241 a et 244 a), « *although more or less casually* »[2]. *Casually* est une assez bonne de traduction de ἐκ τύχης, et Hackforth ne fait que reprocher à Socrate ce qu'il a lui-même dit, à savoir que les deux discours n'ont pas procédé techniquement et que

1. J'ai développé ce point dans « Le figure della mania nei Dialoghi di Platone », dans *Nella dispersione del vero. I filosofi : la ragione, la follia*, a cura di G. Borrelli et F.C. Papparo, Napoli, Filema, 1993, p. 19-32.

2. R. Hackforth, *Plato's 'Phaedrus'*, n. 1 p. 133.

c'est seulement en réfléchissant après coup sur eux qu'il pourra passer de la τύχη à la τέχνη. Chaque discours a fait preuve d'une vision d'ensemble, puisque chacun a posé et déterminé l'unité de son objet, mais il en faut une autre, une troisième, pour énoncer le genre (*mania, paranoia)* capable d'englober les deux espèces opposées d'*erôs*. Chacun d'eux a en effet pris une espèce pour le genre, et il faut la réflexion rétrospective de Socrate *sur ses deux discours pris ensemble* pour comprendre que les deux espèces font partie d'un même genre. Chaque sorte d'*erôs* nous fait perdre l'esprit, mais de deux manières différentes : soit en cédant à la démesure humaine de l'appétit, soit en étant en proie à une inspiration divine. L'unité saisie par la considération de l'ensemble des deux discours est donc différente de l'unité définie par le premier.

Socrate peut remembrer l'unité générique commune aux deux discours parce que ceux-ci ont démembré correctement erôs. On ne peut certes pas trouver en eux de division techniquement formulée, mais une division s'est malgré tout opérée dans la mesure où chacun des deux discours a pris pour objet une espèce différente d'*erôs*, et, par une heureuse fortune, est tombé juste, puisque ces deux espèces sont des espèces réelles. Socrate peut donc en tirer la règle qu'une division correctement opérée est celle qui distingue les parties mais n'en casse aucune, c'est-à-dire les laisse intactes de façon à ce qu'elle puissent se reconstituer en une unité. Pour ne pas faire comme le mauvais boucher sacrificateur, il faut donc avoir en vue l'unité commune et diviser de manière à pouvoir réunifier. Le passage sur la *diairèsis* offre beaucoup moins de difficultés que celui sur la *sunagôgè*, sans doute parce qu'il s'agit bien ici d'espèces et de genres, la seule difficulté venant de ce que, refusant de prendre les deux discours ensemble, on reproche une fois de plus à Socrate de ne pas avoir fait comme il dit qu'il a fait.

> … l'un des discours, coupant un morceau du côté gauche, et le recoupant à nouveau, ne s'est pas arrêté avant d'avoir découvert en eux une sorte d'amour qu'il a appelé « de gauche » et qu'il a blâmé tout à fait à juste titre ; l'autre discours, nous conduisant du côté droit de la folie (*mania*), y a trouvé à son tour, une espèce divine d'amour, qui porte le même nom que l'autre, et, la présentant aux regards, il l'a loué comme la cause pour nous des plus grands biens. (… ὁ μὲν τὸ ἐπ' ἀριστερὰ τεμνόμενος μέρος, πάλιν τοῦτο τέμνων οὐκ ἐπανῆκεν πρὶν ἐν αὐτοῖς ἐφευρὼν ὀνομαζόμενον σκαιόν τινα ἔρωτα ἐλοιδόρησεν μάλ' ἐν δίκῃ, ὁ δ' εἰς τὰ ἐν δεξιᾷ τῆς μανίας ἀγαγὼν ἡμᾶς, ὁμώνυμον μὲν ἐκείνῳ, θεῖον δ' αὖ τινα ἔρωτα ἐφευρὼν καὶ προτεινάμενος ἐπήνεσεν ὡς μεγίστων αἴτιον ἡμῖν ἀγαθῶν.) (266 a 3-b 1)

De la division effectuée (par hasard par chacun des discours), résulte une multiplicité (une espèce droite et gauche d'*erôs*) qui est reconduite à une unité, celle d'erôs, laquelle n'est qu'une espèce d'une unité plus large, la *mania*. L'unité plus large permet d'opérer d'autres divisions (celle de la *mania* en humaines maladies et délires divins, puis celle de la *mania* divine en quatre espèces de délires). Mais si elle est, elle aussi, le produit d'un rassemblement réunissant deux espèces, humaine et divine, rassembler ne désigne pas la même sorte d'opération que celle décrite dans la réplique précédente de Socrate. Rassembler y avait pour but de définir et de permettre à chaque discours de se tenir de façon cohérente. Rassembler les espèces (ici deux totalités) en une Forme unique est une opération symétrique de celle de la division.

Cette sorte de rassemblement n'a plus aucune priorité sur la division, et on ne peut parler que de leur circularité et de leur *complémentarité*[1]. La preuve en est qu'à la fin du dialogue c'est la division qui précède le rassemblement :

> faute d'avoir dénombré les naturels de ceux qui seront nos auditeurs, si on est incapable de diviser les réalités selon les espèces, et de les ramasser par une seule *idea* qui corresponde à l'unité de chacune... (ἐὰν μή τις τῶν τε ἀκουσομένων τὰς φύσεις διαριθμήσηται, καὶ κατ' εἴδη τε διαιρεῖσθαι τὰ ὄντα καὶ μιᾷ ἰδέᾳ δυνατὸς ᾖ καθ' ἓν ἕκαστον περιλαμβάνειν...) (273 d 7-e 3)

Le passage le plus éclairant sur cette question, celui qui marque la parfaite circularité des deux mouvements, figure à la fin des *Lois* (XII, 963 a-964 a). L'Athénien réfléchit une dernière fois au problème de l'unité de la vertu et constate que ce nom unique, vertu, comprend des réalités multiples et même contraires, mais, dit-il, une fois que l'on aura montré qu'un nom unique recouvre des unités différentes, il faudra à nouveau les rassembler, et à nouveau diviser, et ainsi de suite...

> Ainsi donc, qu'assurément ils [la prudence et le courage] diffèrent et sont deux, tu viens, toi, de le recevoir de moi par ce raisonnement; mais qu'ils soient une seule et même chose, à toi maintenant de me payer en retour; et réfléchis à la manière de me dire comment ce qui est quatre peut bien être une chose unique, et trouve bon que moi, quand toi, tu m'auras montré que c'est un, je te fasse voir en retour comment cela est quatre ! (Ἧι μὲν τοίνυν ἐστὸν διαφόρω καὶ δύο, σὺ

1. Ce que remarque justement Hackforth dans son « Additional Note » (p. 143); pour montrer que le rassemblement peut trouver sa place au sein d'une division, il cite *Soph.*, 267 a-b. Mais selon lui cette circularité vaut aussi pour le rassemblement définitionnel, ce qui ne me semble pas du tout être le cas.

> παρ' ἐμοῦ ἀπείληφας τῷ λόγῳ· ᾗ δὲ ἓν καὶ ταὐτόν, σὺ πάλιν ἀπόδος ἐμοί. διανοοῦ δὲ ὡς ἐρῶν καὶ ὅπῃ τέτταρα ὄντα ἕν ἐστι, καὶ ἐμὲ δὲ ἀξίου, σοῦ δείξαντος ὡς ἕν, πάλιν ὅπῃ τέτταρα.) (*Lois*, XII, 964 a 1-5)

On entre dans une circularité de « moi » à « toi » et de « toi » à « moi », certes, puisque toute pensée est dialogue, mais au cours de ce dialogue, celui qui « reçoit » le multiple doit réfléchir à la manière de le « rendre » sous une forme unifiée, comme celui qui « reçoit » l'un doit réfléchir à la manière de le « rendre » sous une forme multiple. Le va-et-vient du rassemblement et de la division est constitutif de la dialectique, à condition d'entendre par rassemblement la réunion d'espèces eidétiques constituant réellement une Forme unique. En admettant que mes précédentes analyses soient justes, on ne peut pas prendre la description de la première sorte de rassemblement pour une règle dialectique universellement valable[1]. En revanche, ce que dit par la suite Socrate du procédé de division-rassemblement ne pourrait-il pas s'appliquer à toute procédure dialectique ?

Il faut pour cela faire subir au texte au moins deux modifications, en soustraire deux éléments :

– premièrement, il faut faire abstraction du fait que la division aboutit ici à deux espèces *positivement et négativement valorisées*, ce qui n'est évidemment pas le cas de tout processus de division ;

1. R. Burger (*Plato's 'Phaedrus', A Defense of a Philosophical Art of Writing*, University of Alabama Press, 1980, p. 81) perçoit la difficulté : la première réplique de Socrate est bien selon elle consacrée au rassemblement et la seconde à la division, mais elle constate alors que Socrate, au lieu d'articuler « deux démarches complémentaires », marque en fait leur « statut inégal ».

– deuxièmement, il faut ne pas tenir compte du fait que les deux espèces engendrées par division se voient dans le *Phèdre* définies et déterminées *aussi précisément et aussi longuement* l'une que l'autre. Les deux espèces d'erôs, la droite et la gauche, ont été chacune complètement analysées, dans leur nature comme dans leurs effets. Or lorsque la méthode de division est utilisée dans un contexte non axiologique et non rhétorique, on laisse à gauche dans l'indétermination l'espèce non pertinente quant à la définition recherchée. Qu'une espèce, alors, se retrouve à « gauche » ne signifie rien de plus, et certainement pas qu'elle est, en soi, mauvaise.

## Conclusion

La réflexion de Socrate sur les deux procédés s'inscrit dans le contexte de la différence entre rhétorique et philosophie. La perspective générale est de montrer que l'éloge et le blâme sont des formes de discours qui ont besoin, pour être justifiées, de s'appuyer sur une réflexion dialectique qui en dégagera les règles. Une réflexion sur ce que ses deux discours ont effectué par hasard (mais comme Socrate est Socrate, le hasard est nécessairement une heureuse fortune) permet à Socrate de répondre qu'il n'a pas successivement blâmé et loué *la même chose*, mais deux espèces d'erôs, l'une mauvaise et l'autre bonne. Socrate a donc été capable de ne pas prendre pour *mêmes* deux espèces qui en fait sont *autres,* et opposées sous le rapport du bon et du mauvais ; il a compris en outre que la contrariété entre deux espèces n'excluait pas leur appartenance à un même genre, et a enfin saisi la Forme véritable dont erôs, qui comprend deux espèces opposées, n'est lui-même qu'une espèce.

Mais s'il a pu le faire, c'est parce qu'il est lui-même en proie à erôs : « De cela, c'est sûr, Phèdre, je suis pour ma part très amoureux, de ces divisions et de ces rassemblements » (Τούτων δὴ ἔγωγε αὐτός τε ἐραστής, ὦ Φαῖδρε, τῶν διαιρέσεων καὶ συναγωγῶν, 266 b 3-4). Au terme d'une réflexion méthodologique dont erôs était l'exemple, l'erôs de Socrate entre en scène. Lorsqu'on parle techniquement d'erôs, on ne fait que retrouver des vérités qui avaient été atteintes autrement : à travers la mythologie, la tradition, la médecine, la littérature, vérités que nous offrent les cinq premiers discours du *Banquet*, et le discours de Lysias nous en dit aussi quelque chose de vrai. La méthode ne nous dit rien que nous ne sachions par ailleurs de l'amour, elle se contente de coordonner ou subordonner ces vérités éparses. Mais le dialecticien est le seul à savoir qu'aucune méthode n'est capable d'arriver à la vérité de quoi que ce soit si elle n'est pas animée par erôs. C'est pourquoi la dialectique ne récuse pas la rectitude de la dénomination courante comme elle le fait par exemple pour la Justice ou le Courage : ce que tous nomment « amour » ou « désir » est bien de l'amour, mais erôs possède une autre dimension. Qu'il soit bon ou mauvais, tyran ou philosophe, il est ce qui possède la puissance de dépasser le multiple vers l'un, qui ne se satisfait pas de la multiplicité (c'est le sens de l'ascension érotique du *Banquet*, 209e-210 e), et pas davantage de l'unité. Fils de Penia, éternellement inassouvi, il réclame l'un quand on lui donne du multiple et du multiple lorsqu'on lui donne de l'un, puisque rien de ce qui est donné ou posé comme tel ne peut être vraiment compris. Cette irruption de l'erôs propre à Socrate devrait donc au moins pousser à réfléchir au fait que la dialectique n'est pas une « méthode » au sens où nous entendons ce mot et que l'image d'une méthodologie dialectique est une mauvaise image puisqu'elle la coupe de ce qui en est l'origine : le désir de comprendre, l'erôs du dialecticien.

Les deux procédés décrits prescrivent certes de rassembler et diviser, donc d'unifier et de multiplier, puisque ainsi procède tout logos. Mais ici, le rassemblement (entendu au sens large comme réunion d'une multiplicité en une unité) *prend deux sens différents, selon qu'il possède une fonction rhétorique, est nécessairement initial et a pour but l'énoncé d'une définition, ou selon qu'il réunit ce que la division divise.*

Ce passage du *Phèdre* procède donc à une analyse complexe, dont certains traits peuvent valoir pour toute procédure dialectique : la caractère synthétique de la définition, la division selon les articulations naturelles, la circularité du rassemblement et de la division, – mais dont d'autres traits sont spécifiques et ne s'expliquent que par la nature rhétorique du problème et du contexte : la nécessité de partir d'une définition, bonne ou mauvaise, la valorisation contraire des espèces auxquels aboutit la division, et la longueur du développement auquel *chacune* donne lieu.

Ce texte n'est donc pas, concernant la méthode dialectique, le passage canonique que tout autre exposé rencontré dans les Dialogues répéterait pour l'essentiel, même si apparemment il ne le répète pas. Or ce présupposé, on va le voir, pèse lourdement sur les interprétations de la description, dans le *Sophiste,* du travail du dialecticien.

PRÉAMBULE AUX CHAPITRES SUIVANTS

# LA DIALECTIQUE SANS LES FORMES (*PARMÉNIDE, THÉÉTÈTE*)

*Les détours de l'intelligence sont cependant retour à soi : à la recherche de l'être, elle le trouve non pas en lui-même mais dans le discours, être-connu, être possible ; en quête de l'Un, origine et principe, elle se découvre entraînée dans la mobilité du langage, sa pluralité, son illimitation dialectiques...*

J. Delhomme,
*La Pensée et le Réel*

Toute la première partie du *Parménide* est consacrée à la discussion des difficultés entraînées par la position de réalités en soi et par la participation. Elle débouche sur la leçon magistrale au cours de laquelle Parménide examine les conséquences de l'existence et de la non-existence de l'un, pour l'un lui-même et pour les autres. Comment conçoit-il cet « un » ? Si, en raison des difficultés précédentes, il ne le conçoit pas comme une Forme, à quel type d'exercice se livre alors Parménide ?

Le *Théétète* pose la question : « la science, qu'est-ce que cela peut bien être ? » (ἐπιστήμη ὅτι ποτὲ τυγχάνει ὄν, 145 e 9). À Théétète qui commence par énumérer différentes espèces de sciences, Socrate objecte que sa question n'était ni « de quoi il y a science, ni combien il y a de sciences » (146 e 7-8). « Connaître ce que peut bien être la science en elle-même » est donc une question indépendante et préalable à celle de la nature de ses objets. La réponse de la *République* : la science véritable est celle qui ne porte que sur des Formes, ne serait donc pas une bonne réponse. Mais s'il faut mettre les Formes entre parenthèses, à quelle sorte d'examen procède donc Socrate ?

Quelle forme revêt la dialectique lorsque, comme dans le *Parménide*, l'existence même de ses objets est mise en question, et quelle forme adopte la discussion lorsque, comme dans le *Théétète*, les Formes semblent briller par leur absence ?

## La dialectique comme gymnastique : *Parménide*

Je n'esquisserai ici que les grandes lignes d'une perspective qui demanderait, pour se justifier, un volume entier. Le *Parménide* est, et a toujours été, affaire d'interprétation[1]. Il est impossible de le lire tel qu'il se donne, impossible de ne pas se demander ce que Platon veut exactement y faire. Le lecteur de ce dialogue énigmatique doit décider de la portée qu'il reconnaît aux apories soulevées par Parménide et du statut à donner aux hypothèses sur l'un. Les deux problèmes sont liés, puisque si l'on tient pour décisives les objections avancées

1. Pour d'autres interprétations, voir L. Brisson, *Platon. Parménide*, Traduction inédite, introduction et notes, Paris, GF-Flammarion, 1994, Introduction, p. 15-44 et Annexe I, p. 285-292, Annexe II, p. 293-306. Je compte développer ailleurs les points juste esquissés ici.

dans la première partie contre la position des Formes, on doit en déduire que Platon a dû également abandonner, ou tout au moins modifier radicalement, la conception de la dialectique telle qu'elle apparaissait dans les livres centraux de la *République* et dans le *Phèdre*.

Comme on l'a maintes fois relevé, certaines phrases vont à l'encontre de la thèse d'une rupture radicale. Parménide déclare que la position d'une Forme une de chacun des êtres qu'on définit se heurte à l'objection majeure que ces Formes seraient inconnaissables ; seul pourrait convaincre de son erreur celui qui affirme cela un homme « doté d'une vaste expérience des points soumis à contestation, à qui la nature nécessaire ne fait pas défaut, et qui serait prêt à suivre une démonstration employant un grand nombre d'arguments et procédant laborieusement de points de départ éloignés » (τῷ ταῦτα λέγοντι οὐκ ἂν ἔχοι τις ἐνδείξασθαι ὅτι ψεύδεται, εἰ μὴ πολλῶν μὲν τύχοι ἔμπειρος ὢν ὁ ἀμφισβητῶν καὶ μὴ ἀφυής, ἐθέλοι δὲ πάνυ πολλὰ καὶ πόρρωθεν πραγματευομένου τοῦ ἐνδεικνυμένου ἕπεσθαι, 133 a 6-9). La nature qu'il faut avoir est sans aucun doute le « naturel dialectique » dont parlait la *République* (VII, 536 c 6), et Parménide suggère qu'un dialecticien-philosophe ayant plus d'expérience que Socrate serait capable de réfuter les objections qu'il vient de faire. Qui plus est, de l'aveu même de Parménide, si on ne pose pas les Formes, on ne saura plus « où tourner sa pensée » :

> En revanche, Socrate, dit Parménide, si vraiment on refuse qu'existent des Formes (*eidè*) des êtres, parce qu'on a en vue toutes les difficultés qui viennent d'être exposées et d'autres de même genre, et si on ne détermine pas une Forme (*eidos*) de chacun d'eux, on n'aura plus alors où tourner sa pensée, puisqu'on refuse que le caractère essentiel (*idea*) de chacun des êtres soit toujours le même, et ainsi, c'est la puissance

> dialectique toute entière qui sera abolie [...] Que feras-tu donc de la philosophie? (Ἀλλὰ μέντοι, εἶπεν ὁ Παρμενίδης, εἴ γέ τις δή, ὦ Σώκρατες, αὖ μὴ ἐάσει εἴδη τῶν ὄντων εἶναι, εἰς πάντα τὰ νυνδὴ καὶ ἄλλα τοιαῦτα ἀποβλέψας, μηδέ τι ὁριεῖται εἶδος ἑνὸς ἑκάστου, οὐδὲ ὅποι τρέψει τὴν διάνοιαν ἕξει, μὴ ἐῶν ἰδέαν τῶν ὄντων ἑκάστου τὴν αὐτὴν ἀεὶ εἶναι, καὶ οὕτως τὴν τοῦ διαλέγεσθαι δύναμιν παντάπασι διαφθερεῖ. [...] Τί οὖν ποιήσεις φιλοσοφίας πέρι;) (135 b 4-c 5)

Ne pas poser les Formes, c'est rendre impossible la pensée, la dialectique et la philosophie. Enfin, avant de se lancer dans le jeu des hypothèses, Parménide détermine ainsi sa méthode : il ne faut pas errer au sein des réalités sensibles mais s'appliquer seulement « aux réalités que, par excellence, le logos peut saisir et que l'on peut tenir pour être des Formes » (καὶ εἴδη ἂν ἡγήσαιτο εἶναι, 135 e 1-4) et en poser successivement l'existence et la non-existence (136 b-c).

Pourtant, si Platon pensait que les objections soulevées par Parménide ne sont pas valables, pourquoi les a-t-il laissées sans réponse? En fait, comme l'a bien vu R.E. Allen[1], le problème n'est pas de savoir si ces objections sont pertinentes ou non mais de comprendre *ce qu'il faut supposer* quant à la nature des Formes pour qu'elles le soient ou ne le soient pas. Sur quoi en effet, comme le dit le *Philèbe*[2], « faut-il se mettre correctement d'accord » pour que les difficultés soulevées cessent non seulement d'en être mais se retournent et deviennent les moyens de toute découverte (pour que les apories se renversent en euporie)? Ce sur quoi, me semble-t-il, il faut se mettre d'accord, c'est sur l'erreur qui commande

1. R.E. Allen, *Plato's Parmenides*, Translation and Analysis, Oxford, Blackwell, 1983, p. 96.

2. *Phil.*, 15 b-c, voir chap. VI, p. 296-297.

toutes les apories énoncées par Parménide. Si toutes ses questions sont mal posées, c'est parce qu'elles procèdent toutes d'une réification des Formes et d'une manière spatiale de penser toutes les catégories qu'il tente de leur appliquer : tout et parties, séparation et immanence, modèle et image. Parménide annonce qu'il faut examiner « les réalités que, par excellence, le logos peut saisir et que *l'on peut tenir* pour être des Formes » (135 e), mais s'il accorde qu'il existe des réalités saisissables par le seul logos et qu'on peut les nommer « Formes », rien ne dit que ce qu'il appelle ainsi soient des Formes au sens platonicien. De même, son exercice portera sur « l'un en soi » (περὶ τοῦ ἑνὸς αὐτοῦ, 137 b 3) mais sa manière de concevoir l'en-soi n'est peut-être pas celle de Platon.

Le déroulement des hypothèses recèle en effet d'étranges affirmations : « Or, » dit Parménide de l'un qui n'est que un, « à n'être nulle part il ne serait rien » (145 e); cet un-là non seulement n'existe pas parce qu'il n'est nulle part, mais, ne participant à aucune des trois dimensions temporelles – passé, présent et avenir – il ne participera pas à l'existence (*ousia*), car il n'y a pas d'autre manière d'y participer que d'exister à présent, d'avoir existé jadis, de devoir exister à l'avenir (141 e). Quant à l'un qui est, « il participe donc au temps puisqu'il participe à l'être (*tou einai*) » (Μετέχει μὲν ἄρα χρόνου, εἴπερ καὶ τοῦ εἶναι, 152 a 2-3). En règle générale « le fait d'"être", est-ce autre chose que participer à l'existence avec temps présent, comme "était" avec temps passé, et encore "sera" qui est une communication avec l'existence à venir ? » (151 e-152 a) ? Si ce qui n'est nulle part n'est rien, si participer à l'être c'est participer au temps, c'est-à-dire au devenir, on peut en conclure que selon Parménide toute existence est spatio-temporelle.

Parménide, dans la partie hypothétique, ne reconnaît donc d'existence qu'à ce qui participe à l'espace et au temps : à quelle sorte de Formes adresse-t-il, dans la première partie, ses critiques ? À de simples doubles des choses, comme en témoigne la première question qu'il pose à Socrate : « de quoi y a-t-il Forme ? ». La poser, c'est forcément poser l'antériorité de l'expérience commune et de la langue commune : le « de quoi » précède nécessairement le « y a-t-il », la position de la Forme correspondante. C'est donc supposer la rectitude des catégories empiriques et la justesse de la langue, laquelle ne comporterait ni lacune, ni confusion, ni distinction inutile. Ce qui revient à inverser la relation du sensible à l'intelligible : on ne peut voir et dire certaines choses égales, affirme le Socrate du *Phédon,* que si on a l'Idée d'Égal. Les difficultés de l'hypothèse des Formes naîtraient donc d'une représentation qui fait de la Forme une chose située soit dans un espace séparé (ce « monde intelligible » dont n'a jamais parlé Platon) soit dans la multiplicité des choses qui en y participant la partagent, et qui persisterait peut-être inchangée pendant toute la durée du temps mais dont l'existence serait néanmoins temporelle. À se les représenter ainsi, les Formes deviennent d'inintelligibles conditions d'intelligibilité.

Si être, c'est être quelque part et être dans le temps, ou bien les Formes n'existent pas, pour les mêmes raisons que n'existe pas l'un de la première hypothèse[1], ou bien ce sont au mieux des réalités abstraites comme le sont les nombres que l'un-qui-est engendre (selon la deuxième hypothèse). Dans le premier cas, on ne peut ni penser, ni connaître, ni même

1. Selon F. Fonterotta (« "Que feras-tu, Socrate, de la philosophie ?" L'un et les plusieurs dans l'exercice dialectique du *Parménide* de Platon », *Revue de Métaphysique et de morale*, juillet-septembre 2000, 273-299), « l'analyse de la relation entre l'un et les plusieurs renvoie en réalité à la relation entre les Idées et les choses » (p. 283). Il est vrai que l'un n'est que l'une des réalités sur lesquelles pourrait porter l'exercice qui va suivre (136 b), mais toute la question est de savoir de quelle sorte de réalité il s'agit.

nommer ce qu'on a radicalement séparé de l'espace et du temps. Dans le second, la participation à l'être, médiatisée par le devenir, fournit à la pensée tous les contenus possibles; elle peut opérer toutes les liaisons empiriques et toutes les liaisons abstraites, elle dispose de tous les modes de connaissance – sensation, opinion, connaissances mathématiques – toutes, sauf une.

Pour tenter de formuler clairement ce que je crois être le déroulement du dialogue :

– admettons que l'alternative posée par Parménide à propos des Formes, séparation ou immanence, soit valable inconditionnellement;

– et admettons aussi le postulat qu'exister, c'est exister nécessairement dans l'espace et dans le temps;

alors

– ou bien (première hypothèse) la Forme est une réalité séparée du monde spatio-temporel : elle n'existe pas et n'est connaissable d'aucune façon;

– ou bien (deuxième hypothèse) les Formes existent, donc sont dans l'espace et dans le temps. Elles sont tout au plus les structures nombrées immanentes aux choses sensibles, dont on peut les abstraire. On peut aussi bien les percevoir que les connaître, et leur attribuer toutes les déterminations;

– ou bien (cinquième hypothèse) les Formes sont niées; on ne se les représente que pour les affecter de négation : tout est simulacre et tout peut être déterminé de la façon qu'on voudra;

– ou enfin (septième hypothèse) elles sont absolument niées, on n'en a aucune représentation : rien n'est[1].

1. Si on veut des repères historiques : le premier monde possible est celui de Parménide et de Zénon, le deuxième celui des pythagoriciens (sur les nombres immanents aux choses, voir Aristote, *Métaphysique*, M 6, 1080 b 1-

La dialectique n'est possible dans aucune de ces hypothèses, puisque pour elle l'alternative se présente ainsi : ou bien aucune détermination, ou bien toutes les déterminations. Pour qu'elle soit possible, il faut donc rejeter et le postulat et l'alternative. Rejeter le postulat, c'est admettre un autre mode d'existence, ni spatial ni temporel, et non pas imaginer une existence située dans un autre espace ou dans un autre temps ; et il est possible de refuser l'alternative, de faire comme l'Étranger du *Sophiste* affirmant que l'être doit, selon le vœu des petits enfants, être à la fois en mouvement et en repos (*Soph.*, 249 d) : il faut affirmer à la fois la transcendance et l'immanence des Formes. Pour l'immanence, le *Phédon* (74 d-75 b) nous indique comment ne pas la penser spatialement (comme un « être dans ») ; les choses égales « s'efforcent » de l'être, elles « aspirent » à l'Égalité dont elles manquent : il faut penser négativement et non pas positivement l'immanence, mais pour saisir le manque, il faut le regard d'un dialecticien-philosophe. Pour la transcendance, ce n'est pas celle d'une chose métaphysique, d'un « sensible éternel » comme dit Aristote, mais celle de l'intelligible, accessible à la seule pensée dialectique. Or si la dialectique a sa temporalité propre, elle ne s'inscrit pas dans *le* temps, et c'est ce que signifie la réminiscence.

16, 7, 1083 b 10, N 2, 1090 a 23, *Physique*, 203 a 6 *sq.*), le troisième celui des sophistes, et le quatrième celui du *Traité du non-être* de Gorgias (le point de départ du *Traité*, répété tout au long de la première thèse dont il est aussi la conclusion, est " rien n'est " : *ouk einai, phèsin, ouden*, voir la version de l'Anonyme, *De Melisso Xenophane Gorgia*, 972a 12, *cf.* 979a 20, 30, 33). A la différence de Diès et de Robin, je ne compte que huit hypothèses (la « troisième » venant selon moi *interrompre* le déroulement des hypothèses : tout ne peut pas être dans le « temps qui s'avance », puisque le changement implique l'instant, qui n'est pas dans le temps).

Car le temps (pas plus d'ailleurs que l'espace) n'a pas une double dimension, sensible et intelligible, il n'en a qu'une seule : il commence avec le monde sensible. Affirmer que tout être est dans le temps revient à identifier l'ontologie à la cosmologie ; « être » est alors le moment fugitif, grammatical et non substantiel, d'un devenir qui ne cesse de l'abolir. Les Formes ne peuvent préserver leur identité qu'à la condition de s'abstraire de ce devenir. Si aucune des hypothèses posées par Parménide n'autorise leur mode d'existence, l'exercice auquel il se livre ne peut donc pas être un exercice dialectique au sens platonicien du terme. Il représente ce qu'a été la dialectique du temps de la jeunesse de Socrate, une dialectique à la manière de Zénon ou du Gorgias du *Traité du Non-Être*. Il montre ce que serait une dialectique sans les Formes : une gymnastique étourdissante, éblouissante. D'autant plus que, lorsque c'est Platon qui s'y livre, il réussit à faire deux choses à la fois[1] : à dessiner les divers mondes possibles d'où la philosophie serait absente, et à faire ressortir d'autant mieux la nécessité d'une autre dialectique – celle que le *Sophiste* et le *Politique* vont à la fois théoriser et pratiquer.

Si la connaissance dialectique exige la position des Formes, l'existence des Formes ne peut se justifier dialectiquement; principes de ce mode de connaissance, elles ne

1. L'hésitation de Hegel quant à la sorte de dialectique présente dans le *Parménide* est très significative : dans les *Leçons sur Platon* (texte inédit 1825-1826, édition, traduction et notes par J.-L. Vieillard-Baron, Paris, Aubier-Montaigne, 1976), le *Parménide* est ce moment où la dialectique prend conscience d'elle-même et devient le mouvement des pensées pures, c'est-à-dire du contenu. Dans la Logique de l'*Encyclopédie* (§ 79-82), le moment dialectique, négativement rationnel, est intermédiaire entre le moment abstrait et le moment spéculatif et a pour résultat phénoménologique " le scepticisme véritable", mais cette prise de conscience de la relativité des données de la conscience immédiate est encore non spéculative.

peuvent en être la conclusion. L'expérience de la pensée est l'expérience de la puissance dialectique, mais la puissance dialectique peut définir une Forme en l'articulant à d'autres Formes, elle ne peut pas démontrer l'existence de ce qui la rend possible. On ne peut pas résoudre dialectiquement les difficultés soulevées par Parménide, mais on ne peut pas davantage comprendre la nécessité de poser des Formes si on n'exerce pas la puissance dialectique. Les apories du *Parménide* portent sur les manières *possibles* de se *représenter* les Formes. Mais les Formes ne se représentent pas, elles se pensent, et se pensent dialectiquement

### La maïeutique et l'intériorité du savoir : *Théétète*

Selon le grand mathématicien Théodore, Théétète, son élève, ressemble à Socrate : même nez camus, mêmes yeux à fleur de tête. Mais Théodore n'est pas expert en ressemblances : pour les corporelles, il faudrait faire appel à un peintre, et pour celles de l'âme, Socrate s'en charge. Socrate va donc soumettre Théétète à examen, et lui pose une première question : si apprendre c'est devenir plus savant, et si c'est par la *sophia* qu'on est savant, « c'est donc la même chose que science (*epistèmè*) et *sophia ?* » (Ταὐτὸν ἄρα ἐπιστήμη καὶ σοφία, 145 e 6). La question du savoir s'inscrit d'emblée dans l'espace déjà rencontré précédemment, espace conflictuel où la *sophia* des sophistes (dans le *Théétète*, celle de Protagoras qui est *passophos*) le dispute au savoir socratique, et où les sciences mathématiques peuvent prétendre fournir le seul modèle positif du savoir[1]. Le *Théétète* va jouer sur des alliances et des renversements d'alliance : Protagoras s'allie

1. Voir le chapitre I.

avec Théodore contre Socrate : « de démonstration ni de nécessité, il n'y a pas trace dans ce que vous dites, mais vous n'employez que le vraisemblable et si Théodore ou un autre géomètre consentait à l'employer en géométrie, il ne vaudrait seulement rien » (162 e), et, sensible à cette semonce, Socrate va suivre la manière de raisonner de Théodore et de Théétète. Théodore va, non sans réticence, servir de répondant à Socrate lors de la réfutation de la thèse de Protagoras (169 d-183 c), mais Protagoras se retrouve paradoxalement du côté de Socrate quand il lui reproche de ne pas distinguer les discours où l'on soutient une lutte et ceux où l'on discute (167 e-168 b) – de ne pas distinguer dialectique et éristique –, et quand il lui accorde que « la méthode par questions » est celle que « doit rechercher plus que tout celui qui a de l'intelligence » (167 d 6-8)[1]. La thèse de Protagoras le sophiste est proposée par le jeune mathématicien Théétète, qui à la fin du dialogue n'a pas perdu sa science mathématique mais a perdu beaucoup de ses illusions grâce à la méthode purgative de Socrate – celle que le *Sophiste* appellera « une noble sophistique » (*Soph.*, 231 b). Le sophiste est trop sophiste pour être vraiment savant, mais le mathématicien ne l'est pas assez : lorsque Socrate, comme à son habitude, lance sa question et veut installer le *dialegesthai* (146 a), Théodore se dérobe, alléguant qu'il n'a pas l'habitude de ce genre de discussion (*dialektos*) et qu'il n'a plus l'âge de l'acquérir (146 b), car dans sa jeunesse il est rapidement passé des « simples discours » à la géométrie (sans doute préférée parce qu'elle lui semblait plus sérieuse

1. Une fois encore, Protagoras laisse à Socrate le *choix* de la forme de la discussion : opposer discours à discours, ou procéder par questions (voir chapitre I, p. 25-28).

que la discussion dialectique, 165 a)[1]. On ne sait plus très bien, finalement, qui ressemble à qui. Cependant, si comme l'affirme Protagoras chacun est la mesure de sa propre *sophia*, alors l'art maïeutique et avec lui toute le travail dialectique deviennent dérisoires, « car examiner et entreprendre de mettre à l'épreuve les représentations et les opinions les uns des autres alors qu'elles sont justes pour chacun » ne serait que pur bavardage (161 e). La thèse de Protagoras rend absurde la dialectique, telle que Socrate vient de la définir.

Interrogé sur ce que peut bien être la science, Théétète fournit à Socrate, tout comme Ménon, du multiple à la place de l'un, des sciences à la place de la science. On ne trouvera pas ce qu'est la science dans les sciences constituées. On ne devra pas davantage considérer leurs objets : la cordonnerie est sans doute la science de la chaussure, mais on ne comprendra rien à cette expression si on ne sait pas ce qu'est la science (147 b). Cependant, si entre la science et la chaussure le rapport est tout extérieur (la chaussure est un exemple d'objet parmi une quantité d'autres), le rapport entre la science et les sciences mathématiques ne l'est pas. Celles-ci peuvent parfaitement fournir le modèle de toute science rigoureuse. Il ne faut pas chercher la science dans les sciences, répond Socrate, mais son objection est moins évidente que lorsqu'il s'agit des vertus : quel sens faut-il donner à la science pour qu'elle se différencie de sciences qui en sont vraiment ? Quand Socrate demande ce qu'est la science, il ne demande pas ce que c'est que d'être une science, une science constituée, il demande en fait quel est cet état, cette affection de l'âme que

1. Sur l'expression ψιλοί λόγοι (165 a 2 : litt. « des discours nus »), voir M. Narcy, *Platon. Théétète,* Traduction inédite, introduction et notes, Paris, GF-Flammarion, 1994, note 181 p. 334.

l'on nomme « savoir »[1]. Il refuse pourtant la réponse donnée dans la *République :* la science est l'état (*pathèma*) de l'âme lorsqu'elle est affectée par les Formes intelligibles. Car ce qu'il cherche est la nature de la *relation* entre l'âme et les objets dont elle pâtit. Toute la suite va montrer qu'il ne s'agit ni d'une perception immédiate, d'une *aisthèsis*, ni d'une capacité d'affirmer ou de nier (la *doxa*), et qu'adjoindre à l'opinion droite le logos ne la transformera pas en savoir.

L'examen conduit par Socrate a la forme familière du questionner-répondre, il s'agit de « donner et de recevoir le logos »[2]. Cependant, dans le *Théétète,* la dialectique se trouve fondée dans la nature même de la pensée : l'âme, « quand elle pense ne fait rien d'autre que dialoguer, elle s'interroge elle-même et se répond » (διανοουμένη οὐκ ἄλλο τι ἢ διαλέγεσθαι, αὐτὴ ἑαυτὴν ἐρωτῶσα καὶ ἀποκρινομένη, 189 e 8-190 a 1)[3]. La dialectique telle que la pratique Socrate est l'exercice même de la pensée. Bien que les Formes soient absentes, ou plutôt ne soient pas nommées, la pensée dialectique a toujours pour objet des « êtres » (*ta onta*). Pour les « hommes libres » que sont les philosophes, « que les discours soient longs ou brefs n'a pour eux aucune

1. Le passage de la question réitérée « que peut bien être la science ? » à la question « que peut bien être le savoir ? » (196 d) donne lieu à une réponse décevante parce qu'elle advient dans la deuxième définition selon laquelle la science est identifiée à l'opinion droite : le savoir serait alors l'*hexis epistèmès* (le fait d'avoir la science), ou plutôt la *ktèsis epistèmès* (la possession de la science), le fait d'avoir sous la main les opinions droites qui volent dans le colombier (197 a). On ne *possède* que des opinions, non du savoir.

2. Les termes « questionner » et « répondre » sont un leitmotiv du dialogue : *cf.* 151 c, 157 d, 168 d-e, 178 b, 182 e, 183 c, 184 b, 184 e, 187 b, 188 a, 206 e, 209 e, 210 a. Pour donner ou recevoir le logos, *cf.* 161 b, 169 a, 175 c, 177 b, 180 c, 183 c.

3. Sur ce dialogue intérieur, voir *Platon et la question de la pensée*, *op. cit.*, p. 45-70.

importance, pourvu seulement qu'ils rencontrent ce qui est (ἂν μόνον τύχωσι τοῦ ὄντος) » (172 d 9)[1].

Lors de son entretien avec Théétète, Socrate nomme son art « maïeutique », et l'ensemble du dialogue sur le savoir est encadré par deux développements consacrés à le définir et à en montrer les effets (le premier, plus long, le second qui sert de conclusion). La maïeutique est certes un préalable à l'exercice dialectique en ce qu'elle délivre de l'ignorance. Pourtant, bien que Socrate affirme que c'est là tout ce que peut son art, et rien de plus (210 b-d), et qu'il n'a jamais enfanté de *sophia*, la maïeutique n'est pas seulement un préalable, elle est aussi un moyen de trouver ce qu'on cherche : « ou nous trouverons ce vers quoi nous allons, ou nous ne croirons pas savoir ce que nous ne savons en aucune façon, et ce n'est pas un gain à dédaigner » (187 c 1-3). L'art maïeutique de Socrate et sa pratique du *dialegesthai* servent à traiter la question sans doute la plus essentielle de toutes puisqu'elle traverse toutes les autres questions : qu'est-ce que savoir ? Dans le *Théétète*, cette question ne trouve pas de réponse. On sait néanmoins, grâce à la maïeutique, ce que *n'est pas* le savoir

> mais ce n'était pas dans ce but que nous avons entamé la discussion, découvrir ce que n'est pas la science, c'était pour trouver ce qu'elle est. Toutefois, nous voici assez avancés pour ne plus du tout la chercher dans la sensation, mais dans le nom, quel qu'il soit, que porte l'âme quand, elle-même et par elle-même, elle a affaire à des êtres qui sont. (Ἀλλ' οὔ τι μὲν δὴ τούτου γε ἕνεκα ἠρχόμεθα διαλεγόμενοι, ἵνα εὕρωμεν τί ποτ' οὐκ ἔστ' ἐπιστήμη, ἀλλὰ τί ἔστιν. ὅμως δὲ τοσοῦτόν γε προβεβήκαμεν, ὥστε μὴ ζητεῖν αὐτὴν ἐν αἰσθήσει τὸ παράπαν ἀλλ' ἐν ἐκείνῳ τῷ ὀνόματι, ὅτι ποτ' ἔχει ἡ ψυχή,

1. *Cf.* 187 a 6, et en 207 b, c, il faut donner le logos de l'*ousia* du chariot.

ὅταν αὐτὴ καθ' αὑτὴν πραγματεύηται περὶ τὰ ὄντα.) (187 a 1-6)

On sait aussi quel sens ne pas donner à *logos* dans l'expression « donner le logos » (ce n'est ni le discours proféré, ni le compte exhaustif des éléments composants, ni la saisie de la différence caractéristique). De plus, tout au long (196 e), le savoir n'a cessé de se présupposer dans sa différence, car tout ce qu'il n'est pas, précisément on le *sait*. Ce savoir négatif ne coïncide pas avec la conscience de ne pas savoir, bien qu'il la suppose. Il est le savoir de la différence du savoir. Si on évacue cette dimension, le savoir est une production de savoirs, de divisions, de rassemblements et de définitions. Il n'a plus d'autre effet en l'âme que de la rendre savante dans la mesure où elle possède enfin les instruments qui lui permettront de produire de la science. Que le rapport de l'âme à la science soit d'un autre ordre, que ce ne soit pas un rapport de possession mais de désir, est ce qui exclut l'identité de la *sophia* et de l'*epistèmè*. Confier l'examen de la question du savoir à la maïeutique signifie que, même si le *Sophiste*, le *Politique* et le *Philèbe* font de la dialectique une science, cette science n'est pas une science comme les autres. Sa différence ne tient pas essentiellement à la nature de ses objets mais à sa conception du savoir : ce qu'implique la maïeutique est que le sujet du savoir, c'est l'âme. La dialectique est la recherche d'un savoir que l'âme puisse intérioriser, non d'une multiplicité de savoirs que la raison puisse déployer[1]. La puissance dialectique est une « puissance en nos âmes », puissance de désirer et non pas de produire. La maïeutique est la dimension d'intériorité du savoir. C'est cette dimension qui manque à la

1. Les mathématiques ne sont plus une chasse aux étants (voir chapitre I, p. 42-44) ; ici « l'arithmétique est une chasse aux *sciences* qui se rapportent à tout ce qui est pair et impair » (198 a 7-8).

*sophia* conçue à la manière du sophiste mais aussi à la science du mathématicien, qu'on pourrait sans difficulté assimiler à une *sophia* – une maîtrise[1]. Or aucun *sophos* ne peut être dialecticien, pour l'être, il faut être *philosophos*.

Le *Théétète* se déroule la veille du *Sophiste* et du *Politique*. Que le *Phèdre*, avec ses divisions et ses rassemblements, ait été écrit avant ou après, peu importe, le fait est qu'*avant* de pratiquer la « méthode de division » chère aux commentateurs, Platon nous invite à lire le *Théétète*. Dans le *Sophiste* et dans le *Politique*, Socrate laisse sa place à l'Étranger d'Élée : mais, pas plus que dans le *Politique* le dieu n'abandonne ce navire qu'est le monde et va s'asseoir à la poupe, Socrate n'abandonne à elle-même la dialectique telle qu'elle s'exerce dans ces deux dialogues : c'est lui qui pose la question initiale, celle de la différence du philosophe d'avec le sophiste et le politique (*Soph.*, 217 a) et s'il se tait par la suite, il reste là. Sa présence devrait suffire à rattraper tout ce qui pourrait permettre d'identifier la dialectique à une technique de définition et d'argumentation. Si la dialectique est une gymnastique, « gymnastique » change de sens si on tient compte du terrible amour qu'elle inspire à Socrate :

> Mais moi, je ne cède pas davantage la place, tellement m'a envahi un terrible amour pour la gymnastique qui porte sur ces choses-là. (ἀλλ' ἐγὼ οὐδέν τι μᾶλλον ἀφίσταμαι· οὕτω τις ἔρως δεινὸς ἐνδέδυκε τῆς περὶ ταῦτα γυμνασίας.) (169 b 8-c 1)

1. L'interprétation par Théodore de la liberté du philosophe de prendre, à loisir, un discours après l'autre, sans se soucier ni de la clepsydre ni du jugement des auditeurs, est tout à fait significative : selon Théodore « nous ne sommes pas, nous qui formons ce chœur, aux ordres des discours, mais ce sont les discours qui sont à nous, comme des serviteurs » (οὐχ ἡμεῖς οἱ ἐν τῷ τοιῷδε χορεύοντες τῶν λόγων ὑπηρέται, ἀλλ' οἱ λόγοι ἡμέτεροι ὥσπερ οἰκέται, 173 c 1-3).

Le *Parménide* et le *Théétète* sont deux dialogues négatifs. La dialectique s'y trouve ébranlée dans ses objets, les Formes, ce qui conduit évidemment certains à juger que Platon désormais les abandonne. Sa prétention à être science semble menacée par l'impossibilité d'arriver à savoir ce que c'est que savoir, et surtout de formuler la différence entre le savoir et l'opinion droite. Mais l'espèce de dialectique déroulée par Parménide ne fait que mieux ressortir l'exigence d'une dialectique d'une autre sorte, et la différence du savoir, c'est une fois encore Socrate qui la prend et l'incarne. Ce double passage était nécessaire pour que la dialectique puisse se métamorphoser sans pour autant perdre ce qu'elle a de plus essentiel : son rapport à l'âme, et sa recherche de ce qu'est, en lui-même, chaque être.

CHAPITRE IV

# LA SCIENCE DIALECTIQUE ET LA TÂCHE DU DIALECTICIEN (LE *SOPHISTE*)

*Le 'Sophiste' et le 'Politique' – qu'on en est venu à tenir pour des manuels de diairèsis ...*

H. Cherniss,
*L'Énigme de l'Ancienne Académie*

Le passage du *Sophiste* est, de tous ceux consacrés par Platon à la dialectique, assurément le plus difficile à interpréter.

L'Étranger vient de conclure son examen des doctrines de l'être, celles des pluralistes, monistes, Fils de la Terre et Amis des Idées. Il en ressort (250 e 5-251 a 4) que si l'embarras concernant le non-être reste entier – on ne sait pas à quoi rapporter ce nom, non-être –, on ne sait pas davantage à quoi rapporter celui d'être : l'aporie est égale (250 e 6-7). À partir de 254 b, l'Étranger va prélever quelques unes des Formes que l'on dit être les plus importantes, examiner ce qu'est chacune en particulier et ce qu'il en est de leur puissance de communiquer entre elles (254 c). Entre l'examen des doctrines de l'être et la position des cinq plus grand parmi les genres, on a donc affaire à un passage de transition (de 251 a 4 à 254 b 2).

## Le problème de la communication des genres

La question qui va servir de fil conducteur à tout ce passage est celle de la possibilité de dire multiple une même chose. L'Être vient en effet d'être posé comme un troisième terme (τρίτον […] τι τὸ ὄν, 250 c 1-2) dont la nature est différente de celle du Mouvement comme de celle du Repos. S'ensuit-il alors l'impossibilité de dire l'Être en mouvement ou en repos, et, réciproquement, d'affirmer que Mouvement et Repos existent ? Face aux néophytes et aux tard venus qui soutiennent cette impossibilité l'Étranger repose le problème en ces termes : tous les genres communiquent-ils avec tous, ou aucun avec aucun, ou certains avec certains (251 a-d) ? Pour trancher, il faut examiner les conséquences de chacune de ces hypothèses.

Refuser qu'aucun puisse se mélanger avec aucun, c'est se condamner à ne rien dire car l'existence même du discours suffit à réfuter la thèse (251 e 7-252 d 1). Mais les affirmer tous capables de communication mutuelle, c'est se donner la possibilité d'affirmer n'importe quoi de n'importe quoi donc enlever tout sens à la notion de communication (251 d 2-11). Reste la troisième hypothèse : certains veulent bien se mélanger avec certains, et d'autre non (τὰ μὲν ἐθέλειν, τὰ δὲ μὴ συμμείγνυσθαι, 252 a 2), ils refusent d'en « accueillir » certains (οὐ δέχεται, 253 c 1). La seule solution acceptable est celle d'une communication et non-communication sélectives des genres (252 d 12-e 8).

C'est elle en effet qui garantit la distinction entre discours vrai et discours faux, car selon la première hypothèse seule l'assertion tautologique est vraie : on ne peut dire le bon que bon, et l'homme homme (τὸ μὲν ἀγαθὸν ἀγαθόν, τὸν δὲ ἄνθρωπον ἄνθρωπον, 251 c 1-2), et selon la deuxième même une affirmation contradictoire est vraie (par exemple « le mouvement reste en repos et le repos se meut », κίνησίν τε ἵστασθαι καὶ στάσιν κινεῖσθαι, 252 d 10). En revanche, selon la troisième, est vrai le discours exprimant le consentement de deux Formes à un mélange mutuel ou encore leur refus de se recevoir – faux celui qui contraint deux Formes incompatibles à s'associer ou qui dissocie deux Formes prêtes à s'accueillir mutuellement. Le vocabulaire du consentement ou du refus reprend celui employé dans le dernier argument du *Phédon* ; la relation eidétique est une relation dynamique dans la mesure où, pour une Forme, participer d'une autre consiste à « pâtir » du caractère donc de la dénomination ou du prédicat que cette dernière lui impose[1]. En 254 c 2, l'Étranger se propose d'examiner à propos des grands genres « ce qu'il en est de leur *puissance* de communication mutuelle » (κοινωνίας πῶς ἔχει δυνάμεως). Toute puissance est puissance d'agir et de pâtir et, étant liée à la nature d'une chose, elle est en elle-même un principe de sélection : elle ne peut agir sur n'importe quel objet ni pâtir de n'importe quelle affection[2], et à la vérité sa

1. Voir 252 b 9-10 : les gens les plus ridicules de tous sont ceux « qui ne permettent pas que, par une communication avec une qualité autre, soit appliquée une dénomination autre [que celle de la chose en question] » (οἱ μηδὲν ἐῶντες κοινωνίᾳ παθήματος ἑτέρου θάτερον προσαγορεύειν). Qualité se dit ici παθήμα, ailleurs πάθος (par ex. en 245 b 4), recevoir une qualité c'est pâtir de l'action déterminante d'une Forme.

2. *Cf.* 247 d 8-e 3 : « J'affirme assurément ceci : ce qui possède par nature une puissance quelconque soit d'agir sur quoi que ce soit d'autre, soit de pâtir de l'action la plus minime exercée par la chose la plus insignifiante

puissance de pâtir est plus déterminante que sa puissance d'agir. Ce qui distingue un naturel dialecticien et philosophe c'est la capacité qu'a sa pensée de pâtir des êtres intelligibles, sa capacité d'être affectée par autre chose que par des réalités sensibles et des images.

Les paradigmes de la grammaire et de la musique servent à montrer que partout où se rencontre un problème semblable il faut une *technè* pour discerner les accords et les désaccords possibles (252 e 9-253 b 7). Une science est donc nécessaire pour « cheminer à travers les discours » et montrer quels genres peuvent communiquer entre eux et quels ne le peuvent pas. Cette science est sans aucun doute la science la plus importante, et l'Étranger lui donne alors son nom : c'est la dialectique (253 b 8-d 4).

Il pourrait s'arrêter là : il a établi la nécessité d'une science, lui a assigné son objet et son nom, et a dégagé les deux grands genres qui en sont les principes, le Même et l'Autre. La science dialectique a son fondement dans l'existence d'identités et de différences et son exercice consiste à discerner les réelles des apparentes.

Cependant, l'Étranger ajoute que celui qui la possède et est capable de faire (δρᾶν) cela – identifier et différencier correctement – sait percevoir adéquatement comment les genres communiquent et comment non (253 d 5-e 2). C'est l'articulation de ces deux passages (253 b 8-d 4 et 253 d 5-e 2) qui est difficile à saisir : l'Étranger ne fait-il que préciser dans sa description de la capacité du dialecticien ce qu'il vient de

[…] je dis que tout ce qui possède cela est réellement » (Λέγω δὴ τὸ καὶ ὁποιανοῦν [τινα] κεκτημένον δύναμιν εἴτ' εἰς τὸ ποιεῖν ἕτερον ὁτιοῦν πεφυκὸς εἴτ' εἰς τὸ παθεῖν καὶ σμικρότατον ὑπὸ τοῦ φαυλοτάτου […] πᾶν τοῦτο ὄντως εἶναι). Cette célèbre « définition provisoire » de l'être par la puissance n'est pas une définition, mais c'est à coup sûr un critère.

dire à propos de la science dialectique, ou, passant de l'une à l'autre, décrit-il des opérations qui se déduisent de ce qui précède, mais ne s'y réduisent pas ? Si on adopte la première perspective, l'interprétation du second moment devra se servir des distinctions entre genres indiquées, sous forme interrogative, dans l'analyse de la science dialectique. Selon la seconde, au contraire, on estime qu'un autre problème est posé et que les distinctions à établir relèvent de principes différents.

Les réelles difficultés du passage ont engendré une littérature abondante, impressionnante quant à la quantité et la diversité des arguments proposés. Chaque interprétation apporte des éléments précis et utiles, et, à la différence de ce qui se passe souvent pour le *Phèdre*, chacune procède d'une lecture scrupuleuse et attentive au contexte. Cependant, la subtilité des analyses proposées[1], dont certaines semblent avoir pour but principal de répondre à des analyses antérieures et de se situer par rapport à elles plutôt que par rapport au texte de Platon, a pour effet de faire perdre de vue le contenu et le sens philosophiques des problèmes affrontés par l'Étranger dans ce passage. À les lire, on voit se constituer une scolastique qui n'est même plus consciente du caractère éminemment discutable de ses points de départ mais qui, comme toute scolastique, ouvre aux clercs l'espace illimité de la *disputatio* et semble assurer ainsi surtout une fonction sociale. Il faut pourtant tenir compte de ces travaux, non pour se laisser emporter à son tour par un délire argumentatif mais parce que, au milieu des innombrables faux problèmes engendrés par une telle méthode, se trouvent malgré tout soulevées et discutées de vraies difficultés.

1. On en trouvera des aperçus dans les Notes complémentaires I et II.

## La nécessité d'une science dialectique

L'introduction de deux paradigmes, grammaire et musique, permet d'assigner analogiquement quatre tâches à la science qui s'applique, non pas aux lettres ni aux sons, mais aux genres. La science la plus importante est celle qui guide « celui qui veut montrer correctement » (τὸν ὀρθῶς μέλλοντα δείξειν, 253 b 10-11) :

– quels genres consonnent avec quels genres (ποῖα ποίοις συμφωνεῖ τῶν γενῶν, 253 b 11),

– et quels genres ne se reçoivent pas mutuellement (καὶ ποῖα ἄλληλα οὐ δέχεται, 253 b 11-c 1);

– et de plus (καὶ δὴ καὶ[1]) s'il en existe certains qui, les traversant tous, les tiennent ensemble, les rendant ainsi capables de se mélanger (διὰ πάντων εἰ συνέχοντ' ἄττ' αὔτ' ἐστιν, ὥστε συμμείγνυσθαι δυνατὰ εἶναι, 253 c 1-2)[2],

– et, inversement, si, lors des divisions, il en existe d'autres qui, traversant des totalités, soient responsables de leur division? (καὶ πάλιν ἐν ταῖς διαιρέσεσιν, εἰ δι' ὅλων ἕτερα τῆς διαιρέσεως αἴτια; 253 c 2-3).

1. καὶ δὴ καί ne veut pas toujours dire « et en particulier » : voir le seul sens donné par L.S.J., *s.v.* δή, IV, 4 : « *and what is more, adding an emphatic statement* » (= καὶ δή) ». Voir aussi Denniston, *s.v.* δή, p. 255 : « *In its primary significance* καὶ δὴ καί *does not essentially differ from* καὶ ... δή : *"and indeed, also indeed, actually indeed"* » (p. 248). « *Occasionally, however, the particles mark a new departure ... This transitional use of* καὶ δὴ καί *is particularly common in Plato's later works* » (p. 256); l'expression équivaut alors à καὶ μήν, et introduit « *a new point of any kind* » (p. 352). On peut donc choisir entre « et qui plus est » (= καὶ δή) ou « et de plus » (= καὶ μήν) selon le degré d'emphase qu'on accorde.

2. ἄττ' αὔτ' est une correction de Wagner; les mss. donnent συνέχοντα ταῦτ, mais la phrase serait alors difficile à construire faute de pronom interrogatif, et le sens est de toute façon assez clair.

*Distinguer genre par genre*

Tout cela consiste à « diviser genre par genre » (τὸ κατὰ γένη διαιρεῖσθαι, 253 d 1). Que signifie ici διαιρεῖσθαι ? Il ne s'agit pas de diviser *un* genre, chaque genre, en ses espèces, car la science dialectique a ici pour objet la communication *des* genres. Dans ce qui précède, « division » (διαιρέσις) est bien employée deux fois en son sens dit technique, mais la science dialectique ne se voit pas alors assigner pour tâche d'opérer de telles divisions mais de s'interroger sur leurs principes. Il ne s'agit pas davantage de diviser l'*ensemble* des genres en quatre espèces : en 254 c, l'Étranger dit qu'il va poursuivre son examen « non pas à propos de toutes les Formes, mais en prélevant celles que l'on dit être très importantes », et cela « afin que nous ne nous embrouillions pas dans la multiplicité » (ἵνα μὴ ταραττώμεθα ἐν πολλοῖς). Le dialecticien n'a pas à dresser une sorte d'atlas ontologique (*ontological map*[1]), de géographie générale du monde des Formes. Comme l'a fort bien dit H. Cherniss : « Pour Platon, les schèmes de division ne servent pas à dresser les tableaux des relations organisant le monde des Idées, mais sont plutôt des instruments d'analyse[2]. ».

Toute la phrase est *interrogative :* la science dialectique est ce qui permet de répondre à quatre questions qui n'ont de sens qu'à la condition de porter sur des genres déterminés. Ce savoir est d'ailleurs celui qui est requis pour répondre à la

1. C'est ce que J.R. Trevaskis, « *Division and its relation to dialectic and ontology in Plato* », *Phronesis* 12, 1967, p. 118-129, p. 128, donne comme finalité à la méthode.

2. H. Cherniss, *Aristotle's Criticism of Plato and the Academy*, New York, Russell and Russell, 1944, p. 46 : « *The schemata of diaeresis for Plato, then, do not portray the relational arrangements of the world of Ideas but rather are instruments of analysis.* »

question d'ouverture du dialogue : le sophiste, le philosophe et le politique relèvent-ils de trois genres distincts, ou de deux, ou d'un seul, et si ces genres sont distincts, quelles relations entretiennent-ils entre eux ? On apprend que seul le philosophe-dialecticien peut répondre à cette question ; or il n'y répond pas en faisant un inventaire exhaustif des genres qui peuvent ou non communiquer, mais bien en appliquant son discernement à chacun des genres en question. Même si la science dialectique peut formuler certaines règles générales (les contraires s'excluent, par exemple), ces règles ne permettent nullement de dresser un inventaire des accords et des désaccords entre tous les genres. Le *problème* des accords ou désaccords entre certains genres, la *question* de savoir s'il existe des genres qui les pénétrerait tous et d'autres qui seraient responsables des divisions conduisent à établir des distinctions entre genres : diviser veut dire ici distinguer entre les genres en fonction des questions posées (et non pas scinder un tout en ses parties). L'Étranger ne prescrit donc pas à la science dialectique la division systématique des genres en quatre espèces, ce qui reviendrait à diviser *les genres ;* il lui reconnaît la capacité de répondre, *genre par genre*, à des questions que celui qui chemine dans les discours rencontre nécessairement.

### *Consonances et dissonances*

Les deux premières questions sont celles des accords ou désaccords entre genres déterminés. Que veut-on dire au juste lorsque l'on dit que deux ou plusieurs genres consonnent, ou se mélangent, ou s'entrelacent[1] ? L'emploi apparemment

1. Pour les différents verbes employés par Platon pour désigner ces liens entre genres, – l'entrelacement (συμπλοκή), la participation (μετέχειν, μέθεξις), le « consonner » (συμφωνεῖν), le mélange (μεῖξίς, σύμμειξις,

indifférent du terme jugé techniquement propre – participation – et de métaphores provenant de divers domaines techniques gêne les interprètes. Mais cet usage du verbe participer est tout autant métaphorique[1]; de plus le verbe risque d'induire l'aporie de la partie et du tout – donc de conduire à l'aporie du voile exposée dans le *Parménide* –, et d'autre part il ne clarifierait rien, au contraire, car c'est le terme utilisé jusque là par Platon pour désigner la relation des sensibles à une Forme intelligible : les autres « métaphores » viennent corriger la dénivellation entre participants et participé que le verbe μετέχειν pourrait suggérer. Se mélanger, consonner, s'entrelacer impliquent que les éléments de la relation sont de même nature. Les termes les plus insistants, ceux dénotant un mélange, n'entraînent chez Platon aucune idée d'altération des composants[2]. C'est ce dont témoigne l'ensemble du *Philèbe* : le mélange de plaisirs et de connaissances qui constitue la vie bonne n'affecte la nature ni des uns ni des autres, et pour les plaisirs, les mélanger avec les sciences, loin d'induire une corruption, exige au contraire une purification. « Mélange » peut donc renvoyer à une combinaison analogue à celle d'une consonance ou d'un entrelacement.

Consonner[3] avec d'autres est pour un genre la possibilité d'être multiplement appelé, nommé d'autre noms que le sien,

συμμείγνῦσθαι, μεικτόν), etc. – voir Cornford, *op. cit.*, p. 255-256, et Bluck, *Plato's Sophist*, ed. G.C. Neal, Manchester, 1975, p. 117.

1. Voir Ch. Kahn, *Plato and the Socratic Dialogues*, *op. cit.*, p. 334-335.

2. Sur la notion platonicienne de mélange dans son opposition avec la notion hippocratique, voir L. Ayache, « Le fonds médical du *Philèbe* », dans *La Fêlure du plaisir, Études sur le Philèbe de Platon*, sous la dir. de M. Dixsaut avec la collab. de F. Teisserenc, vol. 2 : *Contextes*, Paris, Vrin, 1999, p. 35-60, en part. p. 43.

3. Sur la signification de ce terme et du paradigme musical, voir S. Rosen (*Plato's Sophist, The Drama of Original and Image,* New Haven and London,

et tous ces noms l'affectent d'un caractère différent du sien (252 b 9-10). Si les genres se repoussent, cette prédication est impossible. Cornford refuse d'employer le terme « prédication » à propos de Platon 1) parce qu'il implique la distinction entre un sujet substantiel et des prédicats pouvant être rangés sous des catégories et 2) parce que des propositions de la forme « l'homme est un animal » signifie le mélange de deux Formes et n'a rien à voir avec une proposition du type « tout homme est un animal » ; dans la première on n'attribue pas à tout homme un prédicat qui lui appartient, on donne une définition, or pour Platon « une définition n'est pas une proposition prédicative » [1]. Cornford a tout à fait raison, à ceci près que, s'il est évident qu'il faut chasser de son esprit la théorie aristotélicienne de la prédication, des propositions comme « le Trois est impair » ou « la Justice est sage » mélangent certes des Formes mais ne sont pas des définitions. Je continuerai donc par commodité à parler de prédication, étant entendu que même dans des propositions de ce genre les termes mis en position de sujet et de prédicat sont tous deux des Formes, l'énoncé prédicatif positif impliquant leur mélange et l'énoncé négatif leur contrariété ou leur séparation.

Cornford a eu le grand mérite d'anticiper et de dénoncer (en pure perte, semble-t-il) l'approche analytique de certains textes : la dialectique platonicienne n'est pas une logique formelle car celle-ci ne s'instaure qu'avec l'emploi de

Yale University Press, 1983, p. 254-258), qui est le seul à donner à ce dernier une importance au moins égale à celui de la grammaire.

1. F.M. Cornford, *Plato's Theory of Knowledge, The 'Theaetetus' and the 'Sophist' of Plato translated with a running commentary*, London, Routledge and Kegan Paul, 1935, p. 268-269 : « *a definition is not a subject-predicate proposition.* » Pour l'analyse, non prédicative mais verbale, que donne Platon du plus petit logos, voir *Platon et la question de la pensée*, *op. cit.*, p. 281-283.

symboles. L'usage de symboles signifie que l'attention se porte sur la forme des énoncés, abstraction faite de leurs contenus ; or Platon n'utilise pas de symboles et ne construit pas de formes propositionnelles. Il pense des relations éternelles entre Formes, relations « dont il n'imagine pas qu'elles puissent prendre la forme de propositions », et en fait « il aurait mieux valu tout simplement éviter de parler de proposition » [1]. On ne saurait mieux dire : l'approche logique et propositionnelle de la prédication est profondément inadéquate dans la mesure où la prédication n'est pas pour Platon un problème logique mais un problème dialectique (donc ontologique, puisque la dialectique ne s'occupe que d'êtres réellement étants). Il se situe toujours, comme l'a vu Cornford, dans l'horizon de la définition d'une Forme, donc de la compréhension d'une essence, et seule cette compréhension permet d'accorder à telle Forme tel ou tel prédicat [2].

1. F.M. Cornford, *op. cit.*, p. 266 : « *[...] Dialectic is not what is now known as 'Formal Logic'[...] The beginning of Formal Logic is marked precisely by the introduction of symbols [...] The introduction of symbols means that attention is now fixed on the form of statements apart from their contents. [...] Plato does not use symbols or construct propositional forms.* » Et il conclut : « *[...] Plato's language seems to show that he did not imagine eternal truths as existing in the shape of 'propositions' with a structure answering to the shape of statements. [...] Hence the term 'proposition' had better been avoided altogether* », *ibid.*

2. Ce qui pose la question de la dissymétrie de la prédication, relevée par J.L. Ackrill (« Plato and the copula : *Sophist* 251-259 », dans *Studies in Plato's Metaphysics*, ed. by R.E. Allen, London, Routledge and Kegan Paul, 1965, p 207-218, voir p. 213 *sq.*). Celui-ci critique l'affirmation de Cornford selon laquelle nous pouvons dire également « le Mouvement se mélange à l'Existence » et « l'Existence se mélange au Mouvement ». Il attribue cette « absurdité » au fait que Cornford s'attache à la métaphore du mélange qui suggère une relation symétrique aux détriments d'autres expressions comme « participer de », qui impliquent une dissymétrie. D. Ross avait déjà soulevé cette question, en distinguant entre deux constructions de κοινωνεῖν, l'une

Le problème de la participation entre deux ou plusieurs Formes passe en effet par la recherche de leur définition : pour affirmer utile la *sôphrosunè*, il faut la concevoir d'une certaine façon. Si on la définit à la manière de Critias comme la science de toutes les autres sciences et d'elle-même[1], on sera nécessairement amené à affirmer qu'elle n'est pas utile, donc que *sôphrosunè* et utilité ne communiquent pas (de même, si on définit la justice à la manière de Pôlos ou de Thrasymaque, elle ne sera pas une belle chose, etc.). Cette sorte de question est celle que doit résoudre la science dialectique et elle implique la compréhension de la rectitude *et* de la non-rectitude des définitions proposées (la compréhension qu'une définition *n'est pas* droite venant enrichir le contenu de la définition)[2]. Que ces définitions soient ou non obtenues par division ne change rien à l'affaire. Si le politique est défini comme celui qui prend soin d'un troupeau de bipèdes consentants, son genre ne communiquera pas pour autant avec le genre Homme, car les hommes sont à coup sûr des bipèdes, mais ils ne sont pas naturellement consentants[3]. La relation entre genres est une relation entre essences (*ousia* est un terme

avec le datif (participer à), qui serait symétrique et exprimerait la notion générale de communication, l'autre avec le génitif, qui dénoterait la notion dissymétrique de « participer de ». Mais la symétrie ne vaut pas seulement pour la communication en général, car même si on passe du niveau ontologique à celui des propositions, « le Trois est impair » ou « le Mouvement existe » sont forcément dissymétriques, mais les propositions qui prédiquent l'un à l'autre deux des genres universellement participés (Être, Même et Autre) sont, elles, nécessairement symétriques, comme le sont également les définitions. La question de la symétrie ne peut pas se résoudre formellement, là encore il faut tenir compte de la *nature* des genres qui participent l'un de l'autre.

1. *Charmide*, 174 d-175 a.

2. Voir Préambule aux chapitres suivants, p. 146-147.

3. *Politique*, 276 c-277 a.

qui brille par son absence dans toutes les analyses « logico-linguistiques »), et une essence ne peut être que dialectiquement saisie, c'est-à-dire qu'elle est posée pour être pensée et comprise, elle ne saurait être réduite à sa fonction de terme dans une proposition.

*La participation eidétique*

Pour savoir si deux (ou plusieurs) Formes communiquent ou non, le dialecticien doit d'abord comprendre ce qu'elles sont : leur essence. A partir de là, la question de la prédication peut être simple quand le « prédicat » (l'autre Forme) ou bien est nécessairement lié à l'essence de l'une, ou bien est exclu par elle. Elle est plus complexe et plus risquée quand se pose la question de la relation entre des Formes qui ne sont pas essentiellement reliées, et de même quand il n'y a pas *refus* de communiquer mais simplement *absence* de communication entre deux Formes. « Consonnent » donc deux Formes qui ont une essence commune : en ce cas, le discours qui exprime cet accord est une définition, ou plutôt est son expression abrégée[1]. Consonnent aussi nécessairement entre elles deux

1. Cette expression abrégée est le propre des définitions relevant de la forme de pensée nommée dans la *République* « dianoétique » : la définition dialectique s'identifie à la totalité du mouvement de recherche de la définition. La division n'est donc pas, même pour le dernier Platon, le seul moyen de définir, comme en témoignent les sept définitions successives du sophiste et les divisions ratées du politique. La seule division réussie est la dernière division du *Sophiste* mais elle sert également à récupérer toutes les autres, car tous les arts énumérés précédemment peuvent être sophistiquement pratiqués puisque le sophiste peut faire semblant de les pratiquer tous. Pour le définir correctement il faut *l'ensemble* du dialogue. La dialectique peut même inclure le mythe dans sa recherche de la définition : dans le *Politique* (286 b), le « long discours » sur la rétrogradation de l'univers est mis sur le même plan que la division du tissage et que celui tenu

Formes dont l'une n'est pas l'essence mais une propriété essentielle de l'autre. Refusent de s'accueillir des Formes contraires : le Beau refuse d'accueillir le Laid ou le Grand le Petit, et le Feu refuse d'accueillir le Froid, ou le Trois la Parité ; s'excluent en effet non seulement les Formes directement contraires mais aussi celles qui le sont indirectement, par participation essentielle à un contraire [1]. Dans tous ces cas, il n'est pas besoin d'une autre Forme pour établir le lien, comme aucune autre Forme n'est responsable du refus de communiquer. Mais ces cas n'épuisent pas tous les cas de participation ou de non-participation entre Formes.

L'alternative (qui était celle du dernier argument du *Phédon*) : ou bien s'accueillir mutuellement ou bien s'exclure ne suffit pas en effet à expliquer la possibilité ou l'impossibilité de tous les mélanges eidétiques. Le recours au paradigme de la grammaire permet une combinatoire plus complexe, capable de rendre compte d'une part des cas où la participation ne s'opère pas selon l'essence (la Justice est belle, le Mouvement existe), et d'autre part de ceux où la non-participation se traduit par une séparation et ne met pas en jeu une contrariété.

### *Les "genres-voyelles"*

Le parallèle avec la grammaire sert en effet à fonder l'existence de relations entre genres plus lâches que la relation essentielle, et de formes de non-communication moins radicales que celle que représente l'exclusion des contraires. De

sur l'existence du Non-être (*sc.* dans le *Sophiste*), il fait partie des propos qui doivent rendre l'auditeur plus inventif et plus habile dialecticien (286 e-287 a) ; voir chapitre V.

1. Voir *Phédon*, 103 b-105 b, et dans mon édition du *Phédon*, *op. cit.*, Introduction, p. 152-157 et notes 306-314, p. 390-393.

même que les voyelles circulent comme un lien à travers toutes les autres lettres et qu'il faut au moins une voyelle pour que d'autres lettres – des consonnes – se combinent, de même il est possible que certains genres « tiennent ensemble » tous les genres, « de telle sorte qu'ils soient capables de se mélanger » (διὰ πάντων εἰ συνέχοντ' ἄττ' αὔτ' ἐστιν, ὥστε συμμείγνυσθαι δυνατὰ εἶναι, 253 c 1-2). Cela ne signifie évidemment pas qu'en traversant tous les genres, ces genres-voyelles permettraient à *tous* de communiquer avec *tous*. L'analogie entre voyelle et genre universellement participé par tous les autres n'est qu'une analogie de fonction : la formation de syllabes, donc de mots, exige que certaines lettres aient une fonction de lien, comme le mélange des genres exige que certains aient cette même fonction de relation. Mais pas plus qu'il n'est possible à une seule et même voyelle de lier toutes les consonnes, il n'est possible à un seul et même genre de faire communiquer tous les autres. C'est justement l'hypothèse qui vient d'être rejetée au profit d'une communication sélective. Lorsqu'il reprend les points sur lesquels un accord a été trouvé, l'Étranger dit alors : « mais rien n'empêche que d'autres genres, les traversant tous, se trouvent être en communication avec tous ». Il est clair que ce sont les genres universellement participés qui communiquent avec tous les autres, sans pour autant les faire se mélanger tous avec tous. Certains genres (l'Être, par exemple) peuvent communiquer avec tous les autres, mais tous les autres ne communiquent pas de ce fait entre eux (le Mouvement ne se mélange pas au Repos, ni le Grand au Petit, du seul fait que tous existent). C'est ce que l'Étranger rappelle en 254 b 8-c 1 : « certains genres n'acceptent de communiquer qu'avec peu d'autres genres, d'autres avec beaucoup, et rien n'empêche même que certains, les traversant tous, se trouvent communiquer avec tous » (καὶ τὰ μὲν ἐπ' ὀλίγον, τὰ δ' ἐπὶ πολλά, τὰ δὲ καὶ διὰ πάντων οὐδὲν κωλύειν τοῖς πᾶσι κεκοινωνηκέναι). *Certains* genres peuvent communiquer avec *tous*, mais non pas *tous* avec *tous*. De tels genres n'ont pour fonction que de rendre *tous les genres capables de communiquer*, mais cette communication n'est réelle qu'entre *certains genres* (en plus ou moins grand nombre).

Ces genres qui courent à travers tous les autres sont donc les conditions générales de possibilité de toute communication mais ils ne sont la condition suffisante d'aucune communication en particulier[1]. Ils justifient la *recherche* dialectique, puisque leur existence fait qu'en droit la liaison entre deux ou plusieurs Formes différentes est possible, ou plutôt n'est pas *a priori* impossible, mais seul un examen dialectique portant sur des Formes déterminées permettra de dire s'il existe ou non entre elles une véritable relation, et laquelle.

La question inévitable est alors : quels sont ces genres-voyelles ? Quels sont les genres qui tiennent tous les autres ensemble, leur permettant de se mélanger ? Pourquoi le pluriel ? De même pour ceux responsables de la division qui traverse les totalités : plusieurs, ou un seul, et alors lesquels, ou lequel ? L'interprétation communément acceptée est que l'unique genre-voyelle est l'être. Pourquoi s'accorder à dire que l'être est la seule Forme à laquelle renvoie le *pluriel* utilisé par l'Étranger ? La raison en est formulée par Bluck : « il semble qu'il n'y a en fait qu'une seule Forme qui soit évidemment une Forme-voyelle, l'Être, et une seule qui soit

1. Voir R.S. Bluck, *Plato's Sophist, op. cit.*, p. 121 : « *the 'being' of things is simply the* sine qua non *of* any *characterization and has nothing to do with the question whether two particular forms combine or not.* » On peut me reprocher d'employer une expression kantienne, « condition de possibilité », mais qu'est-ce que « rendre tous les genres capables de communiquer », sinon être une condition de possibilité ? Je n'ai pas dit transcendantale !

évidemment responsable des divisions, l'Autre[1] ». L'interprétation de Cornford est plus raffinée, puisque, ne reconnaissant également que l'être comme forme-voyelle, il justifie le pluriel comme renvoyant à différents sens du mot « être » (exister et être identique à) : « ces Formes qui traversent toutes les autres sont évidemment les significations de certains mots utilisés dans des énoncés positifs. Ce sont, en fait, les significations du mot "est"[2] ». Cela fait beaucoup d'évidences, que vient pourtant contredire une phrase de l'Étranger. A la fin du passage sur les cinq grands genres celui-ci résume ce qu'il vient de démontrer et affirme : « il faut dire [...] que les genres se mélangent mutuellement et que l'être et l'autre circulent à travers tous ainsi que l'un à travers l'autre » (λεκτέον [...] ὅτι συμμείγνυταί τε ἀλλήλοις τὰ γένη καὶ τό τε ὂν καὶ θάτερον διὰ πάντων καὶ δι' ἀλλήλων διεληλυθότε, 259 a 3-6). En dépit de cette affirmation qui lie explicitement le mélange mutuel des genres au fait que l'Être et l'Autre les traversent tous, on soutient donc que l'Autre ne peut pas être un genre tenant ensemble toutes les Formes puisqu'il est celui qui permet de les diviser[3].

Cela revient à refuser au genre de l'Autre toute fonction de liaison. Or l'Autre n'intervient pas seulement dans des

1. R.S. Bluck, *op. cit.*, p. 124 : « *there seems in fact to be only an obvious vowel-Form, Being, and only one Form obviously responsible for division, Otherness* ».

2. F.M. Cornford, *op. cit.*, p. 261-262 : « *these pervasive Forms are obviously the meanings of certain words used in affirmative statements. They are, in fact the meanings of the word "is".* » J.M.E. Moravcsik constitue une exception notable en voyant dans l'Être, l'Autre et le Même les Formes dont la fonction première est de rendre possible les connections (« Being and meaning in the *Sophist* », *Acta philosophica Fennica* 14, 1962, 23-78, p. 42).

3. Là encore, Cornford a une interprétation plus subtile mais qui revient au fond au même : les Formes disjonctives « *are the meanings of the word "is not" in true negative statements* » (*ibid.*, p. 262).

jugements négatifs du type « le Grand n'est pas le Petit », ou « le Mouvement n'est pas l'Être », mais aussi bien dans les jugements positifs. Car pour dire que le Mouvement est, il faut bien que le Mouvement diffère de l'Être. Sans l'Autre, l'Être, même que lui-même et non travaillé par la différence, ne serait pas multiple. Responsable des différences entre les êtres, l'Autre garantit d'abord l'existence d'une multiplicité de Formes à relier : sans différence, pas de multiplicité, et sans multiplicité la dialectique ne serait pas possible. Mais l'Autre est aussi ce qui relie, et, dans le passage sur les cinq très grands genres, l'Autre apparaît comme l'instance même de la relation : « ayant démontré en effet que la nature de l'Autre existait et qu'elle se morcellait en se distribuant à tous les êtres, les reliant mutuellement… » (τὴν γὰρ θατέρου φύσιν ἀποδείξαντες οὖσάν τε καὶ κατακεκερματισμένην ἐπὶ πάντα τὰ ὄντα πρὸς ἄλληλα, 258 d 7-e 1). Il faut que chaque être participe à l'Autre pour être autre, non pas seulement autre que toutes les autres, mais aussi pour être autre que *ses* autres, qui à leur tour sont autres que lui. Les Formes sont πρὸς ἄλληλα, *mutuellement* reliées par une relation d'altérité. Être autre, c'est certes être autre que (non identique à) tous les autres, mais c'est aussi être autre qu'un autre, que *tel* autre. L'Autre confère à chaque Forme une existence distincte, ce que Hegel appelle une « différence indifférente », une simple non-identité, mais il lui confère également une essence différente, une « différence différente » qui différencie positivement, et c'est la détermination précise des différences existant entre plusieurs essences qui permet de dire si elles peuvent, ou non, communiquer. Dire qu'une Forme diffère d'une autre, ce n'est ni établir entre elles une relation de contrariété (donc poser leur impossibilité de communiquer), ni seulement constituer la classe indéterminée (non-F) correspondant à une Forme déterminée (F). C'est se donner pour tâche de préciser, dialectiquement, la nature de la différence entre deux ou plusieurs Formes. Car les Formes n'ont pas qu'une seule manière de différer, et le Courage ne diffère pas du Triangle comme il diffère de la Sagesse. Autrement dit, si « le Trois est pair » est une proposition contradictoire, « le Trois est courageux » est *peut-être* une proposition absurde, traduisant l'effort de faire communiquer deux Formes qui n'ont aucun rapport entre elles – dire que les Formes du Trois et du Courage ne communiquent pas voulant alors seulement dire que le dialecticien n'a pas trouver le moyen d'établir la moindre relation entre ces deux Formes. Vlastos objecte à cela que nous pouvons bien juger absurde de prédiquer des qualités morales à des nombres mais qu'un pythagoricien en déciderait probablement autrement[1]. On peut admettre ce point, à la condition d'ajouter que si la prédication peut parfaitement être pour Platon trans-générique et trans-catégorielle (au sens aristotélicien), seul l'examen dialectique et non pas le recours aux Pythagoriciens peut décider si telle ou telle proposition est ou non privée de sens.

L'Autre relie chaque Forme à des Formes qui, bien que différentes d'elles, peuvent s'accorder avec elle. L'hypothèse selon laquelle l'être serait l'unique genre-voyelle ne peut donc se soutenir. Mais, en admettant que l'Autre soit avec l'Être un genre-voyelle, quels sont alors les genres responsables de la division des totalités ?

1. G. Vlastos, « The Unity of the Virtues in the *Protagoras* », repris dans *Platonic Studies*, 2d ed. with corr., Princeton, Princeton University Press, 1981, p. 254. Vlastos évoque ici une objection possible contre sa propre théorie de la prédication paulinienne (voir Note complémentaire I) et la réfute par des considérations générales sur l'histoire de la philosophie comme discipline empirique, en appelant à l'aide B. Russell (p. 254-255).

*Les genres responsables de la division*

Rien, remarque à juste titre Bluck sans en tirer les conséquences, ne suggère que ces responsables soient des Formes voyelles ni que ce soient les *mêmes* Formes qui soient responsables de la division de *toutes* les totalités. Il me semble que, sur ce point, un peu de bon sens suffit[1]. L'Étranger s'interroge sur les Formes qui « *dans les divisions* » (ἐν ταῖς διαιρέσεσιν) servent à partager *des* totalités (δι' ὅλων : il n'y a pas d'article). Il ne cherche pas le principe universel de *toute* division, mais ceux (pluriels) des divisions (plurielles) au cours desquels s'opèrent la scission de *certains* touts (et non pas de tous). Comment divise-t-il dans le *Sophiste* et dans le *Politique* ? Comment Socrate a-t-il divisé le dérèglement de l'esprit dans le *Phèdre* ? En faisant intervenir des principes de division chaque fois différents, c'est-à-dire des Formes capables de scinder, à chaque étape, la totalité qui se présente. Les divisions se sont effectuées soit selon l'objet, soit selon la finalité, mais aussi bien selon les différents modes d'échange, ou encore de locomotion, ou de génération, etc. Ce sont ces *principes de division* dont le dialecticien doit discerner l'existence, il doit les faire intervenir et les choisir à bon escient. Pourquoi opère-t-il à chaque sectionnement tel choix et non pas tel autre ? Pour aucune raison, sinon qu'il possède la science dialectique, dite ici science des hommes libres[2],

1. Celui de Cornford lui permet d'expédier la question en trois lignes : « *The disjunctive Forms correspond to lines of division either passing* between *such complexes [Forms considered as complexes divisible into parts] and separating them or passing* through *them and separating their parts* » (*op. cit.*, p. 262). Je ne pense cependant pas qu'il s'agisse de division *entre* les touts, mais bien de division *à l'intérieur* des touts.

2. Il est tout à fait remarquable qu'aucun des commentateurs de ce passage ne rélève cette expression, sans doute rejetée par eux dans les ténèbres des formules rhétoriques.

libres précisément au moins de varier les principes en fonction desquels ils divisent. Tout comme la science du bon politique ne doit pas être l'esclave de lois codifiées une fois pour toutes, la science du dialecticien ne doit pas se soumettre à des règles extérieures et définitivement prescrites ; c'est à la souplesse de son intelligence qu'est confiée la juste appréhension des principes permettant de diviser correctement. Le résultat révélera si ses choix ont été les bons.

*L'Autre et l'Être*

Si l'Autre n'est pas le genre responsable des divisions, rien ne l'empêche d'être l'un de ces genres qui, circulant à travers tous, les rend capables de se mélanger, en constituant leur multiplicité, d'abord, et en les différenciant mutuellement, ensuite. Sans lui le problème de la communication entre genres ne se poserait même pas, car pour qu'il se pose, il faut que ces genres soit multiples et mutuellement différents.

Il semble, du moins aux yeux d'une foule de commentateurs, plus difficile de saisir la fonction exacte de ce genre-voyelle qu'est l'Être. Dans un article fameux[1], Ackrill a soutenu qu'en plus de son sens existentiel, ἔστιν a dans le *Sophiste* deux autres significations, celle de copule, – il équivaut alors à « "participe de" suivi d'un nom abstrait, le nom d'un concept » –, et celle d'un signe d'identité, indiquant que quelque chose tombe sous (*falls under*) le concept d'identité[2]. Le « est » employé dans une proposition pourrait donc désigner trois sortes de participation : une participation à une Forme indéterminée (exprimée par le ἐστι copule), une

1. J.L. Ackrill, « Plato and the copula », dans *Studies in Plato's Metaphysics*, ed. by R.E. Allen, London, Routledge and Kegan Paul, 1965, p. 207-218.

2. Ackrill, *ibid.*, p. 209-210 et p. 218.

participation à l'Être (au sens d'existence), et une participation au Même (au sens d'identité). Pour ce dernier sens, Ackrill ne peut trouver dans le *Sophiste* que des exemples négatifs et le contraire serait surprenant puisque aucun des très grands genres n'est identique à un autre. Il cite, en le transposant librement, le passage de 256 a 10-b 4 : κίνησις ἐστι ταὐτόν, κίνησις οὐκ ἐστι ταὐτόν. Le Mouvement est même que lui-même parce qu'il participe du Même : ἔστιν a son sens de copule ; le Mouvement n'est pas le Même, car il n'est pas identique au Même.

Toutefois, ce sens d'identité n'est possible qu'à la condition de considérer qu'une Forme est un nom abstrait, le nom d'un concept, et qu'un concept est la signification d'un terme général[1]. Si une Forme est une Forme au sens platonicien elle ne peut jamais être identique à une autre. La négation – cette Forme n'est pas X – peut signifier une non-identité entre deux Formes, mais il est impossible que l'affirmation – cette Forme est X – exprime une identité entre les deux : s'il y a *deux* Formes elles sont forcément *essentiellement* différentes. Qu'en est-il du ἐστι copule ? Il est, selon Ackrill, l'équivalent dans le langage ordinaire du μετέχειν utilisé dans le langage philosophique de Platon. Un énoncé prédicatif est donc la traduction en langage ordinaire de la participation d'une Forme à une autre. Ackrill a le mérite de reconnaître que « le Feu est chaud » ou « le Mouvement est même (que lui-même) » ne peuvent pas être « philosophiquement » analysés chez Platon en sujet-copule-prédicat, mais doivent être compris comme une participation entre Formes. Donner à l'être un sens de copule serait lui donner une simple fonction formelle de relation : en participant à l'être, chaque

1. Ackrill, « 'Symploke eidon' », dans *Studies in Plato's Metaphysics*, *op. cit.*, p. 199-206, voir p. 205.

Forme serait de ce fait capable d'être x, c'est-à-dire capable de recevoir un prédicat positif. Participer à l'être entendu en ce sens, ce serait participer à la capacité de participer. Ackrill ne franchit pas ce pas, et réserve ce sens de ἔστιν au langage ordinaire[1]. Mais d'autres le franchissent, affirmant que dans toute cette partie centrale du *Sophiste* « être » ne peut avoir que son sens de copule. Or, à la fin de notre passage, l'Étranger dit qu'avec la science dialectique il risque bien d'avoir découvert le philosophe, lequel s'applique à l'*idea* de l'être et n'est pas du tout facile à voir en raison de l'éclatante lumière de la région où il réside (Ὁ δέ γε φιλόσοφος, τῇ τοῦ ὄντος ἀεὶ διὰ λογισμῶν προσκείμενος ἰδέᾳ, διὰ τὸ λαμπρὸν αὖ τῆς χώρας οὐδαμῶς εὐπετὴς ὀφθῆναι, 254 a 8-10). Il m'est aussi difficile d'entrevoir l'éclatante lumière de la copule qu'à Harpagon d'imaginer les beaux yeux de sa cassette.

Si donc la copule ne peut pas être un sens de « être » quand il s'agit de communication entre Formes et si dans ce cas-là l'Être ne peut pas davantage signifier l'identité, le genre-voyelle qu'est l'Être ne peut avoir que son sens « existentiel » ; en participer, pour une Forme, c'est tout bonnement exister. L'Être permet à toutes les Formes de communiquer avec d'autres parce que pour pouvoir communiquer il faut bien

1. Voir A. Gomez Lobo (« Plato's Description of Dialectic in the *Sophist* 253 d 1-e 2 », *Phronesis* 22, 1977, 29-47) p. 39 et les références données dans la n. 31. La littérature anglo-saxonne est sur ce point, d'une fécondité inépuisable ; pour m'en tenir à ce passage précis du *Sophiste*, l'interprétation de Gomez Lobo est exemplaire car pour lui le sens existentiel n'est même pas ici un sens *possible* du verbe être : il ne lui accorde qu'un sens prédicatif avec ellipse du nom ou du verbe prédiqué. Dire que tous les genres participent à l'Être, ce serait donc dire que tous les genres sont en attente de leur prédicats. Le sens de copule, pour Ackrill, n'est que la traduction en langage ordinaire du fait que les genres peuvent tous « participer à » ; dans le langage de Gomez Lobo, participer à l'Être, c'est et ce n'est que participer à la capacité de recevoir des prédicats positifs (p. 40).

d'abord qu'elles existent. Les genres, les Formes, *existent*, c'est-à-dire ne sont justement pas des abstractions ou des concepts. On voit à quel point l'approche logico-linguistique inverse la problématique, mais quiconque avance une solution aussi peu logiquement raffinée se sent presque tenté de s'excuser. Pourtant, toutes les autres hypothèses ne tiennent qu'à la condition, encore et toujours, de substituer aux Formes, donc aux essences, des concepts réduits à n'être que la signification de termes généraux, des noms abstraits, bref des termes que l'on peut logiquement combiner, mais qui n'exigent nullement d'être pensés.

L'analyse des cinq très grands genres permet de confirmer que les genres circulant à travers tous sont l'Être et l'Autre. L'analogie avec la science du grammairien ne peut ainsi être tenue jusqu'au bout [1], car en construisant son paradigme l'Étranger passe en effet de la fonction voyelle, assumée en général par toute voyelle, ce qui fait qu'il peut dire qu'elles « circulent comme un lien à travers toutes [les autres lettres] », à *la* voyelle particulière « sans laquelle il est impossible qu'une lettre [*sc*. une consonne] s'ajuste à une autre ». Pour la science des lettres il n'existe pas de voyelles universelles tenant ensemble *toutes* les consonnes, mais il en existe pour la science dialectique. Les genres qui circulent à travers tous les autres exercent une fonction analogue à celle des voyelles mais il est impossible de forcer l'analogie et de comprendre que toutes les communications entre Formes, ou au moins certaines, exigent que viennent s'insérer *entre elles* un genre-

1. Voir S. Rosen, *op. cit.*, p. 249-250, qui relève au moins deux discordances : une voyelle ne devient pas le prédicat des lettres qu'elle relie, et une syllabe (donc un mot) doit comprendre une ou plusieurs voyelles mais pas toutes, alors que l'Être, l'Autre et le Même sont présents en chaque Forme.

voyelle. La médiation qui permet à certaines Formes de communiquer, ce n'est pas une troisième Forme et pas davantage l'être entendu comme copule, c'est, encore une fois, la compréhension de la nature de chacune de ces Formes. Mais le dialecticien doit aussi s'interroger sur les conditions de possibilité de la science dialectique et découvrir qu'elles résident dans *l'existence et la différence* de chacune des Formes qu'elle examine.

### *Le principe général de la science dialectique*

Un principe général est alors formulé : « ne pas prendre pour même une Forme qui est autre ni pour autre une Forme qui est la même ». Avoir une capacité dialectique, c'est savoir par où faire passer le Même et l'Autre, et c'est aussi comprendre que l'identité ne fait pas communiquer et que la différence ne fait pas que séparer et diviser. Toute dialectique part d'une Forme qui reste même qu'elle-même et aboutit, en passant par des Formes, à des Formes qui toutes sont également mêmes qu'elles-mêmes[1]. Le Même n'est en effet ni un genre qui relie ni un genre qui divise, c'est un genre qui confère aux Formes et aux réalités qui en participent (tant qu'elles en participent) leur identité à elles-mêmes[2]. L'identité de chaque Forme avec elle-même l'isole, l'altérité, en la différenciant, la relie. Le Même n'est pas un genre-voyelle, il est ce qui confère à chaque Forme sa consistance, ce qui lui

1. Je paraphrase le texte de *Rép.*, VI, 511c 1-2 cité p. 81, où la répétition de αὐτός : εἴδεσιν αὐτοῖς δι' αὐτῶν εἰς αὐτά, marque cette présence du même.

2. Sur le fait que le Même n'est pas un genre universellement participé mais seulement un genre participé par tous les genres et toutes les choses sensibles, alors que les images, par exemple, n'en participent pas, voir *Platon et la question de la pensée*, *op. cit.*, p. 266-269.

permet d'entrer dans une multiplicité de relations sans jamais cesser d'être ce qu'elle est, donc sans que jamais son essence soit altérée par ces mises en relation. Dire que l'exercice de la science dialectique implique un juste discernement du même et de l'autre signifie donc d'abord cette reconnaissance que toute Forme est et reste même qu'elle-même. C'est cette reconnaissance qui rend problématique sa communication avec d'autres genres et qui exige que soit posée l'existence universellement participée de la différence. C'est elle aussi qui rend la communication nécessairement sélective et fonde la nécessité d'une science. Tous ces point sont indissociables. Pour le dire autrement : Platon n'abandonne pas dans le *Sophiste* son « ancienne théorie des Formes », il cherche au contraire le moyen par lequel des Formes, qu'il a toujours conçues et conçoit toujours comme éternellement existantes et mêmes qu'elles-mêmes, peuvent néanmoins entrer en relation : il cherche à éviter le thèse des Amis des Idées, donc à fonder la dialectique comme science. Il s'agit pour lui de résoudre une difficulté, non de rompre avec une ontologie dépassée. La dialectique, seul logos capable de résister à l'antilogie du sophiste, doit discerner le même, mais la reconnaissance de l'égale existence de l'autre permet de comprendre que la confusion est toujours menaçante et qu'il est plus facile de prendre le Mouvement pour l'Être ou le *sophistès* pour le *sophos* que de les distinguer, comme il est plus facile de jouer le jeu de l'identification de l'un et du multiple que de montrer qu'en étant divisé un genre ne perdra pas son identité, et qu'en s'articulant à un autre il ne deviendra pas différent de ce qu'il était.

Celui qui chemine dans les discours, s'il y chemine en pensant, en philosophe et non pas en sophiste, rencontre donc quatre problèmes impossibles à résoudre empiriquement, mais seulement à l'aide de la science la plus haute. Les deux premiers (quels genres communiquent et quels non) touchent à la vérité et à la fausseté du logos, le troisième à sa possibilité même – à sa possibilité de parler *de quelque chose* –, et le quatrième a trait aux moyens de diviser correctement une unité complexe en une multiplicité. Discours vrai et discours faux, être et autre, unité et multiplicité ne sont pas des problèmes nouveaux chez Platon mais ils sont ici au premier plan car il n'est pas possible d'encercler le sophiste s'ils restent sans solution, et capturer le sophiste c'est sauver le logos. La communication des genres en son ensemble a pour finalité que « le logos soit pour nous l'un, déterminé, des genres qui sont » (πρὸς τὸ τὸν λόγον ἡμῖν τῶν ὄντων ἕν τι γενῶν εἶναι), car « être privés de logos serait, et c'est le plus important, être privés de philosophie » (τούτου γὰρ στερηθέντες, τὸ μὲν μέγιστον, φιλοσοφίας ἂν στερηθεῖμεν, 260 a 4-7).

Le logos peut être mis au nombre des genres qui sont :

1) parce que la communication entre genres s'est révélée possible et sélective, ce qui fonde sa vérité et sa fausseté,

2) parce que l'Être et l'Autre traversent tous les genres, ce qui garantit l'existence et la différence de ses objets,

3) et parce que l'égale réalité du Même et de l'Autre justifie les entrelacements qu'il opère entre l'un et le multiple.

Donner pour tâche à la dialectique de sauver le logos et la philosophie, c'est certes lui faire subir une métamorphose. Mais si elle se trouve alors autrement décrite elle ne cesse pas pour autant d'être ce que fondamentalement elle est : la position de questions portant sur des réalités « divines » (πρὸς τὸ θεῖον, 254 b 1).

### LE DISCERNEMENT PROPRE AU DIALECTICIEN

L'Étranger passe alors de la science dialectique à la capacité de discernement propre au dialecticien. Ce passage-là présente des difficultés au moins aussi considérables que celui qui vient d'être examiné et a suscité chez les commentateurs une véritable « frénésie interprétative »[1].

Ritter déjà (après Bonitz) avoue honnêtement qu'il n'a pas trouvé d'explication qui à la fois rende correctement compte des mots employés par Platon et qui confère à ses pensées une clarté suffisante[2]. Cornford relève l'excessive concision du passage et l'obscurité qui en découle, dues selon lui au fait que c'est presque une digression, Gomez Lobo parle d'un passage obscur et abondamment discuté, et pour S. Rosen il s'agit d'un passage extrêmement difficile, qui a été soumis à bon nombre d'examens détaillés et a donné lieu à des interprétations contradictoires[3].

L'obscurité s'accroît encore dès que l'on pose des problèmes de référence. Ils sont ici particulièrement aigus : comme dans le *Phèdre* les interprètes sont réduit à des conjectures, mais la manière dont l'Étranger s'exprime augmente encore leur perplexité. L'emploi de neutres et de féminins pour désigner les différentes multiplicités auxquelles le dialecticien a affaire pose la question de la nature de leurs éléments : choses sensibles, dans le cas du neutre, ou Idées, quand le féminin est employé, ou encore les deux ? Et s'il est

1. Je ne résiste pas au plaisir d'emprunter cette expression à D. El Murr qui, avec l'insolence de la jeunesse, réagit ainsi à l'inflation de commentaires que suscitent certains textes de Platon.

2. C. Ritter, *Neue Untersuchungen über Platon*, München, 1910, p. 57 : « *Ich eine Erklärung, die den Worten Platons vollkommen gerecht würde und zugleich den Gedanken zu evidenter Klarheit brächte, nicht gefunden habe.* » La méthode – partir « des mots de Platon » – me semble en tous cas être la bonne

3. Cornford, *op.cit.*, p. 268; A. Gomez Lobo, art. cit., p. 29; S. Rosen, *op. cit.*, p. 259. L'ouvrage de H. Meinhardt, *Teilhabe bei Platon*, Freiburg und München, Karl Alber, 1968, est presque entièrement consacré au commentaire de ces sept lignes de grec.

au moins assez clair qu'il s'agit d'*ideai* quand le féminin est employé, ces *ideai* sont-elles transcendantes ou immanentes ?

L'obscurité croît encore davantage si l'on cherche à établir un rapport avec le texte du *Phèdre,* ce qui conduit la majorité des interprètes à réintroduire les schèmes du rassemblement et de la division donc ceux des espèces et des genres. Comme le discernement des genres constitue ici la finalité de la méthode, celui-ci est identifié à grand peine à la double procédure que l'on croit voir décrite dans le *Phèdre*.

Aussi obscures, elliptiques et controversées qu'elles soient, ces quelques lignes traitent d'une question essentielle et il faut chercher à les éclairer.

*La finalité du passage*

Si le dialecticien est un bon dialecticien il possède la capacité de distinguer genre par genre (κατὰ γένη διαιρεῖσθαι). Ce savoir a pour conséquence une perception adéquate, qui est elle-même un savoir : elle consiste à « savoir discerner selon le genre » (διακρίνειν κατὰ γένος ἐπίστασθαι). Ces deux sortes de savoir sont-elles identiques ? Il existe au moins une différence indéniable entre elles, à savoir leur finalité. L'objet de la science dialectique (ou plutôt un de ses objets) est de savoir distinguer *quels genres* communiquent entre eux, et *quels* non (ποῖα ποίοις συμφωνεῖ τῶν γενῶν καὶ ποῖα ἄλληλα οὐ δέχεται, 253 b 11-c 1) ; le dialecticien, lui, doit être capable de discerner *comment* chacune de ces « choses »[1] peut communiquer et *comment non* (ᾗ τε

1. Je reviendrai sur le problème posé par ἕκαστα, mais le laisse pour l'instant en suspens (voir p. 201-202).

κοινωνεῖν ἕκαστα δύναται καὶ ὅπῃ μή, 253 e 1)[1]. Les deux problèmes sont différents.

*Le texte*

Cependant le rapport entre cette finalité explicitement énoncée et les lignes qui précèdent n'est pas évident. Voici ce que dit l'Étranger :

> Certainement, par conséquent, celui qui est capable de faire cela [...] perçoit adéquatement... (Οὐκοῦν ὅ γε τοῦτο δυνατὸς δρᾶν [...] ἱκανῶς διαισθάνεται...)

« Cela » (τοῦτο) renvoie à ce qui vient d'être dit, c'est-à-dire à la capacité de distinguer genre par genre, donc de ne pas se tromper de même et d'autre. Cette capacité est le propre de la science dialectique et celui qui la possède, le dialecticien, a « certainement en conséquence » (οὐκοῦν)[2] la perception adéquate d'un certain nombre de choses. Cette perception adéquate est aussi une perception discernante (διαισθάνεται et non pas αἰσθάνεται)[3]. Celui qui est capable de distinguer le

1. Cette différence est malheureusement absente de la traduction donnée par N. L. Cordero, *Platon. Sophiste*, Traduction nouvelle, introduction et notes, Paris, GF-Flammarion, 1993.

2. Voir L.S.J., *s.v.* : « *I. in questions, inviting assent to an inference or to an addition to what has already received assent. II. In affirm. sentences,* surely then ». Les deux reviennent au même : que la proposition soit interrogative ou affirmative, il s'agit de tirer une conséquence jugée indiscutable de ce qui vient de recevoir un assentiment; cette conséquence constitue une inférence ou une addition. D'où ma traduction : « certainement en conséquence », qui n'est pas d'une très grande légèreté, mais qui s'efforce de préciser clairement la nature de l'articulation.

3. Les sept autres occurrences de ce verbe dans le Corpus vérifient qu'il exprime un discernement intellectuel : *a contrario*, quand il s'agit de l'homme incapable d'*identifier* correctement l'état de réminiscence dans lequel il se trouve : ὅταν τι τῶν ἐκεῖ ὁμοίωμα ἴδωσιν, ἐκπλήττονται καὶ οὐκέτ'

même et l'autre sait donc forcément distinguer les différentes manières qu'ont les genres de communiquer ou de ne pas communiquer entre eux.

Le verbe, « percevoir adéquatement » commande quatre accusatifs. Le dialecticien perçoit, de manière distincte et adéquate :

<ἐν> αὐτῶν γίγνονται, ὃ δ' ἔστι τὸ πάθος ἀγνοοῦσι διὰ τὸ μὴ ἱκανῶς διαισθάνεσθαι (*Phèdre*, 250 a 6-b 1); même l'aimé est capable d'*avoir conscience* que tous ses autres amis et proches lui portent une amitié qui compte pour rien relativement à celle que lui porte son amoureux : διαισθανόμενον ὅτι οὐδ' οἱ σύμπαντες ἄλλοι φίλοι τε καὶ οἰκεῖοι μοῖραν φιλίας οὐδεμίαν παρέχονται πρὸς τὸν ἔνθεον φίλον (*ibid.*, 255 b 5-7). Dans tous les autres cas, le discernement est rendu possible par un art ou un savoir : le pilote et le médecin distinguent ce qui pour leur art est possible ou impossible : οἷον κυβερνήτης ἄκρος ἢ ἰατρὸς τά τε ἀδύνατα ἐν τῇ τέχνῃ καὶ τὰ δυνατὰ διαισθάνεται (*Rép.*, II, 360 e 7-361 a 1); le bon juge est soucieux de discerner ce qui est par nature mauvais (cela lui prend un long temps), grâce à un savoir et non à une expérience personnelle : μεμελετηκότα ἐν πολλῷ χρόνῳ διαισθάνεσθαι οἷον πέφυκε κακόν, ἐπιστήμῃ, οὐκ ἐμπειρίᾳ οἰκείᾳ κεχρημένον (III, 409 b 7-c 1) ; c'est en les discernant dans les petites choses que nous raisonnons sur les proportions : συμμετριῶν δὲ τὰ μὲν σμικρὰ διαισθανόμενοι συλλογιζόμεθα (*Tim.*, 87 c 6-7); les enfants sont capables de discerner correctement chaque lettre dans les syllabes les plus courtes et les plus faciles : τῶν στοιχείων ἕκαστον ἐν ταῖς βραχυτάταις καὶ ῥᾴσταις τῶν συλλαβῶν ἱκανῶς διαισθάνονται (*Pol.*, 277 e 6-7). Enfin, être un bon orateur, c'est être capable, par un juste discernement – celui à qui on parle étant présent – de se montrer à soi-même que c'est bien lui, c'est bien cette nature, dont parlaient nos raisonnements, et d'adapter son discours en conséquence : παραγιγνόμενόν τε δυνατὸς ᾖ διαισθανόμενος ἑαυτῷ ἐνδείκνυσθαι ὅτι οὗτός ἐστι καὶ αὕτη ἡ φύσις περὶ ἧς τότε ἦσαν οἱ λόγοι (*Phèdre*, 271 e 3- 272 a 1). Cette dernière occurrence est particulièrement éclairante puisque c'est exactement ce que doit faire aussi le dialecticien : appliquer sa science dialectique à chaque différente espèce de multiplicité qui se présente, ce qui suppose leur discernement préalable. Je remercie D. El Murr de m'avoir fourni cet argument supplémentaire.

> S1 – une *idea* unique complètement étendue à travers une multiplicité, dont chaque unité est posée comme séparée (μίαν ἰδέαν διὰ πολλῶν, ἑνὸς ἑκάστου κειμένου χωρίς, πάντη διατεταμένην)
> S2 – et de multiples [*ideai*] mutuellement autres enveloppées du dehors par une [*idea*] unique (καὶ πολλὰς [ἰδέας] ἑτέρας ἀλλήλων ὑπὸ μιᾶς ἔξωθεν περιεχομένας)
> S3 – et encore une [*idea*] unique connectée en une unité à travers de multiples touts (καὶ μίαν αὖ δι' ὅλων πολλῶν ἐν ἑνὶ συνημμένην)
> S4 – et de multiples [*ideai*] séparées parce que complètement discriminées (καὶ πολλὰς χωρὶς πάντη διωρισμένας)[1].

*Hypothèse de lecture*

On voit que le seul terme figurant dans les *quatre* propositions est celui désignant une multiplicité. Il apparaît deux fois au neutre (πολλῶν) : une fois en S1 (où πολλῶν est probablement au neutre puisque les unités constituant cette multiplicité le sont : ἑνὸς ἑκάστου), et l'autre en S3 où il prédique les « touts » (ὅλων) ; et deux fois au féminin (πολλάς), en S2 et S4, ce qui renvoie donc à une multiplicité d'*ideai*. L'*idea* unique apparaît en S1, S2 et S3, mais non pas en S4.

Mon hypothèse est donc qu'ici la question posée est celle de la multiplicité, ou plutôt celle des différents aspects sous lesquels elle peut se présenter. Ce sont ces aspects que le dialecticien sait percevoir et discerner. Toutes les précisions du texte se rapportent en effet à la nature des différentes

1. Gomez-Lobo emploie T1, T2 etc. pour distinguer les quatre propositions. J'ai pour ma part noté S1, S2 etc. pour marquer que le dialecticien se trouve dans quatre situations différentes, reprenant le terme de « situation dialectique » à N. L. Cordero, *op. cit.*, note 286 p. 257. Toutes les traductions proposées ici seront justifiées par la suite.

multiplicités, l'*idea* unique n'étant quant à elle pas déterminée dans sa nature mais seulement dans la manière dont elle se rapporte à ces pluralités. S'il n'existe pas qu'une seule espèce de multiplicité, le problème de la *koinônia* doit se résoudre différemment selon que le dialecticien a affaire :

> S1 – à une multiplicité dont chaque unité constituante est posée comme séparée (χωρίς)
> S2 – à une multiplicité d'*ideai* mutuellement autres (ἑτέρας ἀλλήλων)
> S3 – à une multiplicité composée de touts (ὅλων)
> S4 – à une multiplicité d'*ideai* séparées (χωρίς) complètement distinguées.

L'Étranger examine ici *le multiple en tant que tel*. Il existe plusieurs façons d'être multiple et ce sont elles qui déterminent le mode de communication et de non-communication des genres. Communiquer peut se dire aussi participer. Déterminer comment des genres peuvent communiquer, c'est donc aussi préciser les différents modes, possibles et impossibles, de participation ou de mélange entre genres. Dans les trois premiers cas, la participation se fait à une *idea* unique et les différentes sortes de participation sont exprimés par trois verbes : l'*idea* unique ou bien « est complètement étendue à travers » (S1), ou bien « enveloppe du dehors » (S2), ou enfin « est connectée à travers » (S3). La façon qu'a l'*idea* unique d'unifier la multiplicité dont elle est l'*idea*, d'une part, et la manière dont les éléments composant cette multiplicité participent à cette *idea* et communiquent ou non entre eux, d'autre part, est différente en chaque cas, et constituent chaque fois une situation dialectique différente.

Pour vérifier cette hypothèse il faut entrer dans le détail du texte et examiner successivement les quatre cas.

*Une multiplicité d'unités séparées*

S1. Le dialecticien peut tout d'abord percevoir adéquatement « une *idea* unique complètement étendue à travers une multiplicité, dont chaque unité est posée comme séparée » (μίαν ἰδέαν διὰ πολλῶν, ἑνὸς ἑκάστου κειμένου χωρίς, πάντῃ διατεταμένην).

Les éléments sont posés sans liaison et la séparation entre les unités composant la multiplicité persiste en dépit de l'*idea* unique qui les traverse. Je ne donnerais cependant pas de valeur concessive au participe (« *bien que* chaque terme reste séparé ») mais plutôt une valeur adversative (« chaque unité étant *pourtant* posée comme séparée »). Le déploiement de la forme unique laisse subsister la séparation des unités, mais cette séparation *définit* la nature de la multiplicité, elle n'est pas un *obstacle* à l'extension de l'*idea*. Le terme κειμένου signifie que la séparation ne tient pas à la nature propre des unités mais au fait qu'elles sont *posées comme, vues comme,* séparées. L'Autre n'exerce ici que sa fonction de non-identité, il est condition d'existence d'une multiplicité d'unités mais il ne les différencie pas les unes par rapport aux autres. Possédant toutes, du fait de leur participation à une *idea* unique, un caractère commun, les unités *ne communiquent pourtant pas entre elles*. Elles sont forcément différentes, distinctes, puisqu'elles sont multiples, mais elles ne sont pas, comme en S2 mutuellement autres, c'est-à-dire relativement différenciées. Cela ne signifie pas qu'elles *ne peuvent pas* l'être mais qu'elles *ne sont pas considérées de ce point de vue* lorsqu'elles sont présentes dans ce type de multiplicité.

L'emploi du neutre rend inévitable le problème de la référence : de quelle nature sont les unités à travers lesquelles s'étend l'*idea ?* Puisque l'Étranger emploie le féminin quand il veut parler d'une multiplicité d'*ideai*, on ne manque pas d'en déduire que s'il emploie le neutre, c'est qu'il se réfère à une multiplicité de choses sensibles. A cela, il y a évidemment deux objections : la première est que l'Étranger parle de science dialectique et de dialecticien (même, de dialecticien philosophe); or le propre de la dialectique est qu'elle n'a affaire qu'à des réalités intelligibles [1]. La seconde objection est que le problème du dialecticien est celui de la communication des genres; or si la participation d'une multiplicité sensible à une *idea* unique fait bien de cette *idea* le genre de cette multiplicité (fait de la Beauté le genre des choses belles ou de la Couleur le genre des couleurs), les termes de cette multiplicité, eux, ne sont pas des genres (chaque chose belle n'est pas un genre et chaque couleur non plus). Le dialecticien n'aurait alors affaire qu'à un seul genre, ce qui exclurait tout problème de communication *des genres entre eux*. Je crois donc raisonnable de comprendre qu'il s'agit d'une multiplicité *d'unités non sensibles*, le neutre (πολλῶν) étant non seulement précisé mais *appelé* par le ἑνὸς ἑκάστου qui suit. Par son emploi du neutre, l'Étranger indique que les unités ne sont pas envisagées dans leurs caractéristiques propres, du point de vue de l'*idea* [2], mais seulement comme des *unités* constituant une multiplicité numérique et donnant lieu à énumération [3].

1. Voir Cornford, *op. cit.*, n. 2 p. 267 : « *The whole procedure deals with Forms only.* » Pour d'autres interprétations, voir Cordero, *op. cit.*, n. 284 p. 256-257.

2. Voir chap. III, p. 119-120.

3. « Sitôt qu'il y a différence, le nombre se justifie »; sur le fait que le compte ne requiert pas chez Platon une unité de mesure commune, parce que le nombre ne dépend pas chez lui de l'arithmétique mais est lié à la grammaire – la langue ne peut éviter le singulier et le pluriel, voir A. Charles-Saget, *L'Architecture du divin, Mathématique et philosophie chez Plotin et Proclus*, Paris, Les Belles Lettres, 1982, p. 60-61.

Socrate utilise dans le *Ménon* une expression à peu près parallèle à celle rencontrée ici ; Ménon n'a pas encore réussi à découvrir la vertu unique qui traverse toutes les vertus : τὴν δὲ μίαν, ἣ διὰ πάντων τούτων ἐστίν (74 a 9). Car il en existe bien une multiplicité, que Socrate a demandé à Ménon d'énumérer, et celui-ci a mentionné alors le courage, la modération, la sagesse, la magnanimité, « et encore une grande quantité d'autres » (Ἡ ἀνδρεία τοίνυν ἔμοιγε δοκεῖ ἀρετὴ εἶναι καὶ σωφροσύνη καὶ σοφία καὶ μεγαλοπρέπεια καὶ ἄλλαι πάμπολλαι, *ibid.*, 4-6). Les différentes vertus constituent des unités discrètes dont les différences d'essence ne sont pas prises en compte. Cette pluralité est une pluralité quantitative relevant d'une énumération qui n'a même pas besoin d'être exhaustive pour que l'on puisse chercher à découvrir le caractère commun permettant de nommer ces multiples unités « vertus ». Il suffit, comme le dit Socrate, d'affirmer que, si grande que soit leur multiplicité, elles « pâtissent toutes du même [*sc.* caractère] » (ταὐτὸν πεπόνθαμεν, 74 a 7). La diversité des vertus ne pose ici aucun problème de rassemblement ou de division, les vertus énumérées ne sont pas considérées comme des espèces du genre vertu, ce sont des unités séparées qui toutes sont traversées, pénétrées par ce que le *Sophiste* nomme une même *idea*, ce qui leur permet d'être à bon droit nommées vertus. Elles ne sont pas rapportées l'une à l'autre, elles ne communiquent pas entre elles, mais toutes communiquent avec (c'est-à-dire participent à) une *idea* une.

L'extension de l'*idea* unique coïncide alors forcément avec celle de l'ensemble des unités à travers lesquelles elle s'étend complètement (διατείνω : c'est le verbe employé pour signifier l'acte de tendre un arc au maximum) ; son extension peut être indéfinie ou même infinie mais elle est dénombrable (« en puissance », dirait Aristote), comme l'est celle de la

Vertu et comme le sont encore plus évidemment celles du Nombre, de la Parité ou de l'Imparité. L'*idea* participée est coextensive à toutes les unités qu'elle traverse ; la comprendre, ce n'est cependant pas en saisir *toute l'extension*, c'est la saisir comme une puissance d'affecter une multiplicité indéterminée d'unités d'un *même* caractère. Comme les unités ne communiquent que par sa médiation, l'*idea* unique ne peut leur conférer que sa propre nature : soit son essence, soit une propriété essentielle. Car si la propriété commune n'était pas comprise dans l'essence de chacune des unités, celles-ci seraient envisagées comme possédant des essences différentes ; elles ne seraient plus posées comme des unités distinctes, elles seraient des espèces que l'*idea* unique permettrait de rassembler en une totalité. C'est ce qui est envisagé dans la troisième situation dialectique, ce n'est pas ce qui advient dans la première.

Quand la participation est celle d'unités séparées, elle s'opère nécessairement à l'*essence* d'une *idea* unique. C'est l'essence ou la propriété essentielle commune (le Nombre, par exemple, ou l'Imparité) que le dialecticien doit voir étendue à travers toutes les unités discrètes (la multiplicité des nombres, ou des nombres impairs). Participer à une même *idea* ce n'est donc pas nécessairement être *subsumé* sous un genre, c'est être *traversé* par une *idea* une, ce qui peut aussi se dire être mélangé avec elle. Les unités pâtissent d'une *idea* unique mais celle-ci ne pâtit pas en retour de leur diversité.

Quand le dialecticien a affaire à une multiplicité d'unités séparées et qui sont considérées comme telles, il sait voir qu'il ne peut y avoir participation qu'à une essence unique, car seul ce mode de participation est compatible avec la séparation des unités.

*Une multiplicité d'*ideai *mutuellement autres*

S2. Le dialecticien perçoit aussi « de multiples [*ideai*] mutuellement autres enveloppées du dehors par une *idea* unique » (καὶ πολλὰς [ἰδέας] ἑτέρας ἀλλήλων ὑπὸ μιᾶς ἔξωθεν περιεχομένας).

On se trouve dans une situation différente. Les éléments composant la multiplicité sont des *ideai* cette fois mutuellement autres, donc différenciées et reliées par la médiation de l'Autre. Ces *ideai* sont embrassées (*periekhein :* entourer, envelopper) du dehors par une *idea* unique. Si on estime que l'*idea* est alors une Forme complexe englobant une multiplicité de Formes caractérisées par leurs différences, bref si on pense qu'on a ici un genre embrassant ses espèces – et il est certain que le verbe incite à une telle compréhension –, on se heurte à une objection de taille. L'Étranger a en effet utilisé auparavant une expression semblable :

> Ne poses-tu donc pas l'Être dans l'âme comme un troisième terme en dehors de ceux-là, dans la mesure où le Repos et le Mouvement sont enveloppés par lui, de sorte que, les prenant ensemble et les considérant du point de vue de leur communication avec le fait d'être, tu as pu ainsi arriver à dire que tous deux sont ? (Τρίτον ἄρα τι παρὰ ταῦτα τὸ ὂν ἐν τῇ ψυχῇ τιθείς, ὡς ὑπ' ἐκείνου τήν τε στάσιν καὶ τὴν κίνησιν περιεχομένην, συλλαβὼν καὶ ἀπιδὼν αὐτῶν πρὸς τὴν τῆς οὐσίας κοινωνίαν, οὕτως εἶναι προσεῖπας ἀμφότερα ;) (250 b 7-10)

L'objection est évidemment que l'Être n'est pas le genre dont Mouvement et Repos seraient les espèces, et que pourtant Mouvement et Repos sont dits être enveloppés par lui (ὑπ' ἐκείνου τήν τε στάσιν καὶ τὴν κίνησιν περιεχομένην), ce qui permet que l'on puisse prédiquer l'être à chacun. On a alors deux possibilités : ou bien maintenir qu'en S2 il s'agit d'une relation de genre à espèces, auquel cas, l'Étranger emploierait en 250 b une expression malencontreuse pour la raison que, voyant dans le modèle de rassemblement-division « le modèle fondamental de toute communication entre Formes, il l'applique à des cas qui, pour un esprit moderne, impliquent des relations logiques différentes[1] » ; ou encore parce que la phrase est prononcée dans ce qui est encore une partie diaporématique à laquelle il ne faut se référer qu'avec prudence[2]. La première explication est proprement impossible puisque tout le passage sur les très grands genres va justement démontrer que l'être est un genre distinct des quatre autres, et dénombre cinq genres, et non pas trois. La seconde est peu probable dans la mesure où l'Étranger précise clairement au début de la phrase que l'être est un troisième terme *à côté* (παρὰ ταῦτα) et non pas *au dessus* des deux autres. L'autre possibilité est de considérer que cette phrase de l'Étranger fournit au contraire un parfait exemple de ce qui est dit en S2 – et apporte de l'eau à mon moulin, à savoir qu'il n'y est pas question de relations entre espèces et genres. Je vais donc *partir* de ce qu'a dit précédemment l'Étranger pour comprendre quelle signification a ici le verbe « envelopper »[3].

1. J. Stenzel, *op. cit.*, p. 102-103 (ma traduction).

2. C'est la solution avancée par Gomez-Lobo, art. cit., p. 44.

3. Dans le *Timée*, 31 a 4, 33 b 2, ce grand vivant qu'est le Monde enveloppe littéralement tous les vivants, et dans le *Parménide* le Tout enveloppe les parties et a donc une figure (144 e-145 e). Dans le *Ménon* (87 d 4-8), le verbe est pris comme ici en un sens métaphorique. Le problème est à présent, dit Socrate, de savoir si la vertu est une science ou est étrangère à la science ; « si donc il existe quelque chose d'autre qui, séparé du savoir, soit bon, peut-être que la vertu ne serait pas un savoir ; mais s'il n'y a rien de bon qu'un savoir n'enveloppe, en supposant que la vertu est un certain savoir, nous le supposerions à bon droit » (Οὐκοῦν εἰ μέν τί ἐστιν ἀγαθὸν καὶ ἄλλο χωριζόμενον ἐπιστήμης, τάχ' ἂν εἴη ἡ ἀρετὴ οὐκ ἐπιστήμη τις· εἰ δὲ

Mouvement et Repos sont deux Formes « tout à fait contraires l'une à l'autre » (250 a), « chacune des deux est autre que l'autre » ((254 d), « le Mouvement est absolument autre que le Repos » (255 e); en conséquence, ces deux genres ne peuvent « se mélanger », ils sont ἀμείκτω πρὸς ἀλλήλω (254 d 7-8). « Par sa nature propre » l'Être n'est ni en mouvement ni en repos, il a une essence différente de celle des genres qu'il enveloppe, lesquels possèdent chacun une essence différente. Comme l'explique abondamment l'Étranger, dire que Mouvement et Repos existent ne signifie ni que l'un des deux soit identique à l'Être, ni que l'Être soit l'ensemble des deux moins lui-même. L'*idea* une, l'Être, reste bien extérieure à ce qui en participe, – l'Être est dit en 250 d 2 « extérieur aux deux autres » (ἐκτὸς τούτων ἀμφοτέρων) et il y a peu de doute que le ἔξωθεν employé en S2 fasse écho à ce ἐκτός. Malgré la propriété commune qu'elle leur impose du dehors les participants conservent leur différence mutuelle et ne communiquent pas entre eux : Mouvement et Repos restent contraires.

L'enveloppement de deux ou plusieurs genres par un troisième non seulement ne renvoie pas nécessairement à l'intégration d'espèces sous un genre commun (ὑπό plus le datif désigne dans cette phrase l'agent du verbe au passif περιεχομένας et ne connote aucune idée de subsomption), mais cette espèce de participation *exclut* en fait la constitution d'un genre commun à une multiplicité d'espèces, l'essence de

μηδέν ἐστιν ἀγαθὸν ὃ οὐκ ἐπιστήμη περιέχει, ἐπιστήμην ἄν τιν' αὐτὸ ὑποπτεύοντες εἶναι ὀρθῶς ὑποπτεύοιμεν). Supposer que le savoir enveloppe tout ce qui est bon, ce n'est assurément pas faire du savoir le genre du bien : selon la méthode par hypothèse, on suppose que tout ce qui est bon s'inscrit dans le champ du savoir, ou encore que le savoir circonscrit toutes les choses bonnes. Mais ni au sens littéral du *Timée*, ni au sens métaphorique du *Ménon*, on n'a une relation de genre à espèces.

chaque participant étant différente de celle du genre participé. On peut dire existants le Mouvement et le Repos comme on peut dire beaux le Courage et la Modération : l'*idea* unique d'Être ou de Beauté reste extérieure aux ensembles auxquels elle confère un caractère commun et les *ideai* composant ces ensembles conservent leurs essences différentes en dépit de ce caractère commun. Être existant ne fait pas plus partie de l'essence du Mouvement ou du Repos qu'être beau ne fait partie de la nature du Courage ou de la Modération (qui sont également des contraires). L'*idea* unique ne leur impose donc ni son essence ni une propriété essentielle précisément parce qu'elle est « extérieure aux deux autres », parce qu'elle « enveloppe du dehors ». Les différentes *ideai* enveloppées par elle constituent un ensemble qui n'existe que du point de vue de cette propriété non essentielle. On ne peut pas néanmoins la dire accidentelle : il est impossible qu'une Forme puisse avoir une propriété « qui ne soit ni nécessaire ni la plupart du temps »[1], toutes les propriétés que possède une Forme sont nécessaires et éternelles. La propriété commune conférée par l'*idea* unique serait plus proche de ce qu'Aristote nomme accident par soi, propriété qui appartient « par soi » à une chose sans être dans son essence[2]. Grâce à cette sorte de propriété, les réalités acquièrent ce que Platon nomme ailleurs une ressemblance réelle.

Quand la multiplicité est celle d'*ideai* mutuellement autres, le dialecticien sait percevoir qu'elles peuvent participer à une *idea* unique dont l'essence est différente de la leur, et dont elles reçoivent du dehors une propriété non pas essentielle mais nécessaire. La participation se fait selon un caractère commun, les multiples *ideai* ne communiquent que

1. Aristote, *Métaphysique*, Δ, 30, 1025a 15.

2. *Ibid.*, 1025a 30-34.

de cet unique point de vue, extérieur à ce qu'elles sont et à leurs différences, mais de ce point de vue on peut les dire réellement semblables.

*Une multiplicité de touts*

S3. Le dialecticien perçoit encore « une [*idea*] unique connectée en une unité à travers de multiples touts (καὶ μίαν αὖ δι' ὅλων πολλῶν ἐν ἑνὶ συνημμένην)[1] ».

L'énoncé de cette troisième situation comporte, à la différence des trois autres reliées simplement par « et » (καί), une particule de liaison : αὖ. La présence de cette particule conduit de nombreux commentateurs à séparer S1 et S2 (censés correspondre au rassemblement) de S3 et S4 (qui correspondraient à la division, ou à ses résultats)[2]. D'autres pensent qu'elle sert au contraire à articuler S3 à S2, comme Robin (qui traduit « de tels touts », c'est-à-dire les touts constitués par l'opération précédente) et S. Rosen qui voit en S3 la combinaison des multiplicités décrites en S2[3]. Il est certain que αὖ peut soit indiquer une succession (« encore, à son tour »[4]) soit avoir un sens adversatif. On peut choisir ce second sens à condition de ne pas situer l'opposition entre S1 et S2, d'une part, et S3 et S4, de l'autre, mais simplement

1. ἐν ἑνὶ : en un seul *eidos*, ou en un seul tout ? En fait, cela ne fait pas grande différence si l'on supplée *eidos*, *holos*, ou rien.

2. Voir par exemple Cornford, qui traduit « *and again* » (« et d'autre part ») et divise le passage en deux moitiés : « *As the first half described the results of Collection, this second half appears to describe the results of subsequent Division.* » On peut noter le « *appears* », et Cornford reconnaît d'ailleurs que la seconde moitié « *is less easy to interpret* » (*op. cit.*, p. 267).

3. S. Rosen, *op. cit.*, p. 260.

4. Cf. *Soph.*, 225 e 3 : « Et que dire d'autre encore pour ne pas se tromper » (Καὶ <τί> τις ἂν αὖ εἰπὼν ἕτερον οὐκ ἐξαμάρτοι).

entre S3 et S2. En effet, à la différence de S2, l'*idea* une n'enveloppe pas mais traverse. Quoi qu'il en soit, pour juger que la particule sert à découper deux parties du texte (sens adversatif), ou à relier S3 à S2, il faut voir dans la première partie (comme Stenzel ou Cornford), ou seulement en S2 (comme Robin), un mouvement de rassemblement d'espèces sous un genre. Si cette hypothèse n'est pas bonne, ce que je me suis efforcée de montrer, la conséquence ne peut pas l'être. Que l'on traduise alors par « et encore » – encore une autre sorte d'*idea* unique, ou par « et inversement », comprenant par là que l'opération de l'*idea* une est l'inverse de celle de S2 (non plus extérieure, mais immanente[1], comme en S1), cela ne change finalement pas grand chose.

Que perçoit le dialecticien quand il a affaire à une multiplicité de touts ? Le propre d'un tout est d'être complet, de contenir tous ses éléments, d'être parfaitement suffisant. Un tout ne peut donc avoir aucun caractère commun avec un autre tout, et on ne peut pas davantage lui imposer « du dehors » un caractère qu'il ne comprendrait pas en lui même. Il doit de plus être bien lié, toutes ses parties, même si elles ne consonnent pas nécessairement entre elles, doivent cependant tenir ensemble. Un tout est un tout s'il a non seulement la puissance d'intégrer ses parties, mais aussi leurs différences et même leurs contrariétés. Comment alors une *idea* unique peut elle traverser une multiplicité de touts ? Et comment peut-elle en les traversant préserver son unité ? Si elle traverse un tout, elle le traverse en toutes ses parties : elle est forcément l'essence qui est immanente à la fois aux parties et au tout ;

1. Je peux parler ici d'immanence dans la mesure où il s'agit de la communauté d'essence qui relie des unités ou des totalités eidétiques, et nullement de l'immanence de la Forme à une multiplicité de choses sensibles (voir Kahn, *op. cit.*, p. 335-336, pages remarquables à tous égards).

c'est cette essence unique qui constitue le lien, fait du tout un tout, et c'est donc elle qui est divisée en parties. C'est en ces touts, et seulement en eux, qu'il convient de reconnaître la relation qui unit un genre à ses espèces.

Mais il est dit que l'*idea* unique est, à travers eux, articulée, connectée, en une unité (συνάπτω : lier par contact, attacher, d'où connecter, articuler[1]). L'*idea* se réunifie en se connectant à travers les multiples touts : ce n'est donc pas une totalité englobante. Pour prendre une métaphore politique, elle n'est pas analogue à un État enveloppant et maintenant ensemble une pluralité de communautés différentes et parfois mutuellement hostiles, c'est une confédération, une coordination, pas une subordination. L'*idea* unique n'a alors d'autre fonction que d'assurer la connexion des touts : en se rattachant à elle-même à travers eux, l'*idea* les attache ensemble, et comme en S1, son extension coïncide avec celle des éléments qu'elle relie. Mais à la différence de S1, son extension est complètement déterminée. Ainsi, l'extension de la *technè* est le résultat exact de l'addition de deux extensions, celle des arts de production et celle des arts d'acquisition, elle n'est pas plus grande que celle des deux touts qu'elle articule. Les totalités qui la constituent s'en trouvent coordonnées, mais aucune n'est subordonnée à l'autre, et même pas à l'unité de l'*idea* qui n'est que celle de leur coordination.

1. En *Euthyd.*, 298 c 6, Socrate cite le proverbe : « tu n'attaches pas le fil avec le fil ». Dans les Dialogues, le terme désigne aussi bien des opérations concrètes (voir *Tim.*, 70 e 4, 75 d 5, 78 e 4 et la fable du *Phédon*, 60 b : la divinité attache les deux têtes ensemble) que des opérations symboliques, où s'attachent aussi bien les cercles de la génération (*Rép.*, VIII, 546 a-b), les trois parties de l'âme (*ibid.*, IX, 558 d 7-9), les deux cercles de l'âme (*Tim.*, 36 c 1) ou la nuit et le jour (*Lois*, VI, 758 a). Dans le *Sophiste*, le verbe a été employé pour des opérations discursives : 245 e 3, 252 c 5. Il s'agit toujours d'établir, ou de rétablir, une contiguïté.

Une telle *idea* communique donc son essence à chacun des touts qu'elle traverse comme à chacune de leurs parties, et elle leur est totalement immanente. L'*idea* unique est complètement épuisée par les totalités qu'elle connecte ; elle n'existe que comme puissance de connexion et son essence est intégralement déterminée par les touts qu'elle articule. Les multiples touts ne scindent pas son unité, l'*idea* de *tekhnè* reste une malgré sa division en deux totalités, et la *tekhnè* est la synapse, la *sunapsis* de ces deux touts. Qu'elle puisse néanmoins se coordonner à travers eux est ce qui empêche de croire que les totalités qui la composent possèdent des essences différentes. En d'autres termes, le dialecticien n'oublie pas que, bien que divisée en des touts fermés et autosuffisants, l'*idea* reste cependant une et unique. C'est elle qui se retrouve rattachée elle-même à elle-même en une unité à travers ces touts – les totalités, elles, gardent leur indépendance.

Ce que le dialecticien, ici, sait percevoir, c'est que la seule manière pour des totalités de communiquer est d'être coordonnées en l'unité d'une essence unique, dont elles épuisent à la fois l'extension et la signification.

### *Une multiplicité d'*ideai *séparées*

Restent quatre mots grecs, et la plupart des interprètes ne savent trop que penser de ces quatre mots.

S4. Le dialecticien peut aussi percevoir « de multiples [*ideai*] séparées parce que complètement discriminées » (πολλὰς χωρὶς πάντῃ διωρισμένας)[1].

1. Ou : « de multiples *[ideai]* complètement séparées parce que discriminées » : on peut faire porter πάντῃ sur χωρίς ou sur διωρισμένας, mais il me semble plus normal de faire porter l'adverbe sur le verbe.

On voit bien pourquoi la phrase est presque incompréhensible. Cela vient, entre autres, de ce qu'il n'est fait aucune mention d'une unité, mais pas davantage d'un processus de division. Pour le formuler comme Crombie, « la bizarrerie [...] vient de ce qu'il semble y avoir trois phrases pour décrire l'aspect positif, trois pour voir que A et B peuvent se combiner, et une pour voir qu'ils ne le peuvent pas. Pourquoi trois contre une[1] ? ». On ne semble en effet avoir que la constatation « négative » par le dialecticien d'une multiplicité d'unités séparées. Selon Stenzel et Cornford, celles-ci seraient mutuellement exclusives et incompatibles, mais « séparées » ne veut pas dire « contraires ». Pour Gomez Lobo, il s'agirait des « multiples Formes qui sont vues en relation (*in contrast with)* avec le Non-être », mais considérées à part les unes des autres, bref des parties de l'Autre comme le Non-grand, le Non-beau, le Non-être. Cependant, la partition de l'Autre suppose une mise en opposition de l'Autre avec une Forme déterminée, et il faut beaucoup d'imagination pour reconnaître ici quelque chose de tel. Chacun a donc de bonnes raisons de se sentir déconcerté.

Les trois verbes utilisés précédemment dénotaient le mode d'unification de l'*idea* une. En S2, le verbe passif est appliqué aux multiples *ideai* « enveloppées », alors qu'en S1 et S3, c'est l'*idea* une qui *est étendue*, ou *articulée*. Son unité est menacée par la pluralité des éléments distincts ou par celle des

1. I.M. Crombie, *An Examination of Plato's Doctrines*, II. *Plato on Knowledge and Reality*, New York, Humanities Press, 1963, p. 418 : « *The oddity [...] is that there seem to be three phrases descriptive of the positive side, three for seeing that A and B can combine, one for seeing that they cannot. Why three to one ?* » Crombie est le seul (après Ritter) à porter quelque attention aux trois premiers verbes utilisés dans cette phrase, mais il juge qu'ils expriment trois types de relations dont l'étroitesse va croissant « *three degrees of tenuousness* » (*ibid.*).

totalités, et elle ne la préserve qu'en étant complètement étendue à travers les premiers ou rattachée à travers les secondes : c'est elle qui subit l'effet de la nature propre à chacune de ces deux multiplicités. Alors qu'en S2, l'*idea* une est un agent, et même un agent extérieur, dont dépend la constitution de la multiplicité qu'elle enveloppe. Lorsqu'il se trouve dans la dernière situation, ce que le dialecticien perçoit adéquatement n'est pas le rapport d'une multiplicité à une unité, c'est *la multiplicité elle-même*, et un verbe, encore au passif, est employé pour caractériser cette multiplicité. Le fait de dire διωρισμένας les multiples *ideai* veut-il tout simplement dire qu'elles sont « distinctes » ? Le fait de les dire « séparées » aurait suffi. Et si le verbe désigne une action subie par la multiplicité et dont le résultat est la séparation des éléments qui la composent, cette action n'a pourtant pas comme en S2 pour agent l'unité de l'*idea*. Supposons que διωρισμένας ne serve pas seulement à marquer le caractère discontinu de la multiplicité en question, et que le participe parfait passif désigne bien le résultat d'une action : quel est alors l'agent de cette action ?

On rencontre dans les Dialogues six autres occurrences de ce verbe au même temps et au même mode, soit sept occurrences en tout. Et cinq d'entre elles figurent dans des passages que l'on peut appeler méthodologiques.

– Lorsque nous considérons trois doigts de notre main, dit Socrate au livre VII de la *République*, la vue nous informe que celui du milieu est à la fois grand et petit. Pour la vue le grand et le petit sont non pas quelque chose de séparé mais de mélangé (οὐ κεχωρισμένον ἀλλὰ συγκεχυμένον τι), mais l'intelligence, elle, voit que le grand et le petit sont des choses non plus mélangées, mais discriminées (οὐ συγκεχυμένα ἀλλὰ διωρισμένα, *Rép.* VII, 524 c 3-8).

– Dans le *Politique* (263 b), l'Étranger vient de montrer qu'une division bien faite doit déboucher non pas sur une partie, une portion du tout (μέρος), mais sur une espèce réelle (εἶδος). Au Jeune Socrate qui lui demande de préciser la différence entre partie et espèce, l'Étranger adresse une mise en garde : son jeune interlocuteur ne doit pas croire avoir entendu de sa part une claire discrimination (αὐτὸ ἐναργῶς διωρισμένον) entre espèce et partie, à savoir la démonstration qu'espèce et partie diffèrent l'une de l'autre (εἶδός τε καὶ μέρος ἕτερον ἀλλήλων εἶναι). Car si chaque partie n'est pas une espèce, toute espèce en revanche est une partie : espèce et partie ne peuvent être complètement discriminées.

– Un peu plus loin, dans le même dialogue (281 c-d), l'Étranger affirme qu'il ne suffit pas de dire que le tissage « est l'art le plus important et le plus noble de tous ceux qui regardent la confection des tissus de laine » pour qu'il soit suffisamment distingué (ἱκανῶς ἔσται διωρισμένος) d'autres arts, à savoir des arts auxiliaires.

– Enfin, dans le *Philèbe* (27 b), Socrate juge qu'il serait utile de récapituler les quatre genres pour se les remémorer, à présent qu'ils se trouvent tous les quatre discriminés (διωρισμένων τῶν τεττάρων).

Dans le premier texte, l'opération est effectuée par l'intelligence, et dans les trois suivants comme dans le nôtre, par le dialecticien. Dans deux autres passages l'opération est attribuée aux dieux eux-mêmes. Nous sommes des marionnettes entres leurs mains (*Lois,* I, 644 e) dont ils tirent les ficelles dans des directions opposées, et c'est « là que se trouvent assurément discriminés le vice et la vertu » (οὗ δὴ διωρισμένη ἀρετὴ καὶ κακία κεῖται). Estimant que l'avant est plus honorable que l'arrière, les dieux subalternes du *Timée* (45 a 5) ont donné aux hommes la faculté de se mouvoir surtout en ce sens (vers l'avant), mais il fallait pour cela que les deux directions (l'avant et l'arrière) soient nettement distinguées et que le devant de l'homme soit rendu dissemblable à l'arrière (ἔδει δὴ διωρισμένον ἔχειν καὶ ἀνόμοιον τοῦ σώματος τὸ πρόσθεν ἄνθρωπον) : pour cela, les dieux ont collé le visage à l'avant de la tête.

Laissons les dieux de côté, encore que leur opération soit assez semblable à celle effectuée par les autres agents. À quelle opération correspond le fait de discriminer ? *À reconnaître et faire reconnaître l'existence distincte d'une réalité qu'on aurait pu confondre avec une autre ou tout simplement ignorer*. Ce n'est pas diviser, c'est discerner qu'un genre (ou une Forme) possède son existence propre, séparée et complètement distincte. S'il faut discerner son existence c'est qu'elle aurait pu, et parfois a pu, rester inaperçue, rester comme engloutie dans une autre. Sans l'intelligence, sans la perception adéquate du dialecticien ou sans l'action des dieux, la réalité d'une différence serait restée inconnue et la confusion serait affirmée par la perception, ou par des non dialecticiens, ou par de mauvais dialecticiens. Il s'agit donc d'un processus de dissociation et non pas du tout d'une division (puisque l'unité de départ n'était pas une unité réelle, articulée, mais un mélange confus). Une fois complètement discriminées, les réalités se trouvent ainsi complètement séparées (à la différence de ce qui se passe pour l'espèce et la partie qui, ne pouvant être complètement discriminées, ne peuvent donc être complètement séparées).

Dans cette dernière situation, la séparation des éléments n'est pas donnée au dialecticien, elle est le *résultat* de son juste discernement. Je traduirai donc, en donnant une valeur causale au participe : le dialecticien doit percevoir « de multiples [Formes] séparées *parce que* complètement discriminées ». En S1, la séparation était *posée* comme un fait, alors qu'en S4, elle est le *résultat d'une opération effectuée par le dialecticien*.

Discriminer les genres : c'est ce que Socrate dit avoir fait dans le *Philèbe*, et c'est ce qu'il s'apprête à faire dans le *Sophiste*. Nos quatre mots décrivent donc une opération dialectique que l'Étranger n'a pas encore effectuée, qu'il s'apprête à faire, et qu'il définit. C'est un procédé dialectique tout aussi nécessaire que les trois autres : ne pas discriminer les genres permettrait par exemple d'identifier Être et Mouvement (comme l'avaient fait certains présocratiques), ou Être et Repos (comme l'a fait Parménide), ou encore Être et Même (comme le font les Amis des Idées), ou enfin Être et Autre (en identifiant l'être et la relation comme l'ont fait les Sophistes)[1]. C'est donc bien grâce à cette opération dialectique – une opération qu'il fallait elle-même discriminer, séparer des autres – que sera possible la discrimination des très grands genres et la réfutation définitive des précédentes doctrines de l'être.

### *Même et autre, un et multiple*

La communication s'opère par trois fois grâce à un lien, l'*idea* unique. Il n'est pas ici question de mélange entre *deux* Formes : la *koinônia* que sait discerner le dialecticien suppose une multiplicité et une unité et non pas la simple mise en présence de deux unités. Chaque élément composant une

1. Voir 252 a 6-8, où sont considérées comme ruinées les doctrines « à la fois de ceux qui meuvent le Tout, et de ceux qui, l'estimant un, le mettent en repos, et celle de tous ceux qui, distribuant les êtres selon des Formes affirment qu'il sont toujours mêmes et se maintiennent dans le même état » (ἅμα τε τῶν τὸ πᾶν κινούντων καὶ τῶν ὡς ἓν ἱστάντων καὶ ὅσοι κατ' εἴδη τὰ ὄντα κατὰ ταὐτὰ ὡσαύτως ἔχοντα εἶναί φασιν ἀεί). Pour l'identification sophistique de l'être et de la relation, voir *Théét.*, 160 b.

multiplicité peut évidemment participer au caractère commun imposé par l'*idea* unique, mais seulement en tant que le dialecticien sait voir que cet élément est inclus dans telle ou telle sorte de pluralité, et c'est la nature de cette pluralité qui détermine alors son mode de participation à l'*idea*. Le problème posé ici au dialecticien est de savoir comment peut s'opérer la participation d'une *multiplicité à une unité*. Où l'on retrouve la *sunagôgè*, qui rend capable de parler et de penser; la pensée ne peut pas se satisfaire de la multiplicité (pas plus qu'elle ne peut d'ailleurs se satisfaire de l'unité). On peut donc bien voir dans les trois premières propositions de l'Étranger trois modes de rassemblement, à condition d'en voir trois. Toute pensée dialectique va du multiple à l'un, mais elle n'y va pas toujours de la même façon, parce que de multiple il n'y en a pas qu'un et d'unité non plus. C'est pourquoi il n'y a pas entre les trois verbes utilisés pour dire cette unification, de gradation simplement extensive : il y a des différences d'extension, mais elles sont secondes par rapport aux différences entre les trois *modes* de participation.

Pourquoi la saisie de ces différences est-elle la capacité propre du dialecticien, et en quoi celle-ci découle-t-elle de la science dialectique telle qu'elle vient d'être déterminée ?

S'il doit discerner le même et l'autre, le dialecticien est confronté à deux problèmes, et d'abord à celui de l'existence même du multiple. Le dialecticien, s'il l'est vraiment, ne peut ni se satisfaire de la constater ni la ramener immédiatement à l'unité, il doit discerner devant quel type de multiplicité il se trouve et *comment* elle peut être reconduite à l'unité. D'où la présence du neutre pluriel ἕκαστα dans la phrase de conclusion de ce passage : ᾗ τε κοινωνεῖν ἕκαστα δύναται καὶ ὅπῃ μή (253 e 1). «Le pluriel [d' ἕκαστος], rare, s'emploie pour désigner plusieurs groupes[1]. ». Quels pourraient être ces « groupes », sinon les différentes multiplicités énumérées par l'Étranger? Le dialecticien doit donc savoir « comment chacune de ces *multiplicités* peut communiquer, et comment non ». N'importe quelle multiplicité ne peut pas « communiquer » n'importe comment. Le dialecticien doit donc savoir aussi *comment elles ne peuvent pas* communiquer (et non pas *lesquelles* ne peuvent pas communiquer). Pour cela, il doit comprendre que la nature du lien capable de les unifier est chaque fois différente : une *idea* unique peut connecter des touts mais non pas des unités séparées, elle peut envelopper du dehors des *ideai* mutuellement autres, mais non des touts, etc. Ce n'est donc pas ici la nature *en elle-même* de chaque *idea* (sa définition) qui lui permet ou non de communiquer avec une autre : c'est la manière dont le dialecticien la perçoit (unité séparée, *idea* autre que ses autres, ou totalité).

Dans aucune des situations envisagées les éléments composant une multiplicité ne peuvent communiquer *entre eux* : ils ne communiquent que par l'intermédiaire d'une *idea* une, et cette participation ne supprime ni leur séparation (en S1), ni leur altérité mutuelle (en S2), ni leur clôture (en S3). Ce qui signifie simplement que la multiplicité reste multiple, que le lien relie et réunit sans identifier. Mais si, lors même qu'elle participe à une seule et même unité, la multiplicité reste multiple et multiple à sa manière, les modes d'unification opérée par l'*idea* une sont aussi différents que le sont les espèces de multiplicité. Ce que, « par conséquent », doit savoir discerner celui qui sait distinguer le même et l'autre,

1. M. Bizos, *Syntaxe grecque*, 2e éd. corr., Paris, Vuibert, 1949, p. 54; dans le même sens voir L.S.J., *s. v.*, II. in pl. : 1. *all and each severally* 2. *each or more groups or parties*.

*c'est la différence ou l'identité des différentes espèces d'unité et de multiplicité.*

La science dialectique doit pouvoir régler des problèmes de même et d'autre, et particulièrement lorsqu'ils se posent à propos de l'un et du multiple. Quand il s'agit de participation entre Formes, la participation qui unifie une multiplicité pose un problème difficile et en réalité plus complexe que celui posé par la participation d'une multiplicité sensible à une Forme. Elle signifie comme elle l'imposition d'un caractère commun, mais dans le cas de la participation d'une multiplicité de Formes à une autre la participation ne s'opère pas toujours selon la même modalité (comme c'est le cas pour la participation d'une multiplicité de choses sensibles à une Forme, aussi difficile soit-il d'en préciser la nature). Le dialecticien doit résoudre alors des apories semblables à celles énoncées au début du *Parménide* – immanence et séparation (en S1), symétrie et asymétrie (en S2), tout et partie (en S3) – mais il ne peut les résoudre qu'en tenant compte de la nature de la multiplicité considérée.

Il doit donc percevoir distinctement et adéquatement. Qu'est-ce qui peut brouiller son regard, faire obstacle à son juste discernement ? L'existence même du multiple, dont les distinctions, les différences, les dissemblances peuvent faire perdre de vue l'unité et faire passer pour autre ce qui est même. Toute multiplicité, qu'elle soit celle de réalités sensibles ou de réalités intelligibles, se présente comme un foisonnement de dissemblances dans lequel il faut arriver cependant à reconnaître du *même* (même nom, même essence, ou même propriété, essentielle ou nécessaire). S'il est capable de faire cela, alors le dialecticien *convertit ce même en l'unité d'une idea*, et *convertit la diversité pure en une multiplicité déterminée.* Être même et être autre sont des propriétés possédées par toutes les réalités, mais unité et multiplicité sont des structures solidaires du langage, que le logos révèle parce qu'il est lui-même cet entrelacement (de singulier-pluriel). *Unité et multiplicité sont la traduction dialectique de ces structures ontologiques que sont le même et l'autre*. On peut, comme les sophistes, jouer à identifier immédiatement le multiple et l'un ou, contre eux, interdire toute identification. Le propre du discours dialectique est de ne pas les identifier *n'importe comment*[1]. Pour cela, et c'est ce qui fait de ce texte un texte capital, le dialecticien doit introduire des différences dans la multiplicité mais aussi dans l'unité[2].

Car il existe un second obstacle à la perception du dialecticien : c'est l'existence d'unités confuses. La quatrième situation a trait à cette difficulté et inverse le mouvement des trois premières. Il faut percevoir que là où *il ne semble pas* y avoir multiplicité, une multiplicité existe et doit être dégagée. De telle sorte que le discernement dialectique constitue alors à la fois les différents termes qui composent cette pluralité et pose leur nature séparée. Les termes discriminés font nombre mais ne peuvent avoir ni même essence ni même propriété. Ils peuvent communiquer les uns avec les autres, deux à deux, comme il va être montré par la suite quand l'Étranger se livre à son examen des plus grands genres, mais non avec une *idea* unique. Une telle multiplicité est en effet celle au dessus de laquelle il ne peut y avoir de genre unique, les termes peuvent seulement être reconnus chacun dans leur existence et leur

1. Voir 259 d, où la réfutation véritable (ἔλεγχος […] ἀληθινός), s'oppose à celle « qui montre que le même est autre et l'autre même *n'importe comment* » (τὸ δὲ ταὐτὸν ἕτερον ἀποφαίνειν ἁμῇ γέ πῃ καὶ τὸ θάτερον ταὐτόν). ἁμῇ γέ πῃ s'oppose évidemment au ᾗ […] καὶ ὅπῃ μή de notre passage.

2. On peut donc affirmer que ces quelques lignes traitent de la division, mais seulement au sens où s'y opère la division de la multiplicité en quatre espèces.

essence distincte, et installés dans l'espace d'une multiplicité pure. Ces *ideai* ne peuvent que mutuellement se mélanger, elles sont impossibles à unifier de quelque point de vue que ce soit. Or, contrairement à ce qu'ont pensé Stenzel et Cornford, même des Formes contraires peuvent être intégrées à l'unité d'un genre (le Rond et le Rectiligne à celui des Formes géométriques, ou le Courage et la Modération à celui de la vertu[1]), ou encore être enveloppées du dehors (comme le Mouvement et le Repos sont enveloppés par l'Être). Les Formes complètement discriminées et séparées ne sont pas des Formes contraires ou incompatibles, ce sont, au sens propre du terme, des principes. Principes du logos[2], comme dans le *Sophiste*, ou principes de « tout ce qui existe à présent dans l'univers », comme dans le *Philèbe*, ces genres sont des principes premiers non subsumables, ils sont tous également principes et irréductiblement multiples.

## Conclusion

L'Être n'est pas plus principe que le Non-être, le Même que l'Autre, le Repos que le Mouvement, ou l'Un que le Multiple : c'est la leçon du *Sophiste*, une leçon qui semble extrêmement difficile à accepter. Mais alors, il faut comprendre que ce qui est au fond difficile à accepter est que le savoir soit dialectique[3]. La dialectique est tolérable au titre d'une

1. Cf. *Phil.*, 12 e-13 a et *Pol.*, 306 b *sq.*

2. J'entends logos au sens platonicien, tel qu'il est précisé dans le *Sophiste* (voir plus haut, p. 176-177).

3. C'était impossible à accepter pour Aristote, pour des raisons logiques, mais tout autant pour Plotin et tous les néoplatoniciens après lui, chez lesquels la dialectique se retrouve abaissée à un niveau dianoétique. Que

procédure logique et symétrique de rassemblement-division : la tenant en effet pour une procédure, on peut présupposer que le multiple se trouvera toujours soumis au joug de l'un et que dans cette assujettissement la pensée trouvera son repos – repos que l'on peut aussi bien nommer système. Pour mettre Platon en système il suffit de réduire la dialectique à deux procédés toujours identiques, et la réduction du multiple à l'un s'opère d'elle-même si on pense de bout en bout en termes de genres, d'espèces et d'individus, l'unité du genre et l'existence supposée d'un seul genre de genre impliquant le rassemblement toujours possible du multiple. Or, avec la quatrième situation, l'Étranger affirme l'existence d'une multiplicité en quelque sorte émancipée ; comprendre le sens de ce qui est alors affirmé, c'est avant tout réfléchir sur *l'absence d'idea une*.

Que tout multiple ne soit pas le résultat d'une division, qu'il existe une multiplicité première et irréductible qui ne *procède* pas d'une unité et ne s'y *ramène* pas, c'est ce qui confère à la dialectique sa liberté : elle n'a pas à se soumettre à l'unité d'un principe unique, donc à un principe d'unité. Le philosophe s'attache toujours à l'*idea* de l'être mais il s'y rattache à travers de multiples raisonnements (Ὁ δέ γε φιλόσοφος, τῇ τοῦ ὄντος ἀεὶ διὰ λογισμῶν προσκείμενος ἰδεᾳ, 254 a 8-9). Parce qu'il raisonne, et pas toujours de la même façon, il introduit dans cette *idea* d'innombrables différences sans lesquelles il ne pourrait justement pas raisonner. L'être auquel il s'attache est « divin » (πρὸς τὸ θεῖον, 254 b 1), c'est l'être réellement étant de l'essence intelligible, dont il pose la différence et qui ne se manifeste que sous des aspects essentiellement différents, les Formes

l'intelligence ne puisse penser dialectiquement est pour eux, littéralement, une question de principe.

(*eidè*). Différencié, multiplié, l'être auquel s'attache le philosophe est l'être qui convient au philosophe, c'est-à-dire à la science, à la pensée et à l'intelligence (249 c 7). La science dialectique est seule capable de déterminer le véritable sens de l'être (mais non pas le seul, puisque les choses sensibles et les images existent, mais cela est évident pour tous), et cela consiste à n'en faire ni un genre ni un principe unique et suprême, mais à y voir une *idea* toujours entrelacée de même et d'autre. L'espace ouvert entre le même et l'autre est celui que la pensée du philosophe peut librement parcourir parce qu'elle y trouve la possibilité de son discours, qui, comme tout discours, entrelace l'un et le multiple, mais qui possède, lui, la capacité de décider comment doit en vérité s'opérer cet entrelacement.

## NOTE COMPLÉMENTAIRE I
## PRÉDICATION "PAULINIENNE" ET *SELF-PRÉDICATION*

### *La prédication "paulinienne"*

Tout énoncé positif implique-t-il un mélange entre Formes ? C'est la question qu'a soulevée G. Vlastos. Pour les exemples donnés dans le *Phédon*, la réponse semblait claire : la Neige veut bien accueillir le Froid, ou le Trois l'Imparité, ce qui permet de dire que la Neige est froide ou le Trois impair. Mais selon Vlastos, ce ne sont pas là des cas de « prédication ordinaire » : il n'y a prédication ordinaire que lorsqu'une proposition du langage ordinaire correspond à une proposition qui en est le « révélateur métaphysique ». Ainsi, la proposition « Socrate est sage » correspond à « Socrate participe de la Sagesse ». Seule la participation d'une chose sensible ou d'un ensemble de choses sensibles à une qualité F, correspondant à une Forme (F), peut donner lieu à une prédication ordinaire, laquelle traduit donc l'appartenance d'individus à une classe. Mais lorsqu'on a affaire à des propositions exprimant des relations entre Formes, on se trouve selon Vlastos face à une ambiguïté qui exige d'élaborer la théorie d'un autre type de prédication. En effet, dans une prédication ordinaire, "B" (le sujet) est lui-même un membre de la classe des choses qui sont "A" (le prédicat)[1] : Socrate ("B") est un membre de la classe des choses qui sont sages ("A"). Mais qu'en est-il d'une proposition comme « la Justice est sage » ? La Justice – l'Idée de Justice – ne fait pas partie de la classe des choses qui sont sages[2].

1. Voir G. Vlastos, « An ambiguity in the *Sophist* », repris dans *Platonic Studies*, *op. cit.*, chap. 11, voir p. 273-274.

2. L'origine est un texte d'Aristote, *Topiques*, 137 b 6-7 : « le fait d'être en repos n'appartient pas à l'homme en tant qu'il est homme, mais à l'homme

La Justice en effet ne peut pas être sage, car la Justice est « une entité abstraite nommée "B" », et "A", « l'un des adjectifs apparentés », doit être « compris comme s'appliquant non pas à l'entité abstraite nommée "B", mais à une de ses instances [*sc.* à l'une des réalités faisant partie de la classe des choses qui sont "B"], et à elles nécessairement »[1]. Ainsi, toutes les propositions telles que « la Justice est sage, ou tempérante, ou courageuse » ne seront vraies que « si chacune est comprise comme affirmant son prédicat non pas du nom abstrait mis en position de sujet, "Justice", mais comprise comme l'affirmant de façon nécessaire de quiconque est juste – c'est-à-dire [qu'elles seront vraies] à la condition que l'affirmation "la Justice est sage" soit comprise comme signifiant que quiconque est juste doit être sage »[2]. Un homme juste fait partie de la classe des choses qui sont justes ("B"); « sage » ("A") est un adjectif apparenté au juste, au même titre que modéré, courageux ou pieux (qui relèvent tous de la classe des vertus) ; un tel adjectif ne peut pas s'appliquer à cette entité abstraite qu'est la Justice ("B") mais seulement aux choses qui sont justes (aux hommes justes, par exemple). C'est cette espèce de prédication que Vlastos nomme

en tant qu'idée » ; voir G. Vlastos, *Platonic Studies, op. cit.*, chap. 12 : « The "two-level Paradoxes" in Aristotle ».

1. Ma traduction; voir G. Vlastos, « The Unity of the Virtues in the Protagoras », repris dans *Platonic Studies, op. cit.*, chap 10, voir p. 235 : "A", « *one of the cognate adjectives* », « *is understood to apply not to the abstract entity named "B" but to each of its instances and to these necessarily* ».

2. Ma traduction; voir G. Vlastos, *ibid.* : « *each of the following sentences will be true [...] provided each is understood to assert its predicate term not to the abstract noun in the subject-position, 'Justice', but necessarily to anyone who is just—e.g., provided 'Justice is wise' is understood to assert that whoever is just must be wise.* »

« paulinienne » (*Pauline predication*)[1]. La prédication ordinaire énonce l'appartenance d'un individu à une classe (*class-membership*), la prédication paulinienne énonce l'inclusion d'une classe dans une autre (*class-inclusion*) : la classe des choses qui sont "B" est nécessairement incluse dans la classe des choses qui sont "A".

La première conséquence de cette thèse est que dire « le juste est sage » n'aurait pas pour fondement la communication des genres Justice et Sagesse. La participation de l'homme juste à la Justice ne fonderait donc plus la prédication – le droit que cet homme juste a d'être nommé sage dans la mesure précisément où la Justice participe de la Sagesse. Prenant l'exemple du Feu et de la Chaleur, Vlastos affirme même que la relation déterminée que la Forme Feu est censée entretenir de toute éternité avec la Forme Chaleur « ne peut être précisée que par l'intermédiaire du rapport qu'entretiennent les classes auxquelles appartiennent les choses sensibles qui en participent[2] ». L'« ironie » qui ferait que les rapports entre Formes « commencent à ressembler à des ombres de leurs ombres » ne tient pas selon lui à sa lecture « paulinienne »,

1. En référence à saint Paul, *Épître aux Corinthiens*, I, 13. 4 : « La charité est longanime ; la charité est serviable... » Je résume ici trop rapidement des thèses exposées par Vlastos dans les deux articles cités (chap. 10 et 11 des *Platonic Studies*), ainsi que dans les deux Appendices à son chapitre 11 (« On the Interpretation of *Soph.* 248D4-E4 », et « More on Pauline predication in Plato »), et dans son chap. 18, « A Note on Pauline predication ». Pour un exposé beaucoup plus précis et plus détaillé, voir L. Brisson, *Platon. Parménide*, traduction inédite, introduction et notes, Paris, GF-Flammarion, 1994, Annexe II : *Les interprétations « analytiques » du* Parménide *de Platon. Participation et Prédication chez Platon*, en particulier p. 293-299.

2. G. Vlastos, « A Note on "Pauline Predication" in Plato », p. 409 : « *the relation can only be specified* via *the relation of their instance-classes* » ; toute la fin de cette Note est traduite par L. Brisson, *op. cit.*, p. 298 n. 14.

mais à la métaphysique de Platon. Or il est clair que s'il avait choisi l'un des autres exemples du *Phédon* – le Trois et l'Imparité – l'ironie aurait été nettement moins perceptible. Mais surtout, croire que c'est à partir des choses justes ou prétendues telles qui existent en ce monde que l'on peut découvrir le rapport existant entre Justice et *Summetria*, ou à partir des bons politiques passé et présents (ce qui pour Platon est une classe vide) que peut se découvrir le rapport entre Science politique et Vertu, c'est proprement mettre Platon à l'envers. Dans le *Phédon*, la réminiscence advient *aussi bien* à partir des choses semblables que des dissemblables (συμβαίνει τὴν ἀνάμνησιν εἶναι μὲν ἀφ' ὁμοίων, εἶναι δὲ καὶ ἀπὸ ἀνομοίων, 74 a 2-3) et selon ce dialogue comme selon *Rép.*, V, 478 e-479 c (entre autres), le propre des choses sensibles est qu'elles présentent simultanément des propriétés contraires. Il existe des cas où les images sensibles des réalités intelligibles sont de bonnes images et permettent la remontée des unes aux autres, mais il y en a encore bien plus où une telle ressemblance n'existe pas [1]. La conséquence de la thèse de Vlastos est proprement renversante, mais l'essentiel n'est pas là.

Rien n'est moins « abstrait » pour Platon (et pour *son* Socrate) qu'une Forme intelligible : c'est elle qui est « réellement étant » et non pas ses instances sensibles. La réduire à une simple dénomination ou à une abstraction (par rapport à laquelle on peut supposer que sont estimées « concrets » les individus sensibles) est tellement opposé à la pensée platonicienne que l'on ne peut s'empêcher de se demander comment une théorie (la *Pauline predication*) fondée sur un tel contresens a pu avoir une telle fortune. Il est vrai de dire que la Justice est sage non pas *parce que* tous les individus justes

1. C'est ce que dit très exactement le texte du *Phèdre*, 250 b-e, et celui du *Politique* étudié *infra*, p. 276-282.

doivent nécessairement être sages, mais parce que la *Sophia* est la vertu de l'intelligence, et que la Justice est pour Platon une proportion imposée à un ensemble de parties (celles de l'âme ou de la cité) par ce qui doit commander, c'est-à-dire par l'intelligence. La Justice est le règne de l'intelligence et du savoir, on ne peut en comprendre l'essence – donc également la signification – sans la relier à la *Sophia*. On pourrait m'objecter que je me réfère ici à la *République* et que Vlastos parle du *Protagoras* où cette définition de la Justice n'apparaît pas. Mais cela ne change rigoureusement rien au problème : que la communication de la Justice avec la Sagesse ne puisse pas encore être pleinement justifiée dans le *Protagoras* signifie seulement que la *définition* de ces deux Formes n'a pas encore été découverte mais n'infirme pas le fait que *seules ces définitions* permettront d'affirmer qu'elles participent l'une de l'autre. C'est bien *la compréhension du contenu* (autrement dit la recherche dialectique de la définition) propre à chacun des termes mis en position de sujet et de prédicat qui autorise la prédication, et c'est cette compréhension qui fait nécessairement défaut à toute approche logique et à toute réécriture sous forme symbolique.

En dénonçant comme pure absurdité (*sheer nonsense*) le fait d'attribuer des prédicats moraux à une entité logique telle qu'un universel[1] – absurdité dont découle selon lui la nécessité d'élaborer une théorie de la *Pauline predication* –, c'est Vlastos qui se rend coupable d'absurdité, lui qui identifie une Forme intelligible à une entité abstraite. C'est ce point de départ qu'il faut radicalement rejeter – et avec lui tout ce qui suit – parce qu'il est la négation de ce qu'il y a de plus essentiel dans la pensée de Platon. Une Forme est posée pour être pensée, son intelligibilité est la condition même de la pensée,

1. G. Vlastos, « The Unity of the Virtues in the *Protagoras* », p. 252.

les relations entre Formes sont l'affaire de la pensée dialectique, et la prédication « paulinienne » ne pose un problème qu'à ceux à qui ces termes semblent dénués de sens. Pour Vlastos, la Justice est une « entité abstraite nommée "B" », un « nom abstrait », « une entité logique », ou encore « le nom d'un universel », et appliquer un prédicat moral à une entité de ce genre n'a pas de sens. Il me semble tout à fait inutile, après cela, de critiquer le détail de ses thèses.

*La* self-participation *et la nature de la Forme ?*

Luc Brisson explique cette « méprise » de Vlastos par une dérive générale de l'interprétation analytique; ses tenants estiment que Platon « dans les derniers dialogues, répondant ainsi aux critiques formulées dans la première partie du *Parménide*, assimilait les Formes à des concepts ». Mais d'une part la théorie de Vlastos ne se limite pas aux derniers dialogues, elle vaut pour toute prédication d'une qualité non abstraite à une Forme, et d'autre part l'assimilation de l'*eidos* à un *noèma* (de la Forme à un concept) est expressément rejetée dans la première partie du *Parménide* (132 b-c).

La position de Luc Brisson est à la fois une critique et une tentative de sauvetage de celle de Vlastos. Les difficultés rencontrées par ce dernier viendraient de ce qu'il n'aurait pas compris qu'une Forme doit être considérée de deux points de vue : « 1) comme une classe dont les membres sont les choses particulières qui en participent (en vertu de la Prédication ordinaire), ou qui peut soit être incluse dans une autre classe soit inclure cette autre classe (en vertu de la Prédication Paulinienne); 2) comme une RÉALITÉ individuelle qui est membre de la classe Forme (en vertu de la Prédication ordinaire)[1] ».

1. L. Brisson, *op. cit.*, p. 305.

La participation eidétique est donc très majoritairement paulinienne, et en ce cas, la seule relation qu'une Forme peut entretenir avec une autre consiste à être incluse ou à inclure. Il s'agit certes selon Brisson d'une « inclusion compréhensive », mais parler de la Forme en termes de classe ou d'inclusion rend cette expression problématique : si la Justice est une classe, elle est la classe des choses qui sont justes ; que signifie alors l'inclure dans la Sagesse, sinon l'inclure dans la classe des choses qui sont sages ? La seule différence avec la position de Vlastos est que la Justice n'est pas alors considérée comme un individu de la classe des Formes et que, prise comme classe, on peut sans absurdité lui prédiquer la sagesse. La théorie de Vlastos est ainsi justifiée, puisque la participation entre Formes ne peut se soutenir qu'à la condition que ces Formes ne soient pas entendues… comme des Formes, mais comme des classes. Car on ne peut, selon Brisson, entendre une Forme comme une Forme qu'à la condition de l'entendre comme une réalité individuelle qui recevra les prédicats communs à la classe des Formes, donc faire l'objet d'une prédication ordinaire.

J'avoue ne pas très bien comprendre : il semble tout d'abord que communiquer, pour deux Formes, reviendrait à relier nécessairement un sujet et un prédicat. Sur ce point, mais je peux me tromper, l'analyse de Brisson ne me semble pas rompre avec le postulat analytique selon lequel l'énonciation en langage ordinaire épuise la relation entre Formes, leur participation n'étant alors posée que comme une garantie métaphysique de la prédication – et non pas comme l'exigence de recourir à un examen dialectique, examen impossible à condenser en une, ou même à énoncer en un grand nombre de propositions prédicatives. Mais je comprends encore moins que l'individualité de la Forme n'intervienne pas dans cette première sorte de relation et permette simplement à une Forme de recevoir des prédicats généraux qui, à l'exception d'un seul – l'immuabilité, qui peut d'ailleurs valoir aussi bien pour les dieux – s'appliquent tous non seulement à toutes les Formes mais aussi bien aux choses sensibles qui les reçoivent des Formes (unité, identité à soi, altérité, repos, etc.). Aucun des prédicats énumérés[1] n'est en effet propre à la dite classe des Formes et ne suffit à la différencier. Car être une Forme, c'est avoir une manière d'exister (*ousia*) différente de celle des choses sensibles, donc immuable, certes, mais surtout intelligible. Or lorsque Brisson parle de RÉALITÉS intelligibles, c'est réalités qu'il met en petites capitales[2]. Pour ma part, c'est INTELLIGIBLES que je mettrais en majuscules. Le postulat fondamental de l'approche analytique ne consiste pas seulement à dénier toute réalité ontologique aux Formes (certains sont prêts à accorder ce résidu métaphysique), mais à les réduire à être de simples supports de propriétés. Il consiste donc du même coup à réduire la dialectique à une logique formelle, assez élémentaire il faut bien dire. Ce ne sont pas les Formes-paradigmes qu'il faut défendre, ce sont les Formes intelligibles : être la seule chose qui soit objet pour l'intelligence, être pleinement, en soi, intelligible, ne pas se dérober à la pensée qui la questionne, lui offrir la résistance du « ce que c'est vraiment », en cela consiste la vraie réalité de la Forme, et c'est cela, son intelligibilité propre et particulière liée à sa nature propre, qu'elle communique aux réalités sensibles et aux autres Formes.

Mais si Brisson conserve à propos des Formes la distinction (issue de la critique aristotélicienne des Idées) entre classe et individu, c'est parce qu'il affronte un second problème, celui de la *self-predication*. Je n'ai pas l'intention de prendre rang dans cette querelle. Cependant, comme le

1. Voir *ibid.*, p. 304.
2. *Ibid.*, p. 305.

problème posé est intimement lié à ceux de la prédication paulinienne et de la communication des genres, je ne peux l'esquiver complètement. Chaque Forme pourrait recevoir des prédicats par inclusion en tant qu'elle est *cette* Forme, et des propriétés génériques en tant qu'elle est une *Forme*[1]. C'est la seconde sorte de propriétés qui pose le problème de la *self-predication* puisqu'il semble que l'on soit obligé de convenir que la Forme de l'unité est une, ou que la Forme de l'existence existe, etc. C'est le bon sens même. Cependant, que veut-on dire lorsque l'on dit que la Forme de l'Un est une ? L'est-elle à la manière d'un élément indivisible – d'une unité arithmétique –, ou du singulier grammatical, ou d'une totalité composée de parties, ou encore d'une puissance d'unification ? Et la dire une, est-ce différent de la dire même qu'elle-même et autre que toutes les autres ? Je ne veux indiquer par là ni que la Forme de l'Un est une ni qu'elle ne l'est pas, mais que « un » est une propriété que l'on ne peut attribuer à une Forme (ni d'ailleurs à quoi que ce soit) de toute évidence, *a priori*, comme si on pouvait savoir ce que l'on attribue sans entrer dans la dialectique « pénible » de l'Un. Avant d'attribuer un prédicat, encore faut-il déterminer le sens de ce que l'on attribue, et cela passe chez Platon par la compréhension dialectique de la Forme qui confère ce prédicat. Comprendre ce que signifie la Forme de l'Un et comprendre si, et comment, une Forme peut être une (peut participer de l'Un), cela relève d'un seul et même travail, situé à un seul et même niveau

1. L. Brisson, *op. cit.*, p. 304. L'exposé par Brisson du problème de la *self-predication* (p. 300-306) constitue une synthèse remarquable de clarté, et sans elle je me serais assurément perdue dans le dédale de littérature que cette question a engendré. Brisson, par ailleurs, donne les principales références, ce qui me dispense de le faire. Mais… je ne suis pas d'accord avec lui.

(et non pas à deux). C'est ce travail qu'il est impossible d'économiser.

Considérer qu'une Forme est un individu appartenant à la classe des Formes, c'est lui donner des « propriétés génériques » qui non seulement ne sont pas spécifiques à cette classe (donc ne peuvent la constituer), mais c'est surtout estimer qu'une Forme est une Forme *parce qu'elle* possède ces propriétés. Or Platon ne pose pas que *la Forme de la Justice est une Forme, il pose la Justice comme Forme* – il ne pose pas une Forme qui se trouve être celle de la Justice parce qu'elle a la Justice pour contenu, il pose que pour penser *ce qu'est* la Justice il faut *poser qu'elle est, la poser comme essence*. Il pose la Justice « en soi » comme ce qu'est vraiment la chose dont on parle et qu'on cherche à comprendre. Aborder la question de la nature de la Forme par le biais des prédicats qu'elle a en commun avec toutes les autres, c'est croire que l'on peut déterminer ainsi ce qu'est une Forme. Or une Forme est « ce que c'est » (que la Justice, ou l'Un…). On ne peut pas plus déterminer la Forme de la Forme (se demander ce qu'est ce « ce que c'est ») que l'on ne peut dédoubler l'essence en essence et essence de l'essence. Car non seulement il y aurait régression à l'infini mais la question serait dépourvue de sens, puisque c'est une Forme qui permet de répondre à la question « qu'est-ce que », c'est elle qui donne son sens à cette question. Une Forme n'est donc pas une réalité individuelle que des propriétés générales viendraient qualifier, on ne peut pas abstraire ce qu'est la Forme à partir des Formes (puisqu'elles sont essentiellement différentes) et en faire une classe ou un genre car cela revient à scinder toute Forme en forme et contenu (ou matière intelligible), essence et existence, ou genre et différence spécifique. Or la Forme de la Justice, c'est la Justice, en elle-même, et en poser l'existence ce n'est pas poser d'une part l'existence de la Forme en général, et d'autre part que l'une des ces Formes est celle de la Justice, c'est poser que l'existence véritable de la Justice est son essence. Tout ce que l'on affirme de vrai de la Justice on l'affirme nécessairement de la Justice comme Forme, c'est-à-dire de *ce qu'est* la Justice, prédicats génériques compris.

Vlastos avait fini par rejeter la *self-participation* pour la raison que c'est en vertu de sa propre nature que la Forme (F) est F, et non pas par (*self*) participation. À la formulation prédicative près, ce rejet tardif du plus faux des faux problèmes est acceptable. Mais selon Brisson l'attribution de propriétés génériques à une Forme relève de la prédication ordinaire, et toute Forme, parce qu'elle est un membre de la classe des Formes, possède ces prédicats par participation. Admettons l'hypothèse : la Forme de l'Existence existe, donc participe de la Forme de l'Existence. Or il est certain que la Forme de l'Existence ne peut pas participer de toute espèce d'existence, seulement de l'espèce d'existence que peut posséder une Forme (elle ne participe pas de l'espèce d'existence que possède une puissance, par exemple, ou une réalité illimitée, encore moins de celle que possède l'image ou la chose sensible). La Forme de l'Existence ne participe donc pas d'elle-même toute entière mais participe seulement à une partie, ou à une espèce, d'elle-même. De telle sorte que cette *self-participation* se révèle être une partition, une division, et il en va de même pour toutes les autres Formes en lesquelles Brisson reconnaît des propriétés génériques : la Forme de l'Existence existe, mais non pas de n'importe quelle espèce d'existence ; l'unité arithmétique est sans parties, mais cette unité qu'est la vertu en comporte : en lequel de ces deux sens la Forme de l'Un est-elle une ? Le propre de ce genre de Formes est que, lorsque l'on attribue l'une d'entre elles à une Forme, y compris à la Forme qu'elle est, ce prédicat ne peut être conféré que par une partie d'elle-même. Ce que l'on peut traduire de deux façons : 1) en ajoutant un scandale logique à un autre, et en faisant de la *self-participation* la participation d'un genre à l'une de ses espèces, ou 2) en comprenant que la position des Formes impose précisément aux propriétés « génériques » (comme aux autres) que chacune ait un sens pur, ou véritable. Dire de la Forme de l'Existence qu'elle existe ne peut se dire qu'au sens d'une existence pure, véritable et éternelle. Mais la Forme de l'Existence *est* ce sens, elle est ce qu'est l'Existence en soi. Si on tient à ajouter qu'elle existe, on ne voudra en fait rien dire d'autre sinon qu'elle est elle-même. Cherniss avait raison : toute participation suppose une différence entre participant et participé, et dans le cas des Formes génériques, ou bien cette différence (entre tout et partie) entraîne une absurdité, ou bien, si on la situe entre essence et existence, on dénature la nature même de la Forme qui est d'être l'existence d'une essence, de *telle ou telle* essence.

Considérer de l'extérieur la position platonicienne des Formes, en montrer les difficultés logiques est parfaitement légitime. Mais il importe alors d'être conscient que c'est à la manière platonicienne de penser que l'on reste extérieur. L'entreprise de conciliation tentée par Brisson entre platonisme et aristotélisme est digne de respect et elle a des antécédents historiques incontestables, mais sa solution, celle d'une *self-participation* restreinte aux prédicats catégoriels, a comme toujours pour prix une dénaturation du platonisme afin de le rendre acceptable par des aristotéliciens. A tort ou à raison, je n'emprunte pas cette voie. Mon postulat consiste à tenter de comprendre philosophiquement des problèmes philosophiques, ce qui conduit à refuser de les poser sur le terrain d'une logique qui découpe un mouvement de pensée en propositions. C'est pourquoi je me vois contrainte de rappeler inlassablement qu'il n'y a, pour Platon, d'autre accès aux

Formes que dialectique et que, pas plus qu'il n'y a pour lui de savoir du savoir, mais seulement expérience et démonstration de la différence du savoir par la pensée dialectique, il n'y a de Forme de la Forme, mais recherche dialectique de la définition de chaque Forme donc de la compréhension de l'essence différente qu'elle est. À partir d'une multiplicité de réalités par définition *essentiellement* différentes, comment pourrait-on abstraire un genre commun ?

## NOTE COMPLÉMENTAIRE II
## *SOPH.*, 253 d 5 – e 2 : PRÉSUPPOSÉS D'INTERPRÉTATION

### *L'Interprétation de J. Stenzel*

Toutes les interprétations que j'ai pu rencontrer de ce passage sont redevables en quelque façon à celle de Stenzel[1]. Certains points ont pu être rejetés par les uns ou par les autres, mais tous les commentateurs reprennent au moins certains de ses principes directeurs, qui continuent à servir de grille de lecture. Comme Stenzel a le mérite de les avoir très clairement énoncés et d'avoir donné à partir d'eux une explication parfaitement cohérente, je me limiterai principalement à lui[2].

1. Il ne s'agit ici que de Formes ou de Genres, non d'individus sensibles. Stenzel règle ainsi rapidement, et de façon me semble-t-il satisfaisante, un premier problème de référence.

2. Platon présente une nouvelle dialectique entièrement caractérisée par la méthode de division[3]. C'est la division qui est l'idée fondamentale de tout le passage. On ne doit donc pas, comme l'a fait Ritter, chercher dans d'autres dialogues ou même dans le *Sophiste* des exemples de chacun des procédés décrits dans le texte.

1. J. Stenzel, *Studien zur Entwicklung des platonischen Dialektik von Sokrates zu Aristoteles*, 2. Auf., Leipzig, 1931, trad. angl. par D.J. Allan, *Plato's Method of Dialectic*, Oxford, Clarendon Press, 1940 (toutes les références aux pages renverront à la trad. anglaise). C'est également ce que remarque Gomez Lobo qui fait un exposé et une critique détaillés du chap. VI, mais dans une perspective évidemment différente de la mienne.

2. J'ai indiqué sur quelques points les divergences d'interprétation et me contenterai, pour un catalogue pratiquement exhaustif, de renvoyer à G.L. Movia, *Apparenza, essere e verità. Commentario storico-filosofico al* Sofista *di Platone*, Milano, « Vita e pensiero », 1991, voir chap. 23, p. 311 notes 30 et 31 et 314 notes 40-43.

3. J. Stenzel, *op. cit.*, p. 96 et p. 106.

3. Le texte ne doit pas être divisé en quatre, mais en deux paires de propositions. Correctement interprétées, elles disposent les genres en une pyramide, et plus haut est le concept, plus nombreuses seront ses espèces [1].

En S1, on trouve des unités idéelles discrètes, parce que divisées par l'*idea* unique de l'Autre, ou Non-être. Cette première section est « la précondition de la synopsis décisive des Formes qui se situe en S2 » [2].

En S2, en effet, il y a unification des termes qui nous sont donnés comme séparés. L'enveloppement est clairement une subordination d'espèces sous un genre, puisque les unités de S1 une fois subsumées sous une *idea* plus haute deviennent nécessairement ses espèces.

Dans les segments jugés par Stenzel solidaires, S1 et S2, on part donc des particuliers (*kekasta*), et on recherche une Forme englobante et capable de les inclure toutes sous elle (*epi panta*). Il s'agit du rassemblement.

En S3 les unités sont les mêmes que celles de S2, donc ont plus d'extension que celles de S1. Elles sont considérées comme des touts, et sont divisées. Les prédicats obtenus par scission des touts sont connectés, et ce mélange de prédicats constitue une nouvelle unité, celle, recherchée, du genre à définir. La division des touts aboutit ainsi, en redescendant, à une Forme indivisible.

Enfin en S4, cette Forme indivisible une fois définie a pour contrepartie une multiplicité de « concepts restants », dissociés de l'unité formée en S3, qui sont tous χωρὶς διωρισμένας relativement à elle.

S3 et S4 correspondent à la Division.

1. *Ibid.*, p. 104.
2. *Ibid.*, p. 103.

Le mérite de cette lecture, outre sa cohérence, est de prêter attention à la nature différente des éléments de chaque multiplicité. Cependant, on peut lui faire des objections sérieuses.

– L'affirmation que tout le passage traite de la méthode de division ne se justifie qu'à identifier le διακρίνειν de 253 e 1 au διαιρεῖσθαι de 253 d 1, car ni *diairesis* ni même *diaireisthai* ne sont des mots présents dans ce passage. Mais cette identification ne supprime pas une autre objection possible, et Stenzel voit bien que « l'étape manquante » est précisément celle de la scission des genres en espèces (donc celle de la division ! ). Sa réponse est que c'est peut-être parce qu'il a été fortement affirmé en S1 que toute réunion d'*ideai* sous une *idea* plus haute *présupposait* une division. Selon lui en effet, les unités de S1 sont séparées à la suite d'une division, et Platon pourrait ainsi tenir pour acquis qu'avant toute réunion, la division d'une unité est nécessaire[1]. Il faut donc, pour maintenir son interprétation, que Stenzel introduise la division dès la première étape, afin de pouvoir ensuite la retrouver.

Ce présupposé a pour conséquence qu'aucun procédé ici décrit ne peut trouver d'illustration ailleurs. Il y aurait donc rupture totale et aucun dialogue précédant le *Sophiste* ne poserait un problème de communication entre Formes, puisque cette communication a pour condition la division. J'ai cité un passage du *Ménon* et aurais pu en citer bien d'autres, mais c'est le fait de couper ce passage de l'ensemble du dialogue où il figure qui est contestable.

– L'interprétation du second étage de la pyramide bute sur la phrase de 250 b. Si l'être est dit envelopper le Mouvement

1. *Ibid.*, p. 105. Je garde par commodité la notation S1, S2 etc., mais Stenzel numérote 1, 2 etc.

et le Repos, cela n'a pour Stenzel rien d'impossible parce que « la seule contrariété que Platon reconnaisse est celle de la différence »[1]. Si l'Être et le Non-être peuvent se combiner, le Mouvement et le Repos le peuvent également, et d'ailleurs c'est ce qui est affirmé en 256 b. Stenzel commet ici deux erreurs, que l'on n'a pas manqué de relever : le Non-être n'est certes pas le contraire de l'Être, mais en supprimant leur contrariété, Platon ne supprime pas du même coup *toute* contrariété, et en particulier celle du Mouvement et du Repos. Et en 256 b, on a une hypothèse irréelle destinée à montrer que toute participation de deux Formes débouche sur une prédication : « si le Mouvement participait au Repos, alors il ne serait pas absurde de dire que le Mouvement est en repos… ».

– Une autre difficulté tient à l'hétérogénéité des différentes *ideai* : l'*idea* unique de S1 est celle de l'Autre, alors que celle de S2 est un genre rassemblant des espèces, et celle de S3 la combinaison des propriétés des genres obtenues par division afin d'arriver à la définition cherchée. Or le genre de l'Autre ne peut à lui seul constituer des espèces, seulement des unités séparées, à moins de considérer que ces unités résultent de la division opérée en S3. Si comme l'affirme Stenzel tout rassemblement est nécessairement précédé d'une division, il aurait fallu commencer par S3. L'Étranger procéderait donc de façon bien désordonnée et confuse, puisqu'il nous dirait finalement que l'*idea* une obtenue en S3 est identique aux éléments séparés de S1. Mais il est plus vraisemblable que ce soit la pyramide de Stenzel qui tienne mal debout.

– De plus, si l'*idea* unique est en S1 celle de l'Autre, qu'est-ce qui empêche de comprendre que ce qu'elle traverse sont les espèces (ou les parties) de l'Autre, plutôt que les éléments qui constitueront les espèces de S2 ?

1. *Ibid.*, p. 99.

Par anticipation de ce qui suit, Gomez Lobo entend la possibilité de dire qu'un genre, le Mouvement par exemple, *est* le Même et *n'est pas* le Même. L'interprétation n'est pas nouvelle, elle radicalise seulement la conception de l'être comme copule (en S1 et S2) et de l'Autre comme non-identité (en S3 et S4).

Pour le parallélisme avec la grammaire (le seul paradigme dont il soit en fait tenu compte), de l'avis même de l'auteur, il ne peut pas être parfait (selon lui parce que les voyelles ont aussi [illegible]e fonction disjonctive, mais il y a bien d'autres raisons[illegible]

En[illegible] et surtout, la volonté de trouver ici une description radica[illegible]ent différente de la dialectique (ce qui amène Gomez Lobo [illegible]ejeter comme Stenzel toute référence à d'autres dialo[illegible]t à considérer que l'*idea* unique, dans ce passage, ne p[illegible]ésigner qu'un genre-voyelle) ne trouverait sa justifi[illegible] que si elle permettait d'expliquer le texte dans tous [illegible]ils.

O[illegible]

– [illegible] peut qu'accorder que l'Être et l'Autre sont les deux [illegible]nétrant tous les autres, le fait de les dissocier et de ne [illegible] la présence de l'Être qu'en S1 et S2 et celle du N[illegible]en S3 et S4 revient à transposer linguistiquer[illegible]upage du texte en deux parties, selon le schè[illegible]blement-division;

– [illegible]ue l'une des *ideai* de S1 peut être l'Être. Mai[illegible]it pas que l'*idea* s'étend à travers tous les [illegible]omme il l'a fait plus haut en parlant des [illegible]à travers une multiplicité, *dia pollôn :* [illegible] multiples Formes mais l'Être relie



– Enfin, partout où il y a multiplicité il y a nécessairement altérité, et on ne voit pas pourquoi on réserverait la présence de l'Autre à S1.

La lecture de Stenzel est exemplaire en ce qu'on y voit explicitée

1) la volonté de retrouver dans ces lignes la dualité de la procédure de rassemblement et de division [1] : la référence au *Phèdre* est présente dès le début du chapitre;

2) la perception d'une gradation entre genres d'extension de plus en plus grande, comprenant donc de plus en plus d'espèces: l'espèce indivisible, en S1, puis le genre subsumant ses espèces, en S2, puis les genres plus hauts – les touts – englobant les genres précédents, en S3 [2];

3) en conséquence, la compréhension de l'« enveloppement » de S2 comme une subsomption [3];

1. Ce présupposé est repris par tous les principaux commentateurs. Voir par ex. Cornford : « *The method is that method of collection and division which was announced in the* Phaedrus *and has been illustrated in the* Sophist » (*op. cit.*, p. 263), et « *The structure of Forms is conceived as a hierarchy of genera and species amenable to the method of collection and division* » (p. 267).

2. C'est l'interprétation que Bluck juge la plus simple : « *what matters here is that we are most probably concerned with genera and species throughout* » (p. 130), ce qui l'amène à voir en S4 des Formes à subsumer à leur tour sous une Forme X. La pyramide est chez lui continûment ascendante et ne peut avoir à son sommet qu'une unité.

3. Un bon exemple de la prégnance de ces schèmes est donné par J.R. Trevaskis (« Division and its Relation to Dialectic and Ontology in Plato », *Phronesis* 12, 1967) qui commence par affirmer que « *we should hesitate before supposing that 253 d is a summary of Collection and Division* » (p. 121), mais qui, en raison de sa division du passage en deux parties et de son interprétation de l'*idea* unique de S2 et S3 en termes de subsomption, retombe finalement dans ce qu'il voulait éviter : la première partie traite bien du rassemblement, mais la seconde ne peut vraiment pas correspondre à la division (p. 123). Il n'a cependant pas d'autre schème à proposer.

4) enfin, l'indication que la multiplicité de S4 ne peut se comprendre que *par référence* (soit, comme dans son cas, à la Forme définie en S3, soit en relation à une unité supérieure, ce que suppose Bluck, soit par opposition à la Forme de l'Autre, comme l'affirme Gomez Lobo).

Ce sont ces quatre principes de lecture que j'ai constamment tenté de refuser, d'une part parce que chacun se heurte à des difficultés dont la résolution par les différents interprètes ne m'a pas paru convaincante, d'autre part et surtout parce qu'ils plaquent sur le texte ce qui n'y est pas et n'accentuent pas ce qui pourrait pourtant sembler évident, à savoir qu'il traite de multiplicité et d'unité et que cela, concernant la dialectique platonicienne, n'est pas nouveau, mais est ici réfléchi et analysé.

### *L'interprétation d'A. Gomez Lobo*

Je vais pour finir mentionner une interprétation qui se veut totalement différente de celle de Stenzel, celle de A. Gomez Lobo. Celui-ci intitule « Prologue » ce qui semble être plutôt la phrase de conclusion du passage précédent (253 d 1-3), et toute sa lecture consiste à ne voir dans le passage consacré au dialecticien que la reprise des distinctions précédentes entre des « genres-voyelles », les *pervasive Forms*, et des « genres consonnes », les *non-pervasive Forms.* Les genres voyelles sont l'Être et l'Autre et les genres-consonnes toutes les autres Formes (nommées aussi « Formes ordinaires »); le passage aurait ainsi pour objet la comparaison de l'Être et du Non-être avec toutes les autres Formes[1]. L'Être serait l'*idea* unique

1. Gomez Lobo, art. cit., p. 47. L'auteur a un curieux maniement des verbes *compare* et *contrasted with*, et l'on ne sait jamais très bien s'il s'agit de comparer, de confronter ou d'opposer les Formes-consonnes à l'une des deux Formes-voyelles.



mentionnée en S1, et le Non-être serait l'*idea* dont il est question en S3, tandis qu'en S2 et S4 nous n'aurions que des *ideai* correspondant à des consonnes, donc incapables de pénétrer les autres.

Les deux sections S1 et S2 doivent être prises ensemble, car en S1 l'Être serait coextensif à tout le champ des Idées, alors qu'en S2 le dialecticien considérerait plusieurs Formes dans leur relation à l'Être, *exôthen* indiquant que l'*idea* enveloppante de l'Être a une plus grande extension et déterminerait une classe s'étendant au delà des multiples Formes considérées.

En S3, l'*idea* une est le Non-être entendu comme négati[on] d'identité, qui divise chaque tout en (F) et (non-F) : ai[nsi] Beau et Non-beau sont les parties mutuellement [ex]clus[ives] d'un tout. Les multiples Formes de S4 sont de[...] comme par exemple le Mouvement et le Re[pos ...] contraste avec » (en référence avec ?) le Non-ê[tre ...] Non-être est négation d'identité elles son[t ...] différentes les unes des autres.

Les conclusions ne sont pas toujours [...] présupposés sont évidents et sont d'[...] Gomez Lobo dans sa réponse à Wale[tzki ...] interprétation correcte de 253 d 5-e 2 d[...] pation de ce qui suit (254 b 7-259 b [...] sur les cinq très grands genres), [...] litudes entre grammaire, musique [...] le rôle décisif des genres-voyell[es ...] décrit ici.

1. W. Waletzki, « Platons [...] *Phronesis* 24, 1979, 241-25[...] reply to Waletzki » *Phrone*[...]

– l'interprétation de S2 se heurte, comme celle de Stenzel, à la phrase de 250 b[1] ;

– en S3, l'*idea* unique serait le Non-être et les totalités seraient d'un côté l'ensemble des prédicats positifs du genre à définir, (F), et de l'autre le genre complémentaire résultant de la négation de (F), (non-F), comprenant n'importe quelle Forme non identique à (F). Ce qui équivaut tout bonnement à dire que le dialecticien divise par négation, et que par exemple il diviserait le genre humain en Grecs et non-Grecs, commettant la grossière erreur dénoncée dans le *Politique*. Gomez Lobo en est conscient mais il préfère attribuer cette erreur à Platon plutôt que de renoncer à sa théorie[2] ;

– enfin, en S4, il s'agirait à nouveau de Formes-consonnes, dont chacune *ne serait pas* l'autre. Mais il en va de même de chaque élément séparé de S1 ou de chaque Forme différenciée de S2.

On ne peut pas dire que la lecture qui importe dans ce passage le paradigme des voyelles et des consonnes contribue à beaucoup à l'éclairer, sans parler des énormités qu'elle prête à Platon et qu'il a lui-même dénoncées (l'Être comme « classe » englobant le Mouvement et le Repos, ou la division par négation).

Mais c'est la thèse elle-même, en son ensemble, qui est à rejeter. Si l'activité du dialecticien consiste seulement à examiner certaines Formes, en les rapportant (*contrasting them*) à l'Être et au Non-être, cela veut dire que toute son activité consiste à dire que telles Formes sont, ou ne sont pas, x. Il s'agit de valider des jugements affirmatifs et négatifs sans

1. Voir plus haut, p. 223-224.

2. « *The examples also indicate that the type of division practised here does not satisfy the criteria of the* Statesman (262 a 8 – 263 e 5) », art. cit., p. 46.

que l'on voit en fait *comment*. Il est vrai que la capacité du dialecticien est pour Gomez Lobo une « habileté formelle » (*formal skill* [1]). L'hypothèse de l'inclusion d'espèces moins étendues dans des espèces plus larges avait au moins le mérite de lui donner un contenu. Réduire la dialectique à un ensemble de propositions vraies ou fausses est certes possible, mais il faut alors réécrire tous les Dialogues de Platon – et pas seulement les premiers, – et avant tout ne pas les réécrire sous forme de *dialogues*.

Si le court texte de 253 d 5-e 2 est incontestablement difficile, il présente en fin de compte surtout des difficultés ajoutées, procédant fondamentalement de la résistance des interprètes devant le fait que « principe » est un terme qu'il faut mettre chez Platon au pluriel, et genre également, et unité, et multiplicité [2]. Or tel est pourtant l'enjeu de toute la partie centrale du *Sophiste*, généralement appelée ontologique, terme particulièrement remarquable alors qu'il s'agit précisément d'y démontrer que l'être n'est que l'un (un parmi d'autres) des très grands genres.

1. Art. cit., p. 36.

2. Dans sa critique de Stenzel, W.G. Runciman affirme, au moins à propos des très grands genres, cette multiplicité irréductible : « *But in the first place, the relations between the μέγιστα γένη are not those of genus and species; and in the second, there is nothing in the relevant passages of the 'Sophist' to suggest that any of the μέγιστα γένη is logically or otherwise superior to any or all the others.* » (*Plato's Later Epistemology*, Cambridge, Cambridge University Press, 1962, p. 61). Il n'en tire malheureusement aucune conclusion précise quant à ce passage.

CHAPITRE V

# DEVENIR MEILLEURS DIALECTICIENS
## (Le *Politique*)

*he perfectly agreed with the Opinion of Aristotle, in considering that great man (Plato) rather in the Quality of a Philosopher or a Speculatist, than as a Legislator.*

Fielding, *Tom Jones*

L'ensemble du *Politique* constitue une véritable leçon de dialectique. Chacune de ses étapes provoque une réflexion sur les erreurs commises, leurs causes, et les moyens de les éviter. Ce qui n'a rien d'étonnant puisque l'Étranger définit ainsi le but de sa « présente recherche au sujet du politique » : « est-ce en vue de celui-ci, en lui-même, que nous nous la sommes proposée, ou plutôt en vue de devenir, sur toutes choses, meilleurs dialecticiens ? » (285 c). Devenir meilleurs dialecticiens n'est pas, dans ce dialogue, une finalité seconde s'ajoutant au but principal : définir l'objet en question. Il semble que, de même que « aucun homme doué de bon sens ne consentirait à se mettre en chasse de la définition du tissage pour elle-même » (285 d), aucun homme doué de bon sens ne partirait en quête de la définition du politique pour elle-même. Pour la définition du tissage, on est tout prêt à le penser ; mais pour celle du politique ? Étant donné l'importance accordée ailleurs par Platon au problème politique, une telle déclaration a de quoi surprendre. Pourquoi l'enquête prenant le politique pour objet ne mériterait-elle d'être prise au sérieux qu'à la condition de servir, sinon de prétexte, au moins d'occasion, à un exercice visant à nous rendre, en général, « meilleurs dialecticiens » ? On peut en avancer deux raisons.

La première est que la partie de la science « critique » que doit posséder le véritable politique est la science dialectique[1]. Si un architecte ne fournit que sa science, et non pas un travail manuel (259 e), il doit forcément posséder cette espèce de savoir critique qu'est la science du calcul, partie de la science « ayant trait à la connaissance », mais il doit en plus être capable de l'appliquer à certains problèmes pratiques concernant la construction des bâtiments : il doit avoir une science « prescriptive ». Il en va de même pour l'« autorité royale » : elle est « l'autorité de ceux qui savent », non pas n'importe quelle sorte de science, mais « celle que nous avons, je crois, séparée des autres comme étant sans aucun doute critique et prescriptive » (Καὶ τούτων γε οὐχ ἁπασῶν, ἀλλὰ κριτικὴν δήπου τινὰ καὶ ἐπιστατικὴν ἐκ τῶν ἄλλων προειλόμεθα, 292 b 9-10)[2]. Toute science critique ne donne

1. La division de « l'ensemble de la science » sur laquelle s'ouvre le *Politique* commence par distinguer (258 e) sciences pratiques et sciences « cognitives » (γνωστικαί : qui n'ont pour but que la connaissance), puis divise la seconde espèce en sciences critiques et prescriptives (260 b).

2. Cette phrase a dû échapper à D. Morrison (« Herding and Weaving (Comments on Clark and Dixsaut) », dans *Reading the 'Statesman', Proceedings of the III Symposium platonicum*, Sankt Augustin, Academia

pas lieu à prescription, mais toute science prescriptive suppose une science critique correspondante dont elle est l'application à une certaine pratique. Impossible donc d'être un bon politique sans posséder la science dialectique, et meilleur dialecticien on deviendra, meilleur politique on sera. La science critique qu'est la dialectique est le fondement de la science prescriptive propre au politique : aucun homme dans son bon sens ne pourra donc croire que la définition du politique mérite d'être recherchée pour elle-même, puisque la connaissance de cette définition ne fera jamais de personne un bon politique. Ce qui en fera un véritable politique, c'est, comme le dit la *République*, sa capacité d'aller jusqu'au terme de la dialectique, de voir le Bien et, l'ayant vu, d'appliquer la connaissance qu'il en a acquise[1]. La recherche de la définition du politique n'est utile au politique qu'en tant qu'elle est la recherche d'une définition, non en tant qu'elle est celle de la définition du politique.

Si la première raison tient à la nature dialectique de la science que doit posséder le politique, la seconde tient à la nature de son action. Les opérations politiques, analogues à celles du tisserand, sont des opérations dialectiques, puisqu'elles consistent à rassembler et séparer correctement : ce sont des opérations « suncritiques » et « diacritiques ». L'activité proprement politique consiste à « tisser » l'unité de la cité, c'est-à-dire l'unité politique de la vertu[2]. Le problème qu'il lui faut affronter est donc un problème essentiellement

Verlag, « International Plato Studies » vol. 4, 1995, p. 274-275. Selon lui, ce sont les arts subordonnés que le politique devrait connaître, et connaître même en détail. Je ne vois aucun texte allant en ce sens, mais en revanche l'Étranger insiste sur le caractère non pratique de l'art politique.

1. Voir chap. II, p. 100.

2. Voir M. Dixsaut, « Une politique vraiment conforme à la nature », dans *Reading the 'Statesman'*, *op. cit.*, p. 253-273.

dialectique : unifier une multiplicité dont il a d'abord commencé par discerner les éléments constituants. Ce problème doit certes être résolu par des moyens non dialectiques, puisque divisions et rassemblements s'opèrent sur des choses complexes et en devenir, mais il suppose une connaissance de type dialectique.

Dialecticien par la science qu'il doit posséder, mais aussi par le caractère propre de son action, le politique ne possède pas de nature spécifique : il n'est pas *naturellement* distinct du philosophe ou du sophiste. Ce qui le distingue est la nature prescriptive de sa science, et la manière dont ses actions miment les opérations dialectiques. C'est pourquoi le dialogue s'achève non pas, comme le *Sophiste*, sur la définition de la « race et du sang de l'authentique sophiste » (*Soph.*, 268 d 3), mais sur « l'action politique » (*Pol.*, 311 b 2), résultat de « l'art royal » (*basilikè tekhnè,* 311 c 1-2)[1]. Est un politique non pas un homme naturellement né pour gouverner, mais un homme qui sait ce qu'il faut savoir pour bien gouverner, et qui sait vers quoi doit tendre son action.

1. Est-ce le jeune Socrate qui juge achevé le portrait de l'homme royal et politique, ou Socrate ? À la suite de Schleiermacher, D.B. Robinson (*Platonis opera*, recogn. brevique adnot. critica instrux. E.A. Duke *et al.*, t. I, Oxford, 1995) attribue la dernière réplique à Socrate, et Rowe (C.J. Rowe, *Plato : Statesman*, with an Introduction, Translation and Commentary, Warminster, Aris & Phillips, 1995) les suit « après beaucoup d'hésitation » (note à 311 c 7-8, p. 245) : « cette dernière intervention est trop générale et trop catégorique pour être attribuée au Jeune Socrate ». Si, comme le dit Rowe, j'ai, pour soutenir le contraire, « appelé à l'aide Friedländer et Robin » (on peut avoir des alliés plus médiocres), c'est parce que cette réplique me semble témoigner surtout d'une incompréhension. L'Étranger n'a pas achevé la définition de « l'homme royal et de l'homme politique », mais celle de la science et de l'action politiques. Le Jeune Socrate est capable de ne pas le voir et de faire preuve d'une admiration mal placée (il a déjà cru deux fois à tort, en 262 a-b et 277 a, la définition achevée) – mais non pas Socrate.

## Première leçon : espèce et partie

À ce moment de la première division où la science royale apparaît comme une science commandant à des vivants groupés en troupeaux, « l'ardeur » du Jeune Socrate (μάλα προθύμως, 263 c 5) lui fait diviser cette sorte d'élevage en deux espèces : celui qui a trait aux hommes, et celui qui a trait aux bêtes (262 a). C'est l'occasion pour Socrate d'administrer sa première leçon de dialectique (262 b-263 b). Car Socrate le Jeune vient, par précipitation, de commettre une erreur : il a séparé « une petite portion » et l'a mise en face d'une multiplicité considérable de parties. Or « travailler trop finement n'est pas sûr ». La cause de l'erreur, c'est le *thumos* du Jeune Socrate qui a « précipité le logos », autrement dit qui a voulu parvenir immédiatement (*euthus*) à l'objet cherché, en négligeant les étapes intermédiaires (cf. *Philèbe*, 17 e-18 a).

Le moyen de s'en préserver est « d'aller en coupant par le milieu », car c'est ainsi qu'on aura le plus de chance de « rencontrer les caractères spécifiques (*ideai*) ». Or « c'est cela qui fait toute la différence dans ce genre de recherche »[1]. Pour préciser ce qu'il vient de dire, Socrate donne deux exemples de division erronée : celle du genre humain en Grecs et Barbares, et une division des nombres qui isolerait le nombre dix mille (la « myriade ») et le mettrait en face de tous les autres. La première appelle, en plus d'une rectification logique, une critique de l'ethnocentrisme dont témoigne l'appellation même de « Barbares ». Que l'unité d'un nom puisse faire croire à l'unité d'un genre est ici évident, puisque les Grecs y ont effectivement cru. Le second exemple semble n'être

1. λεπτουργεῖν οὐκ ἀσφαλές, διὰ μέσων δὲ ἀσφαλέστερον ἰέναι τέμνοντας, καὶ μᾶλλον ἰδέαις ἄν τις προστυγχάνοι. τοῦτο δὲ διαφέρει τὸ πᾶν πρὸς τὰς ζητήσεις (262 b 5-c 1).

avancé que pour mettre en relief l'absurdité que peut engendrer un tel découpage. Si les Grecs ont pu croire être un peuple « à part de tous les autres », assurément personne n'aurait l'idée aberrante de mettre à part le nombre dix mille, la preuve en étant qu'il n'existe justement pas dans la langue de nom englobant tous les autres nombres. Pour le premier exemple, la source de l'erreur n'est pas uniquement la précipitation, mais aussi « un désir de se glorifier » et d'affirmer non seulement une différence mais une supériorité de nature. Les grues, ou tout autre animal doué de sens, en feraient autant. Le « travail trop fin » relève à la fois d'un désir de conclure rapidement et d'une opinion fausse quant à la nature de la réalité qu'on isole, par surestimation de sa différence. C'est le cas des Grecs, et même peut-être aussi celui de la « myriade » qui sert dans la langue courante à désigner une multitude très grande, mais c'est surtout le cas des hommes qui, lorsqu'ils croient légitime de se distinguer « en bloc » de tous les autres animaux, s'accordent une supériorité naturelle que rien, même pas le fait d'être doué de *phronèsis*, ne justifie. Découper une partie qui n'est pas réellement une espèce est une erreur logique, car si toute espèce est une partie, toute partie n'est pas une espèce[1], mais cette erreur a une racine profonde, à savoir

1. Selon J.M.E. Moravcsik (« The Anatomy of Plato's Divisions », dans *Exegesis and Argument*, Studies in Greek Philosophy presented to Gregory Vlastos, ed. by E.N. Lee, A.P.D. Mourelatos, R.M. Rorty, *Phronesis*, Supplementary Volume I, 1973, 324-348), l'*eidos* est une partie qui est un tout, qui peut donc à son tour être divisée (p. 341); mais il me semble que cela peut valoir aussi pour une « partie » comme « Barbares » : elle peut être divisée en Phrygiens, Lydiens etc., et de plus toute division aboutit à des espèces qui ne peuvent plus être divisées mais qui sont néanmoins des espèces et non des parties. L'erreur ne réside pas là, mais dans le principe adopté pour diviser : il n'y a pas d'espèce ou de partie en soi (voir chap. II, p. 65-68).

un préjugé sur la différence et la valeur de ce qui n'est « qu'une petite partie ». La règle à suivre pour s'en garder sera énoncée un peu plus loin, avec une référence au *Sophiste*[1] :

> Avec une pareille manière de poursuivre les raisonnements, on ne se soucie pas plus de ce qui est supérieurement vénérable que de ce qui ne l'est pas, et on ne méprise pas davantage ce qui est plus petit au profit de ce qui est plus grand, mais c'est toujours en ne se réglant que sur elle-même que cette manière de chercher va jusqu'au bout de ce qui est le plus vrai. (Ὅτι τῇ τοιᾷδε μεθόδῳ τῶν λόγων οὔτε σεμνοτέρου μᾶλλον ἐμέλησεν ἢ μή, τόν τε σμικρότερον οὐδὲν ἠτίμακε πρὸ τοῦ μείζονος, ἀεὶ δὲ καθ' αὑτὴν περαίνει τἀληθέστατον.) (266 d 7-9)

Dans le *Sophiste*, il était dit également que pour cette manière de raisonner (τῇ τῶν λόγων μεθόδῳ), le but est d'acquérir l'intelligence de tous les arts en s'efforçant de réfléchir sur leur parenté ou leur absence de parenté, et « de ce point de vue elle les estime tous également » (τιμᾷ πρὸς τοῦτο ἐξ ἴσου πάσας, 227 b 2). L'intelligence adopte un point de vue qui annule les valorisations de l'opinion. Pour elle, les hommes ne sont que des bipèdes sans plume, et s'ils ont une nature qui n'est pas purement animale cela ne tient pas à la nature de leur espèce mais à leur part divine – ce sera précisément la tâche du politique de les persuader qu'ils en ont une (309 c-d). Autrement, leur prétention à différer de tous les

1. « Maintenant en effet, Socrate, devient plus évidente cette remarque que nous avons faite lors de notre recherche sur le sophiste » (*Pol.*, 266 d 4-5). Le même terme, σεμνοτέρον, figurait dans le *Sophiste :* σεμνότερον δέ τι τὸν διὰ στρατηγικῆς ἢ φθειριστικῆς δηλοῦντα θηρευτικὴν οὐδὲν νενόμικεν (*Soph.*, 227 b 4-5).

animaux n'est pas plus justifiée que celle de ces animaux sensés que sont les grues.

La règle prescrivant de procéder à des coupures médianes n'est pas absolue ; elle est seulement plus sûre et offre plus de chance de couper une réalité en ses espèces, chacune possédant son *idea* (caractère) propre. Traduire ici *eidos* par « espèce » se justifie, à condition de préciser que le terme fait aussi entendre que cette espèce est une Forme, donc une unité réelle et définissable.

L'analyse de la première faute de méthode relevée par Socrate permettra de se prémunir contre quatre dangers : vouloir arriver précipitamment au but (*cf.* 264 a-b) ; être victime de préjugés ; confondre espèce et partie (ne pas découper « selon les articulations naturelles » des choses) ; et enfin croire qu'à un mot de la langue correspond nécessairement un genre (Socrate venait de féliciter le Jeune Socrate de ne pas « prendre trop au sérieux les mots », 261 e).

La définition à laquelle on aboutit en 267 c ne paraît pas satisfaisante à l'Étranger dans la mesure où, établissant le politique comme « pasteur et nourricier du troupeau humain » (268 c), elle se contente de le poser comme tel sans tenir compte de tous ceux qui pourraient également revendiquer ce titre. L'Étranger juge donc nécessaire de prendre un autre point de départ et de « suivre une route différente » (268 d). Cette route est celle du long mythe qui va suivre.

## Deuxième leçon :
## comment utiliser dialectiquement un mythe

C'est une des particularités du *Politique* que de faire d'un mythe une étape nécessaire de l'argumentation. Car le mythe n'est pas rejeté à la fin du dialogue, il n'intervient pas comme moyen rhétorique venant compléter ou illustrer le travail effectué par le *logos*, il a une utilité argumentative et est situé au centre même de la recherche dialectique. Avant le mythe, on avait une laborieuse entreprise de division; peu après le mythe, à partir de 277 a et jusqu'à la fin, on aura un échange de questions-réponses. À quoi sert donc cette longue histoire sur les révolutions de l'univers? L'Étranger l'introduit en disant qu'il convient de le raconter « pour notre présentation (*apodeixis*) du roi »[1]. En fait, il sert surtout à montrer « combien nous nous sommes trompés quand nous avons présenté l'homme royal et politique dans notre précédent logos » (274 e). Le logos, le raisonnement qui avait adopté la forme d'une division, va être rectifié par un *muthos*. Ce point est à coup sûr surprenant en soi. Quelle faute a alors été commise, et pourquoi doit-on faire appel à un mythe pour la corriger? En fait, la division s'est trompée deux fois. La première, en ne distinguant pas pasteur divin et politique humain : en montrant que le pasteur divin appartient à une époque différente de l'univers correspondant à une rotation de sens contraire à celle qui est à présent la nôtre, le mythe permet de comprendre que le modèle du pasteur divin n'est pas pertinent en ce qui nous concerne. Il correspond à une autre époque et à un autre état du monde (274 c-275 a). La seconde erreur est celle qui a été commise à la fin de la division : s'il existe bien un art consistant à nourrir des troupeaux de bipèdes, rien ne légitime le fait de l'identifier, immédiatement (*euthus*), à l'art politique (276 c). Car il est en fait l'art que possèdent les pasteurs divins, ceux qui paissent les hommes sous le règne de Cronos. Mais sous ce règne il n'existe pas de cité, donc pas de citoyens et pas de politique.

1. 269 c 2, *cf.* 273 e : il faut à présent le faire servir à notre présentation du roi.

Le remède à la première erreur consiste à savoir quelle sorte de monde nous habitons – un monde presque totalement livré à lui-même – et revient donc à ne pas s'imaginer vivre on ne sait quel Âge d'or. L'erreur commise ne pouvait se rectifier que par le moyen d'un récit cosmologique. Le mythe sert à nous débarrasser d'une illusion : celle qui consiste à croire à une différence de nature entre gouvernants et gouvernés.

Pour remédier à la seconde erreur il faut « remanier le nom » de la science propre au politique en le rapprochant plus de l'art de prendre soin (ἐπιμέλεια) que de l'art de nourrir (τροφή). Car il est absurde de croire que même le meilleur politique pourrait prendre totalement en charge le troupeau qui lui est confié et, en admettant que ce soit possible, cela suppose une représentation du bonheur – être délivré de toute peine, se gorger de nourriture et de boisson, se divertir en se racontant des histoires – qui exprime ce que l'homme a de plus humain, de plus misérable, et de moins divin. On ne pourra découvrir la science politique qu'en divisant, non pas l'art de paître, mais l'art de soigner, qui « comporte des sections non négligeables » (276 c 12-d 3). Cette division se fait assez rapidement puisque, une fois cet art de prendre soin scindé en divin et humain (ce qui résulte du mythe), l'art humain doit à son tour être divisé selon que les soins donnés sont imposés par violence ou acceptés de plein gré. Le tyran se trouve ainsi dissocié du roi, ils sont tout ce qu'il y a de plus dissemblables (276 e). La première division (celle qui précédait le mythe) s'était donc achevée prématurément puisqu'il restait encore des espèces clairement déterminées et nettement différenciées qui restaient confondues. Le Jeune Socrate estime que ces espèces étant dégagées et distinguées, l'Étranger a réussi à mettre en évidence ce qu'est un politique (achevé son *apodeixis,* 277 a).

L'Étranger pourtant n'est pas satisfait. Le moyen employé pour dénoncer les erreurs précédentes les a certes en un sens rectifiées, mais pas de la bonne façon, et pas suffisamment. D'abord parce que l'emploi d'un mythe a permis de croire qu'on pourrait séparer rapidement l'image du pasteur divin et celle du politique, mais ce raccourci, comme toujours, a au contraire empêché d'arriver vraiment à la définition. Ensuite parce que, s'agissant du mythe lui-même, l'exposition en a été trop longue, et la sorte de logique propre à un récit mythique a conduit à multiplier les détails et à se lancer dans des développements sans pertinence. L'histoire a été racontée pour elle-même, dans le but d'être une belle histoire et même une histoire grandiose, à la mesure de l'image qu'on se fait d'un roi. Le mythe a donc permis de dénoncer les erreurs commises lors de la division, mais il en a commis une autre. Cependant, si la critique que lui adresse l'Étranger – avoir cru qu'il fallait donner du roi de « grands modèles »[1] – peut à la rigueur s'appliquer au portrait du pasteur divin, il est à remarquer que rien, dans le mythe, ne s'applique à un roi humain, encore moins à un politique. De roi de cette sorte, il semble qu'il n'y en ait pas plus sous le règne de Zeus que sous celui de Cronos. En fait, quelle que soit l'époque, c'est toujours un dieu qui règne et, même si Zeus « se retire à la poupe », il n'abandonne pas le navire et le préserve au moins de tout risque d'anéantissement, et ce sont aussi des dieux qui fournissent aux hommes leurs moyens de survivre (274 c-d). L'histoire n'a donc pas encore trouvé sa conclusion (277 b) : la seule image du Roi qui s'y trouve est celle d'un dieu.

Le mythe n'a fourni qu'une image, un *skhèma*, l'Étranger n'a fait que peindre en parole un tableau, dont il ne dit pas

1. « Des exemplaires imposants » traduit Robin : μεγάλα παραδείγματα, 277 b 4.

qu'il est une fausse ou une mauvaise image, mais que, comme à toute image, il lui manque la vie (le relief, la couleur).

> Or c'est à la parole et au discours, plutôt qu'au dessin et à toute œuvre manuelle, qu'il convient de manifester tout ce qui est vivant à ceux qui sont capables de suivre; pour les autres, c'est au moyen d'œuvres de la main. (γραφῆς δὲ καὶ συμπάσης χειρουργίας λέξει καὶ λόγῳ δηλοῦν πᾶν ζῷον μᾶλλον πρέπει τοῖς δυναμένοις ἕπεσθαι· τοῖς δ' ἄλλοις διὰ χειρουργιῶν.) (277 c 3-6).

Quel genre de « manière de dire » (*lexis*), de discours (*logos*), s'oppose ici au dessin, et même à la peinture? L'Étranger commence par dire que son logos est tout bonnement comme un tableau (*zôon*), mais sans relief parce que sans couleurs. Mais il ajoute aussitôt que « les œuvres de la main » constituent un moyen inférieur à la parole et au discours quand il s'agit de représenter un vivant (*zôon*). De quel côté ranger le mythe? C'est un *logos* et nullement une œuvre de la main, mais un *logos* analogue à un tableau. *Logos* doit donc désigner quelque chose comme la poésie de caractère imitatif dont parle le début du livre X de la *République* (595 a-b). Parce qu'il est une manière de dire (*lexis*), le mythe est préférable à la peinture, mais il rentre dans le même genre qu'elle, celui d'une imitation qui ne connaît pas la nature des choses en elles-mêmes (*Rép.*, X, 595 b). C'est un *logos* qui ne donne pas le logos de ce dont il parle, et il ne pourrait le faire que s'il en avait le savoir. Le mythe de l'Étranger a mieux représenté la nature de ce vivant qu'est le roi que ne l'aurait fait un portrait: il y a plus de vie dans la poésie que dans la peinture, mais il n'y en a pas *assez*. La vie qui manque à ces deux sortes d'imitation est celle du savoir[1]. De ce « vivant » qu'est un politique, le mythe ne peut rien nous dire d'exact et, de fait, celui-ci brille par son absence dans le mythe élaboré par l'Étranger.

Mais pourquoi, en ce cas, l'a-t-il élaboré ? Parce qu'il n'y avait pas d'autre manière de rectifier le logos. Toute cité s'inscrit dans un monde, et la manière dont on se représente ce monde a un effet direct sur la manière dont on croit qu'il faut gouverner des hommes. Or il n'y a qu'une seule façon de parler de la manière dont va, ou tourne, le monde, et c'est le mythe. Il a servi à montrer que deux représentations inverses excluaient également une existence véritablement politique : il n'y a pas de politique possible si les hommes croient que toute existence, dans ses plus petits détails, est entre les mains des dieux, et pas davantage s'ils croient que toute existence ne peut se maintenir que par une guerre de tous contre tous. Or nous ne faisons « pour toute l'éternité du temps, qu'imiter et suivre tantôt l'une, tantôt l'autre, de ces deux manières de vivre et de croître » (ᾧ [*sc.* ὅλος ὁ κόσμος] συμμιμούμενοι καὶ συνεπόμενοι τὸν ἀεὶ χρόνον νῦν μὲν οὕτως, τοτὲ δὲ ἐκείνως ζῶμέν τε καὶ φυόμεθα, 274 d 7-8). C'est très précisément pour cela qu'une science politique est nécessaire, pour instaurer un

1. Au début du *Critias*, Timée affirme, comme Socrate en *Rép.*, X, 595 b (ὅσοι μὴ ἔχουσι φάρμακον τὸ εἰδέναι αὐτὰ οἷα τυγχάνει ὄντα), que le remède le plus efficace et le meilleur de tous les remèdes est le savoir (φάρμακον ἡμῖν αὐτὸν τελεώτατον καὶ ἄριστον φαρμάκων ἐπιστήμην εὐχόμεθα διδόναι, *Critias*, 106 b 4-6). Critias prend ensuite la parole pour effectuer une division semblable à celle du *Politique*, entre parler en imitant ou figurer par images. Puis il change de perspective et distingue entre les discours « qui parlent de choses célestes et divines », qui peuvent facilement faire illusion, et ceux qui ont trait « aux choses mortelles et humaines » (*Critias*, 107 b-d). Il est clair que la difficulté de représenter des choses bien connues de tous ne vaut que pour la poésie et le mythe, et que la connaissance que tous ont de choses familières n'a rien d'une connaissance dialectique.

autre modèle à imiter, lequel supposera une autre représentation du monde[1].

Lorsqu'il évoque le reproche que pourrait encourir l'ennuyeuse et pénible macrologie de sa division du tissage, l'Étranger met celle-ci sur le même plan que « celle qui concernait la révolution rétrograde de l'univers » et que la longue recherche sur le non-être jugée nécessaire pour capturer le sophiste (286 b). La juxtaposition dans une même phrase de ce qui peut apparaître comme trois digressions ne peut manquer de surprendre : elles ont certes en commun de pouvoir être jugées démesurément longues, et l'Étranger réfute celui qui lui en ferait le reproche *de la même façon* : « il lui faudrait montrer que, s'ils avaient été plus brefs, ils [ces propos] auraient rendu les auditeurs meilleurs dialecticiens » (287 a 1-4). Sa réponse ne différencie en rien l'espèce de macrologie propre au mythe de celle propre à la division du tissage et à la discussion du non-être. Que ces deux dernières « digressions » n'en soient pas et nous rendent plus habiles dialecticiens, nul ne peut en douter. Mais l'Étranger mentionne, entre les deux[2], celle qui concerne les révolutions de l'univers, autrement dit le mythe. Le statut particulier de ce mythe, indiqué déjà par sa situation dans le dialogue, tient donc à ce qu'il aurait une utilité dialectique : il nous évite de prendre l'autre pour le même. Il n'est à coup sûr pas en lui-même dialectique, mais il n'en produit pas moins un effet dialectique. Et s'il ne réussit pas à énoncer une définition du politique, c'est également le cas de la division qui précède.

1. Celle, évidemment, que donne le *Timée*.

2. On a déjà rencontré, dans l'*Euthydème*, ce procédé consistant à présenter une série d'exemples et à insérer entre deux exemples obvies un troisième, parfaitement déconcertant, la raison de la série étant précisément de faire comprendre qu'il n'est en rien différent des deux autres (voir chap. I, p. 42-43).

Une espèce de *logos* – la division – s'est révélée impuissante à définir le politique, et le passage par le mythe nous donne la raison de cet échec. La division n'est donc pas le moyen infaillible d'arriver à une définition et le recours à un moyen « impur » comme le mythe peut servir à en dénoncer et à en rectifier les erreurs. Mais c'est néanmoins le *logos* qui constitue le seul bon moyen de saisir les réalités les plus importantes. Quelle sorte, alors, de *logos* ?

Celui qui sera utilisé par l'Étranger à partir de 277 a, qui procède par questions et réponses. Pour peu qu'on y réfléchisse, l'Étranger du *Politique* nous administre une étonnante leçon. Tout d'abord, il montre l'impossibilité d'assimiler la dialectique, en général, à la dite « méthode de division ». Car dans ce dialogue on n'assiste à rien d'autre qu'à son échec, ou son demi-échec. Si toutes les divisions du *Sophiste* aboutissent à de bonnes définitions, bien que seule la dernière soit la véritable en ce qu'elle explique pourquoi toutes les autres se justifiaient (en montrant comment il est possible d'exercer en sophiste n'importe quelle activité, c'est-à-dire en faisant semblant de les exercer), le *Politique* ne nous offre qu'une division ratée, ou en tout cas impuissante à atteindre complètement son objet. C'est le *dialegesthai*, le procédé par questions et réponses, qui en sera finalement capable. Non seulement la dialectique ne se résume pas à diviser et rassembler, mais le dialecticien peut – et doit – conjuguer tous les moyens d'arriver à son but. Le mythe peut, en certains cas, faire partie de ces moyens, à condition de construire un récit obéissant à des fins dialectiques, puis de raisonner et de réfléchir sur lui (λογισάμενοι δὴ συννοήσωμεν, 270 b 3).

## Troisième leçon : l'usage d'un paradigme

Cependant, comment compléter l'esquisse qui vient d'être tracée? « Il est difficile, de ne pas user de paradigmes si on veut présenter adéquatement une des réalités qui ont quelque grandeur » (277 d 1-2). La faute commise par le mythe est d'avoir dressé de « trop grands paradigmes ». Paradigme est pris alors au double sens d'exemple et de modèle : le meilleur et le plus parfait exemple d'un être possédant l'art de nourrir, soigner, guérir son troupeau est le pasteur divin, qui devrait en conséquence servir de modèle au politique. L'erreur porte donc sur la nature du paradigme choisi, non sur le fait de recourir à un paradigme. Car l'usage d'un paradigme est bien le moyen le plus approprié à la recherche du politique.

Dans le *Sophiste*, le paradigme du pêcheur à la ligne servait simplement d'exemple de la méthode de division en général et d'exercice préalable sur un « petit sujet ». Il ne jouait aucun autre rôle dans la recherche. Dans le *Politique* il en va tout autrement puisque le paradigme choisi – le tissage – a à la fois une fonction méthodologique et un usage métaphorique. Entre le politique et le tisserand, il n'y a pas seulement analogie mais ressemblance : le politique est à sa manière un tisserand, le tissage rencontre le même problème (τὴν αὐτὴν [...] πραγματείαν, 279 a 7-8) que l'action politique, au point que l'Étranger peut parler du « royal tissage » (306 a 1, 310 e 8) et filer tout au long la métaphore à la fin du dialogue (à partir de 308 d).

L'Étranger ne se contente pas de choisir un bon paradigme, il en énonce ici la définition et prescrit une méthode, que certaines recherches imposent. En quoi consiste-t-elle? Je me contenterai de relever deux difficultés de ce passage célèbre.

*Paradigme et réminiscence*

L'usage d'un paradigme s'impose pour rendre plus aisée la mise en évidence d'une réalité de grande étendue (277 a). La raison de cette affirmation est que « cette affection (*pathos*) en nous qu'est le savoir » se déclenche de façon déconcertante :

> Il est difficile, mon génial ami, de ne pas utiliser de paradigmes quand on veut présenter adéquatement une des réalités qui ont quelque grandeur. Car chacun de nous risque de savoir toutes choses comme en rêve, tandis qu'il les ignore toutes quand il se trouve comme à l'état de veille. (Χαλεπόν, ὦ δαιμόνιε, μὴ παραδείγμασι χρώμενον ἱκανῶς ἐνδείκνυσθαί τι τῶν μειζόνων. κινδυνεύει γὰρ ἡμῶν ἕκαστος οἷον ὄναρ εἰδὼς ἅπαντα πάντ' αὖ πάλιν ὥσπερ ὕπαρ ἀγνοεῖν.) (277 d 1-4)

> … et si, transportant sur la Forme du roi, Forme la plus grande de toutes, la même Forme dégagée à partir de plus petits sujets, où qu'on les trouve, nous entreprenons ensuite, grâce à un paradigme, de connaître ce qu'est l'art de prendre soin de ceux qui résident dans la cité, afin que nous passions du sommeil à la veille. (μέλλοντες, ἐπὶ τὸ τοῦ βασιλέως μέγιστον ὂν ταὐτὸν εἶδος ἀπ' ἐλαττόνων φέροντές ποθεν, διὰ παραδείγματος ἐπιχειρεῖν αὖ τὴν τῶν κατὰ πόλιν θεραπείαν τέχνῃ γνωρίζειν, ἵνα ὕπαρ ἀντ' ὀνείρατος ἡμῖν γίγνηται.) (278 e 8-11)

Le paradigme constituerait donc le moyen de passer d'un savoir latent à un savoir actuel, mais partiel et ponctuel. Autrement dit, il serait présenté ici comme un moyen privilégié de réminiscence, c'est-à-dire comme un moyen de surmonter un état de complète ignorance en apprenant, donc en se remémorant, une partie du savoir total perdu par l'âme.

Il faut d'abord remarquer que l'on trouve dans ce passage non pas deux mais trois états de l'âme : l'un où l'on saurait tout « comme en rêve » (οἷον ὄναρ εἰδὼς ἅπαντα) ; l'autre « qui ressemble à la veille » (ὥσπερ ὕπαρ), où on se rend compte qu'on ne sait réellement rien ; enfin un véritable état de veille qu'on échangerait contre un état de rêve (ὕπαρ ἀντ' ὀνείρατος), où on saurait quelque chose parce qu'on aurait fait l'effort de l'apprendre (grâce à l'usage d'un paradigme).

Ce qui pose problème est le double statut que les deux phrases accordent au « rêve ». Car, pour la veille, on peut admettre qu'il s'agit dans le premier cas d'une illusion (on se croit éveillé sans l'être vraiment, puisqu'en fait on « ignore toutes choses »), et dans le second d'un éveil véritable à une connaissance. Mais si cet éveil nous fait sortir du rêve (d'un état où on n'aurait pas de connaissance claire de ce qu'on cherche), le savoir total qu'on posséderait « comme en rêve » serait-il lui aussi une illusion ?

La question est déterminante pour décider si l'Étranger, lorsqu'il parle de cette affection de l'âme qu'est le savoir, met en place une séquence analogue à celle établie dans le *Ménon* et le *Phédon*. Il est tentant de voir dans la succession d'une ignorance totale à un savoir total le mouvement qui sert de point de départ à la réminiscence. Curieusement, pour soutenir cette thèse, V. Goldschmidt ne se réfère qu'au *Phédon* : « Comme le *Politique*, le *Phédon* décrit le passage du rêve à la veille [1] ». Or la métaphore du rêve est totalement absente du passage du *Phédon*. Mais surtout, ce qui selon le *Phédon* existe en l'âme, c'est la connaissance des réalités en soi (75 c-d), dont les

1. V. Goldschmidt, *Le Paradigme dans la dialectique platonicienne*, Paris, P.U.F., 1947, p. 55, 2e éd., Vrin, 1985. J.B. Skemp, dans un additif à la deuxième édition de son ouvrage (*Plato's Statesman*, A Translation of the *Politicus* of Plato with introductory Essays and Footnotes, London, Routledge and Kegan Paul, 1re édition, Londres, 1952, 2e éd. with Postscript, Bristol, 1987), se repent d'avoir (dans la 1re éd.) établi un lien entre le paradigme et l'*anamnèsis* (p. 242).

choses sensibles, qu'elles soient semblables ou dissemblables, sont l'occasion de se ressouvenir. Si on établit un rapprochement avec le *Phédon*, on est conduit à affirmer que « réminiscence et paradigme s'appuient au point de départ sur des choses sensibles » (il est vrai que Goldschmidt ajoute « non pas, semble-t-il, sur les mêmes ni non plus de la même manière »[1]). Rien pourtant dans l'analyse du paradigme donnée par l'Étranger n'indique un quelconque passage de la perception de choses sensibles à la réalité elle-même auxquelles ces choses aspirent à ressembler.

Une référence plus pertinente serait le passage du *Ménon* (85 b-86 c) où Socrate tire la conclusion de son examen du petit esclave. Il insiste sur le fait que toutes les opinions que celui-ci a énoncées se trouvaient déjà en lui :

> Donc, chez celui qui ne sait pas, au sujet des choses qu'il ne sait pas, il existe des opinions vraies sur les choses mêmes qu'il ne sait pas ? [...] Et à présent, en lui, ce sont ces opinions qui viennent juste d'être mises en mouvement et de se lever comme en rêve. Mais si on l'interroge souvent et de multiples façons sur ces mêmes sujets, tu sais qu'il finira par avoir sur eux une science aussi exacte que personne. (Τῷ οὐκ εἰδότι ἄρα περὶ ὧν ἂν μὴ εἰδῇ ἔνεισιν ἀληθεῖς δόξαι περὶ τούτων ὧν οὐκ οἶδε ; [...] Καὶ νῦν μέν γε αὐτῷ ὥσπερ ὄναρ ἄρτι ἀνακεκίνηνται αἱ δόξαι αὗται· εἰ δὲ αὐτόν τις ἀνερήσεται πολλάκις τὰ αὐτὰ ταῦτα καὶ πολλαχῇ, οἶσθ' ὅτι τελευτῶν οὐδενὸς ἧττον ἀκριβῶς ἐπιστήσεται περὶ τούτων.) (85 c 6-d 1)

Il semble qu'il y ait une parenté indéniable entre ce texte et celui du *Politique*. Pourtant, si on compare les deux séquences, on constate des différences tout aussi indéniables :

1. *Op. cit.*, p. 56.

*États de l'âme*

*Ménon* :

| | | | |
|---|---|---|---|
| Opinions vraies latentes sur des choses qu'on ne sait pas | Opinions vraies exprimées sur des choses qu'on ne sait pas *comme en rêve* | Questionnement fréquent et multiple | Science |

*Politique* :

| | | | |
|---|---|---|---|
| Savoir de toutes choses *comme en rêve* | Ignorance de toutes choses = *quasi-veille* (encore du rêve?) | Usage d'un paradigme | Passage du *rêve* à la *veille* Opinion droite |

L'état de rêve représente dans le *Ménon* celui où on fournit des opinions droites sans les avoir apprises et sans connaître les choses sur lesquelles elles portent. Celles du petit esclave ont été mises en mouvement sous l'effet des questions de Socrate, mais il ne s'agit encore que d'un savoir de rêve. La métaphore du rêve[1] s'applique dans les Dialogues soit à des réalités irréelles – simulacres d'États (*Rép.*, VII, 520 c) ou objets en peinture (*Soph.*, 266 c) – soit à des formes de connaissance dépourvues de fondement, qu'il s'agisse de l'opinion, dont le caractère irrationnel engendre l'instabilité, ou de la pensée dianoétique, celle des mathématiciens qui rêvent à propos des êtres véritables[2]. Par « savoir de rêve », Platon signifie donc toujours une forme de non-savoir opposé au savoir véritable.

1. Voir *Lysis*, 218 c 8, *Banq.*, 175 e, *Rép.*, V, 476 c 4, d 3, VII, 520 c 7, *Parm.*, 164 d 2, *Théét.*, 208 b 11, *Soph.*, 266 c 9. Tous les autres emplois se réfèrent aux rêves qui adviennent pendant le sommeil. La métaphore ne s'applique jamais à une réalité ou un savoir véritable.

2. Voir chap. II, p. 93-94.

Dans le *Politique*, la difficulté est que le rêve y est la métaphore non pas d'un, mais de deux états de l'âme. Quand il s'oppose à un état de quasi-veille, il désigne un savoir qui s'évanouit dès lors qu'il est confronté à un problème particulier : reconnaître un des éléments de toutes choses (τὰ τῶν πάντων στοιχεῖα, 278 d 1) dans les « syllabes des choses qui sont longues et difficiles » (τὰς τῶν πραγμάτων μακρὰς καὶ μὴ ῥᾳδίους συλλαβάς, *ibid.*, 4-5). Être « comme à l'état de veille » c'est ignorer toutes les choses que l'on croyait savoir mais qu'on ne savait toutes que comme en rêve. Le passage d'un état à l'autre montre le caractère illusoire du savoir précédent : c'était comme un rêve de savoir. Lorsqu'ils sont tous les deux modalisés, le rêve et la veille s'opposent comme un savoir total à une ignorance totale. Quand, dans la phrase de 278 d 10-11, les modalisants (οἷον, ὥσπερ = « comme ») disparaissent, c'est le rêve qui représente l'état d'ignorance et la veille celui du savoir ; ils s'opposent alors comme une ignorance déterminée, partielle, au savoir déterminé d'une réalité particulière, donc lui aussi partiel. Dans le *Ménon*, c'est la capacité de formuler des opinions droites qui s'exerce comme en rêve, et il est hautement probable que l'âme ne sera vraiment éveillée que lorsqu'elle possédera la science. Mais ce n'est pas une science exacte que fait acquérir l'emploi d'un paradigme : il fournit seulement un moyen d'opiner droitement. En résumé, dans le *Ménon*, il s'agit de substituer la science à l'opinion droite (par le biais de questions répétées), dans le *Politique*, de passer de l'ignorance à l'opinion droite (grâce à un paradigme).

Mais le point de départ, au moins, n'est-il pas le même ? Car il est bien affirmé dans les deux cas que l'âme « sait tout » : cependant, quand il faut, dans le *Ménon* ou le *Phédon*, établir la réalité de la réminiscence, cette science totale est supposée pour montrer que l'âme tire tout son savoir d'elle-même, sans avoir besoin de recourir ni à l'expérience sensible ni à l'enseignement d'un autre. Faut-il penser que dans le *Politique* l'âme sait également, sans les avoir apprises, toutes choses ? C'est possible, encore que le contexte incline à donner un sens moins radical. Un enfant qui a appris toutes les lettres de l'alphabet peut croire les connaître toutes, mais découvrira qu'il les ignore puisqu'il est incapable de les reconnaître dans toutes les syllabes [1]. Il en va de même de celui qui aurait appris tous les éléments de la géométrie, par exemple, mais qui serait incapable de reconnaître les triangles rectangles que fait surgir le tracé de l'hypoténuse d'un carré. « Toutes choses » signifierait alors non pas absolument toutes choses, mais toutes les choses qu'on sait, ou plutôt qu'on croit savoir et qu'on ne sait que comme en rêve. L'Étranger le dit on ne peut plus clairement : notre âme se trouve dans le même état à propos « des éléments de toutes choses » ; tantôt elle en connaît certains d'un savoir ferme et vrai, tantôt, à propos d'autres, elle est emportée en sens contraire, et tantôt, concernant des éléments qui sont les mêmes, elle arrive on ne sait comment à une opinion droite, alors qu'elle ne les reconnaît pas dans « les syllabes des réalités qui sont longues et difficiles » (278 c-d). Elle est par conséquent loin de savoir toutes choses, elle en connaît certaines et non d'autres. Le savoir de toutes choses n'est qu'un savoir de rêve, et non ce savoir qui se trouverait réellement en elle qu'implique l'*anamnèsis* et dont il serait possible de se ressouvenir partiellement.

Ce passage du *Politique* porte sur cet « état en nous », ou plutôt sur les différents états de notre âme face au savoir, et uniquement sur cela. Il ne cherche pas à répondre au problème « comment chercher à apprendre ce dont on n'a pas du tout de connaissance », problème dont la solution était dans le *Ménon*

1. Voir le texte parallèle de *Théét.*, 207 d-e.

la réminiscence. Il s'agit simplement de voir comment opérer le passage d'une connaissance mal assurée, flottante, vague, confuse (« rêvée »), à une opinion qui soit constamment vraie.

*Utilité du paradigme*

L'usage d'un paradigme ne débouche en effet que sur des opinions vraies [1]. Toute la définition se situe dans l'horizon de la *doxa* [2]. Se servir d'un paradigme permet d'identifier correctement un élément, quel que soit l'ensemble dans lequel il figure, et cela en « mettant en parallèle » des « syllabes » où il n'est pas reconnu avec des syllabes où il est reconnu. Il s'agit donc de se reporter à un ensemble plus simple où les éléments sont facilement identifiables pour les reconnaître dans un ensemble plus complexe où on risquerait de les méconnaître.

Cependant, être capable d'épeler correctement les éléments constituant une réalité, et éviter ainsi l'opinion fausse, est un moment nécessaire mais non suffisant. Le paradigme est nécessaire quand on affaire à des syllabes « de grande étendue », « longues », c'est-à-dire composées d'éléments multiples, mais aussi à des syllabes ayant une connotation de « grandeur », de majesté, qui risque de faire obstacle à l'humble entreprise de décomposition en éléments. C'est pourquoi il faut prendre « un tout petit paradigme » (σμικρότατον, 279 a 8), donc un paradigme totalement différent de ceux proposés par le mythe. Le choix de ce tout petit paradigme aura un effet réducteur et ironique sur le jugement de valeur implicite. Le paradigme du

1. ὀρθῶς ἐδόξαζον, 278 a 9; τὰ δοξαζόμενα ἀληθῶς, 278 b 3; δοξαζόμενον ὀρθῶς, 278 c 5; μίαν ἀληθῆ δόξαν, c 6; ὀρθῶς δοξάζει, d 4.

2. Que les traducteurs évitent soigneusement de rendre par « opinion », sauf Diès, et seulement quand il s'agit de l'opinion fausse : comme il s'agit d'un texte « méthodologique », ils préfèrent traduire par « jugement ». Mais pour Platon, juger, c'est opiner et non pas savoir.

pêcheur à la ligne avait aussi cette fonction ironique à l'égard du majestueux sophiste. Mais s'agissant de l'homme royal, le paradigme n'a plus seulement sa fonction d'exercice et son effet ironique : il faut découvrir une activité comparable à la sienne, de telle sorte qu'en épelant les éléments de l'une on pourra les identifier dans l'autre.

L'Étranger vient d'établir soigneusement ce qu'il entend par paradigme, pourquoi et comment s'en servir. Mais, arrivé au moment de savoir quel paradigme il faut choisir, il n'a aucune recommandation à faire. Les considérations méthodologiques qui précèdent se trouvent brusquement interrompues. Le choix du tissage, plus précisément du tissage de laine, se fait avec une désinvolture qui laisse pantois : « si nous n'avons rien d'autre sous la main » (279 b). Il est pourtant assez évident que le tissage était non seulement le meilleur paradigme possible mais le seul convenable. La perception de la ressemblance entre le problème que doivent résoudre tisserand et politique sous-tend toute la suite du dialogue. Or cette perception ne résulte, elle, de l'emploi d'aucun paradigme, ne relève d'aucune méthode. Elle est le propre de l'intelligence du dialecticien, et son choix ne révélera sa pertinence qu'à ses résultats. Devenir meilleur dialecticien, ce n'est pas plus ici qu'ailleurs disposer seulement d'une méthode, mais devenir plus inventif et être plus capable de découvrir des ressemblances avant même de démontrer qu'elles existent. Si on considère le paradigme du paradigme, faire acquérir des opinions droites à un élève demande qu'un maître de grammaire sache quelle syllabe rapprocher d'une autre : il devra évidemment connaître l'identité de l'élément qu'il cherche à faire reconnaître par l'élève. Le paradigme ne sert donc pas à découvrir cette identité : quelqu'un doit déjà la connaître pour donner à ce rapprochement avec une petite syllabe sa fonction paradigmatique. Tout usage d'un paradigme suppose ce savoir préalable. Est-ce à dire qu'il n'a qu'une utilité didactique[1] ? Une fois le paradigme choisi, et ce choix suppose au moins le savoir qu'il y a quelque chose de commun entre la petite et la grande réalité, il pourra également servir à découvrir avec précision, et plus facilement, les éléments de la grande réalité. Il a donc aussi une fonction heuristique. En tant qu'il est apte à choisir le bon paradigme, le dialecticien en sait forcément plus sur la chose qu'il cherche qu'il ne l'avoue, mais il ne sait pas pour autant en épeler tous les éléments : c'est le paradigme qui lui permettra de les découvrir. Si on sort de la *nursery* chère à Owen[2], c'est le même qui sera son propre maître et son propre élève. Si on y reste, on voit pourquoi celui à qui le dialecticien fournit le paradigme ne pourra acquérir grâce à lui que des opinions droites.

La laborieuse définition du tissage, qu'aucun homme de bon sens n'effectuerait pour elle-même, ne donne cependant pas lieu à une division analogue du politique. Si on la prend toutefois pour paradigme, c'est qu'elle doit comporter des éléments qui devraient servir à reconnaître que les mêmes éléments sont présents dans l'art politique. Et c'est bien le cas. D'abord, comme pour le tissage, il existe tout autour de l'art politique des arts rivaux (280 b-281 c) et des arts « auxiliaires » (*sunaitia*, 281 d-282 e) ; ensuite, leur activité combine deux opérations contraires : art d'assembler et de séparer (*sunkritikè*, *diakritikè*, 282 b 7) ; enfin ils requièrent tous deux des activités préalables et de même nature : carder, tordre, filer, assigner à chaque fil sa place dans la chaîne ou la trame, tout cela trouve son équivalent dans l'art politique. La définition de ces

1. Voir R. Robinson, *Plato's Earlier Dialectic*, *op. cit.*, p. 213.

2. G.E.L. Owen, « Plato on the Undepictable », dans *Exegesis and Argument*, *op. cit.*, 349-361, p. 356-357.

différents arts et la détermination des différentes relations qu'ils entretiennent avec l'art de tisser sont essentielles pour éviter une confusion avec les « arts rivaux » et pour marquer à la fois la dépendance et la supériorité de l'art en question relativement aux arts auxiliaires. Elles resteraient inaperçues si on se contentait de la définition minimale. Cela devrait suffire pour faire justice d'une critique possible :

> Mais pourquoi donc n'avons-nous pas répondu tout de suite (*euthus*) que l'entrelacement de la chaîne et de la trame, c'est cela le tissage, au lieu de tourner en rond et de faire une quantité de distinctions inutiles ? (τί δή ποτε οὖν οὐκ εὐθὺς ἀπεκρινάμεθα πλεκτικὴν εἶναι κρόκης καὶ στήμονος ὑφαντικήν, ἀλλὰ περιήλθομεν ἐν κύκλῳ πάμπολλα διοριζόμενοι μάτην ;) (283 b 1-3)

Ce n'est pas ainsi que l'Étranger répond à cette objection. Cela, il le montrera en avançant. Mais il élève, si on peut dire, le débat, en demandant selon quelle mesure il convient d'apprécier l'excès et le défaut, en particulier lorsque cela concerne les discours.

## Quatrième leçon : diviser et rassembler, les deux mesures

La distinction entre deux espèces de mesure est l'occasion d'approfondir encore la réflexion : on vient d'opérer une division, mais comment *faut-il* diviser correctement et quelles sont les erreurs à éviter ? Car au-dessus des deux espèces de mesures distinguées par l'Étranger, l'une, disons, quantitative, et l'autre qui est juste mesure et que le politique doit mettre en œuvre, il existe une science capable à la fois de les différencier et de les intégrer dans un même genre. C'est dans ce passage, central à tous égards, que la dialectique subit une nouvelle métamorphose.

La justification du long discours tenu jusqu'ici par l'Étranger (mythe compris) passe en effet par une division qui permet de réfléchir sur deux espèces d'erreurs dialectiques possibles, sur leurs causes, et sur la manière dont il faut s'y prendre pour les éviter :

> C'est en effet, Socrate, ce que, pensant certainement formuler quelque chose de sage, disent beaucoup d'hommes habiles, que la science de la mesure s'applique à tout ce qui vient à être, et c'est cela que nous nous trouvons dire à présent. Car c'est de la mesure, assurément, que toutes les choses qui sont faites avec art participent en quelque façon ; mais c'est parce que les gens ne sont pas habitués à examiner en divisant selon les espèces [1] que, aussi grandement différentes soient-elles, ils les réduisent immédiatement au même, les estimant semblables ; et, au rebours, [2] ils font tout le contraire de cela en distinguant des choses comme étant différentes, mais non [= sans diviser] selon les parties ; (Ὃ γὰρ ἐνίοτε, ὦ Σώκρατες, οἰόμενοι δή τι σοφὸν φράζειν πολλοὶ τῶν κομψῶν λέγουσιν, ὡς ἄρα μετρητικὴ περὶ πάντ' ἐστὶ τὰ γιγνόμενα, τοῦτ' αὐτὸ τὸ νῦν λεχθὲν ὂν τυγχάνει. μετρήσεως μὲν γὰρ δή τινα τρόπον πάνθ' ὁπόσα ἔντεχνα μετείληφεν· διὰ δὲ τὸ μὴ κατ' εἴδη συνειθίσθαι σκοπεῖν διαιρουμένους [1] ταῦτά τε τοσοῦτον διαφέροντα συμβάλλουσιν εὐθὺς εἰς ταὐτὸν ὅμοια νομίσαντες, [2] καὶ τοὐναντίον αὖ τούτου δρῶσιν ἕτερα οὐ κατὰ μέρη διαιροῦντες·) (284 e 11-285 a 8)

Toutes les choses qui viennent à être (*ta gignomena*)[1] par l'action d'une *tekhnè* possèdent une forme déterminée et on

1. *Ta gignomena* désigne certes des choses en devenir, qui ne sont ni toujours, ni toujours mêmes qu'elles-mêmes, mais ici c'est le processus qui les fait venir à être, la production « technique », qui est en question.

peut ainsi leur appliquer un nom – cela, parce qu'un art leur a conféré leur « juste mesure ». Qu'il s'agisse d'une marmite, d'un fruit ou d'un temple, ces choses ne seront ce qu'elles doivent être et ne mériteront leur dénomination que si un art, celui du potier, du jardinier ou de l'architecte, a présidé à leur *genesis* (naissance et croissance); cet art implique une connaissance de la juste mesure propre à ce qu'il produit (sinon on aura un tas informe de terre mal cuite ou trop cuite, une graine avortée, une construction branlante). Toute genèse qui est un effet de l'art est genèse d'une chose « bien mesurée ». L'art est ainsi la cause de la participation des choses à la mesure, et par-delà, c'est cette participation à la mesure qui donne à la chose sa forme (*eidos*) et son nom.

Mais à quelle sorte de mesure participent-elles alors ? Pas à celle qui ne leur donnera que des déterminations quantitatives (long de trois coudées etc.), mais à la « juste mesure » et à ses différentes spécifications : « le convenable, l'opportun, le requis et tout ce qui s'éloigne des extrêmes pour établir sa résidence au milieu » (πρὸς τὸ μέτριον καὶ τὸ πρέπον καὶ τὸν καιρὸν καὶ τὸ δέον καὶ πάνθ' ὁπόσα εἰς τὸ μέσον ἀπῳκίσθη τῶν ἐσχάτων, 285 e 6-8)[1]. La réflexion sur la notion de mesure permet alors à l'Étranger de relever deux erreurs possibles et inverses, et d'en donner les causes.

1) Certains réduisent immédiatement au même des espèces qui peuvent être très différentes, parce qu'ils les estiment semblables. L'inexpérience en matière dialectique se traduit par l'identification immédiate du semblable à l'identique. La

1. Je comprends le premier καί comme explétif : « ce qui est bien mesuré, c'est-à-dire… ». Sur les sens « littéraires » et « philosophiques » de *metrion*, voir Y. Lafrance, « Métrétique, mathématiques et dialectique en *Pol.*, 283 c-285 c », dans *Reading the 'Statesman'*, *op. cit.*, p. 89-101, voir p. 90-94.

perception d'une ressemblance amène à négliger les différences, la ressemblance est toujours ce genre glissant, et prendre le semblable pour du même est, selon le Socrate de la *République*, le propre du rêve[1]. Cette première erreur consiste par exemple à assimiler mesure quantitative et juste mesure, et à croire que toute mesure est une mesure quantitative (ce qui exclurait la possibilité d'un art politique).

2) La seconde erreur, formulée avec une extrême concision, est plus difficile à saisir. Elle est en tout cas « contraire » à la première : si celle-ci identifiait à tort ce qui est réellement différent en fonction d'une similitude apparente, la seconde doit donc différencier à tort ce qui est réellement même. Mais comment traduire cette proposition elliptique ? et quelle est la cause de cette seconde erreur ? Diès (« et font, *pour d'autres choses*, tout le contraire, parce qu'ils ne les divisent pas en leurs parties »), Robin (« quand, à l'égard *d'autres choses*, on s'abstient de les diviser selon leurs parties »), et Rowe (« *dividing* other things *not according to parts* »), suivant Campbell (« *distinguishing other things not according to their real divisions* »), traduisent de telle sorte qu'on comprend que les deux erreurs diffèrent parce qu'elles portent sur des choses différentes[2]. On ne voit pas alors en quoi elles

1. *Rép.*, V, 475 c.

2. A. Diès, dans *Platon. Œuvres complètes*, t. IX, 1re partie : *Le Politique*, Paris, Les Belles Lettres, 1935 ; L. Robin, dans *Platon. Œuvres complètes*, t. II, Paris, Gallimard, 1950 ; C.J. Rowe, *op. cit.* ; L. Campbell, *The 'Sophistes' and 'Politicus' of Plato,* with a revised text and English notes, vol. II, Oxford, Clarendon Press, 1867, note *ad loc.*, p. 107-108. Rowe propose en note « *other things* » (la traduction qu'il a choisie) ou « *things that are different* ». Je comprends plutôt que ces choses sont tenues pour, posées comme, différentes. Rowe remarque justement (note à 285 a 7-8, p. 210) que « parties » a ici le sens d'espèces et qu'il n'y a plus de danger à employer ce terme après la leçon donnée en 265 a *sq.*

seraient contraires : ne pas diviser certaines choses selon leurs espèces, et ne pas en diviser d'autres selon leurs parties, cela revient à coup sûr au même. Si les deux erreurs sont contraires, ce doit être que dans un cas on ne divise pas alors que dans l'autre on divise – mais incorrectement –, et que dans un cas on identifie ce qui est différent alors que dans l'autre on différencie ce qui est même. J'ai donc à peu près suivi Skemp : « *they distinguish them but fail to distinguish according to the real distinctions* ». La seconde erreur consiste à distinguer des choses en les posant comme différentes, sans voir néanmoins que ce sont des parties (des espèces) d'une même réalité. Il y aurait donc comme un jeu sur les deux sens de διαιρεῖν : son sens courant, distinguer (tenir pour différent), et son sens platonicien, diviser. Certains distingueraient sans diviser (puisque précisément il s'agit de gens qui ne sont pas accoutumés à diviser), c'est-à-dire sans voir que deux espèces peuvent être différentes (et même « ennemies », « contraires », comme les deux vertus de tempérance et de courage à la fin du dialogue) et relever pourtant d'une même essence, donc faire partie d'un même genre – ce qui est le cas des deux espèces de mesure. D'où la traduction proposée : « en distinguant des choses comme étant différentes, mais sans diviser selon les parties ».

S'en tenir à une ressemblance apparente pour affirmer même ce qui est autre, tenir pour simplement différentes des réalités qui sont en fait les parties d'une seule et même essence, sont des fautes commises par ceux qui n'ont pas d'expérience dialectique.

Cela me semble être confirmé par ce qui suit, lorsque l'Étranger oppose à chacune des deux erreurs ce qu'il faut faire :

> ... alors qu'il faut, [1bis] toutes les fois qu'on commence par percevoir une relation qui fait communiquer (*koinônia*) des réalités multiples, ne pas abandonner avant d'avoir vu en elle toutes les différences résidant dans les espèces, et, inversement, [2bis] être incapable de s'arrêter en boudant, avant, ayant ramassé tous les caractères propres à l'intérieur d'une ressemblance unique, de les envelopper par l'essence d'un genre déterminé. (δέον, [1bis] ὅταν μὲν τὴν τῶν πολλῶν τις πρότερον αἴσθηται κοινωνίαν, μὴ προαφίστασθαι πρὶν ἂν ἐν αὐτῇ τὰς διαφορὰς ἴδῃ πάσας ὁπόσαιπερ ἐν εἴδεσι κεῖνται, [2bis] τὰς δὲ αὖ παντοδαπὰς ἀνομοιότητας, ὅταν ἐν πλήθεσιν ὀφθῶσιν, μὴ δυνατὸν εἶναι δυσωπούμενον παύεσθαι πρὶν ἂν σύμπαντα τὰ οἰκεῖα ἐντὸς μιᾶς ὁμοιότητος ἕρξας γένους τινὸς οὐσίᾳ περιβάληται.) (285 a 8-b 6)

Le vocabulaire de ce passage offre des particularités remarquables : le terme *idea* est absent, c'est la « *koinônia* » perçue qu'il faut diviser en espèces, et ce qu'il faut rassembler dans l'essence d'un « genre » est une multiplicité de dissemblances. Le trait le plus surprenant est qu'il n'y a pas d'unité à diviser (la seule unité mentionnée est celle de la ressemblance unique, μιᾶς ὁμοιότητος, qui permet de ramasser en elle tous les caractères propres, *oikeia*).

1bis) Selon la première règle, il faut diviser une *koinônia*. Comment faut-il entendre ce mot ? Diès traduit : « lorsqu'on s'est aperçu qu'un certain nombre de choses ont quelque communauté » ; Robin : « une fois qu'on a auparavant pris conscience de la communauté existant dans la multiplicité » ; et Rowe : « *when one perceives first the community of the many things* ». Tous ont donc l'air de supposer ce qu'explicite Rowe : il faut « percevoir la similarité entre les choses, quelles qu'elles soient, qui sont en question »[1]. À l'exception, encore, de Skemp : « *whenever it is the essential affinity between a given group of Forms which the philosopher perceives on first inspection* », tous semblent prendre la *koinônia* pour une ressemblance, un trait commun faisant qu'une multiplicité de choses constitue une « communauté ». Outre le fait qu'il semble difficile de diviser une ressemblance en ses espèces, et qu'il faut pour cela la transformer en *idea*, on peut faire deux objections à cette interprétation.

La première est que « tout à l'heure », dans le *Sophiste*, le terme a été employé neuf fois pour désigner, comme l'a bien vu Skemp, une « affinité » entre des Formes, et plus précisément une relation de « participation », de « mélange » : ainsi, entre le Mouvement et le Repos, et l'Être (250 b 9), entre les plus grands parmi les genres (254 c 5), entre le Même et l'Autre (256 b 2), entre les genres (257 a 9). C'est seulement s'ils ont une *koinônia* avec le Non-être qu'opinion et logos peuvent être faux (260 e 3, 5) ; il faut s'attacher à déterminer la *koinônia* de la section (donc de l'espèce) laissée à droite avec le sophiste. Enfin, si on accepte la thèse des tard-venus : « rien n'a aucune puissance de *koinônia* avec rien » (251 e 8-9), on devra conclure que « Mouvement et Repos ne participent pas à l'Existence » (*ibid.*, e 10) ; le comble du ridicule est atteint par ceux qui, même si une chose est affectée par une autre, donc a avec elle une *koinônia,* ne permettent pas que quoi que ce soit

1. Ma traduction de sa note à 258 a 8-b 1, p. 210 : « *whenever one perceives the similarity between whatever things are in question* ». Là encore, l'origine est Campbell : « *when one has first perceived a common nature running through a great variety of things…* », formule qui paraît à celui-ci semblable à celle de *Phil.*, 16 d (lire c 8-d 2) : δεῖν οὖν ἡμᾶς τούτων οὕτω διακεκοσμημένων ἀεὶ μίαν ἰδέαν περὶ παντὸς ἑκάστοτε θεμένους ζητεῖν - εὑρήσειν γὰρ ἐνοῦσαν - (*ibid.*, p. 108). Mais dans le *Politique*, il n'y a justement pas d'*idea*.

soit appelé d'un nom autre que le sien (252 b 9-10) – pour le dire plus clairement : refusant toute participation, ils refusent toute prédication. L'expression *dunamis koinônias* (251 e 9) et *dunamis* [...] *epikoinônias* (252 d 2-3) signifie sans aucun doute « puissance de communiquer avec ».

Dans le *Sophiste*, le terme désigne toujours une relation eidétique et jamais un ensemble de choses possédant un trait commun, donc offrant une ressemblance : le Même ne ressemble pas à l'Autre, ni le Mouvement à l'Être. Pourtant, si tel est incontestablement le sens de *koinônia* rencontré dans le *Sophiste*, il serait après tout possible que Platon lui en donne un autre dans le *Politique*. Or tout d'abord le texte qui dénonce deux erreurs et énonce deux règles de méthode est étroitement relié par ses phrases d'introduction (« la métrétique s'applique à tout ce qui vient à être ») et de conclusion (« on a découvert deux genres [...] de métrétique ») au problème de l'art de mesurer. L'Étranger vient de le diviser en deux parties (283 d 4), et la première se différencie de la seconde « selon la *koinônia* mutuelle de la Grandeur et de la Petitesse » qu'elle instaure (τὸ μὲν κατὰ τὴν πρὸς ἄλληλα μεγέθους καὶ σμικρότητος κοινωνίαν, *ibid.*, 7-8). Il est impossible que l'Étranger pose une quelconque « similarité » entre ces deux contraires, d'autant qu'il reprend ensuite sa phrase sous cette forme : « si on refuse que la nature du plus grand se rapporte à autre chose (*pros*) qu'au plus petit, il n'aura jamais de rapport (*pros*) au bien mesuré » (Eἰ πρὸς μηδὲν ἕτερον τὴν τοῦ μείζονος ἐάσει τις φύσιν ἢ πρὸς τοὔλαττον, οὐκ ἔσται ποτὲ πρὸς τὸ μέτριον, 284 a 1-2). Si on veut que soit possible l'existence d'un art politique, ou de n'importe quel autre art ayant un savoir en matière d'actions, il faut contraindre « le plus et le moins à devenir commensurables non seulement l'un à (*pros*) l'autre, mais aussi relativement à (*pros*) la genèse de quelque chose de bien mesuré » (284 b 9 – c 10). Le plus grand et le plus petit ne seront donc pas mesurés seulement « selon le rapport que l'un a avec (*pros*) l'autre, mais aussi selon leur rapport à (*pros*) la genèse de quelque chose de bien mesuré » (284 d 5-6). Il ressort de tous ces textes que mesurer, c'est mesurer relativement à. Tout *metreisthai* est un *metreisthai pros*. Ce qui peut être mesuré l'est soit relativement à son contraire, soit relativement à du bien mesuré, c'est-à-dire à du convenable, de l'opportun et du requis. L'art de mesurer est l'art de mettre en relation la chose à mesurer avec celle qui lui sert de mesure, de les rendre commensurables en les faisant communiquer. La métrétique est donc une espèce de *koinônia*, qui comporte elle-même deux espèces distinctes. Le dialecticien rencontre ainsi un problème spécifique puisqu'il doit diviser non pas une Forme mais une relation. Comment divise-t-on une relation ? En espèces de relation, constituées comme toutes les espèces subordonnées par des différences. Ce n'est donc pas parce qu'il a affaire à une relation que le dialecticien doit abandonner, et ne pas la diviser en ses différentes espèces.

Quelle similarité pourraient au demeurant présenter les deux espèces de mesure ? Aucune autre que le fait que ce sont toutes les deux des mesures. On commettrait alors exactement l'erreur grossière dénoncée par Socrate dans le *Philèbe* (12 e-14 a) : Protarque affirme que tout plaisir est semblable à un autre plaisir puisque ce sont tous deux des plaisirs. À quoi Socrate réplique que s'il affirmait à son tour qu'une science n'est jamais dissemblable d'une autre science en tant qu'elles sont toutes deux des sciences, il tiendrait le raisonnement absurde que le plus dissemblable est tout ce qu'il y a de plus semblable à ce qui est le plus dissemblable : le logos sera ruiné (*Phil.*, 13 d)[1]. L'erreur générale analysée en (1) – prendre de la ressemblance pour une identité – menace tout autant quand on a affaire à un rapport que lorsqu'on a affaire à une Forme.

2bis) Que prescrit la seconde règle ? De « ramasser tous les caractères propres à l'intérieur d'une ressemblance unique, pour les envelopper par l'essence d'un genre déterminé ». La formule, c'est le moins qu'on puisse dire, n'est pas lumineuse. Elle devient un peu plus simple si on comprend que *genos* ne signifie pas « genre commun aux différentes espèces », mais « espèce » : les deux termes sont souvent interchangeables, et l'Étranger conclut qu'il a découvert deux « genres » de métrétique (δύο γένη [...] τῆς μετρητικῆς, 285 b 8-c 1), autrement dit deux espèces de l'art de mesurer. Ce sens s'impose, car un genre peut parfaitement comprendre des espèces différentes et contraires, alors qu'une espèce est définie par des traits communs qui lui sont propres. L'espèce correspond à un seul trait commun (*idea*), non le genre.

De plus, il est certain que, dans ce cas précis, on sera face à des « dissemblances de toutes sortes ». Quelle ressemblance en effet pourrait-on percevoir immédiatement entre le fait de semer ou de déclarer la guerre au moment opportun, de faire en ivoire et en pierre les yeux d'une statue ou en bois d'olivier une cuiller à soupe[2], et de tenir un discours de la longueur requise par son objet ? On pourrait énumérer bien d'autres exemples et, devant, leur considérable variété, on comprend que le dialecticien risque de « s'arrêter en faisant la tête ». Ils

1. On trouve la même erreur formulée autrement en *Parm.*, 148 a-b : si l'un diffère des autres, donc leur est dissemblable, les autres choses diffèrent de l'un, donc lui sont dissemblables ; de telle sorte que l'un et les autres sont semblables précisément en ce qu'ils sont dissemblables.

2. L'or ne conviendrait pas : cf. *Hipp. Maj.*, 289 a-291 c.

offrent pourtant tous un trait commun : faire venir à existence quelque chose de bien mesuré. Et il en va de même de la première espèce de mesure : qu'il s'agisse du grand ou du petit, du léger ou du lourd, du rapide ou du lent, ces dissemblances sont inessentielles au regard du fait qu'on mesure chaque fois en rapportant un contraire à son contraire, du plus à du moins. Il faut donc percevoir cette ressemblance pour unifier, elle sert de médiation nécessaire à leur intégration dans une même espèce. Pour une fois, la ressemblance permet de glisser à bon escient, mais elle est perçue par un dialecticien.

Ainsi comprises, les deux règles permettent de se protéger des deux erreurs énoncées précédemment : celle qui prescrit de diviser en espèces évite de prendre immédiatement le ressemblant pour du même ; celle qui prescrit de rassembler les différents traits caractéristiques sous une même espèce permet d'éviter de croire que les dissemblances sont irréductibles à une « ressemblance unique », donc impossibles à envelopper par une seule espèce.

Le contexte immédiat – la division des deux espèces de mesure – explique le vocabulaire singulier du passage. Il faut bien toujours, en gros, diviser et rassembler, mais on ne divise pas ici l'unité d'une *idea*, et on ne rassemble pas une multiplicité d'espèces. On divise un rapport (une *koinônia*) en ses espèces (qui sont également des rapports), et on rassemble en une espèce non pas des individus sensibles mais des caractères propres.

L'autre caractéristique du passage est l'ambivalence de la notion de ressemblance. La ressemblance illusoire fait obstacle à la découverte des différences entre espèces. Mais dans la seconde règle la perception d'une ressemblance est l'étape nécessaire à l'unification des dissemblances. Le plus important semble alors que le dialecticien sache discerner les deux sortes de ressemblance et se serve de la ressemblance réelle pour surmonter « l'océan des dissemblances ». Le thème de l'unité et de la multiplicité passe en quelque sorte au second plan : est dialecticien celui qui sait faire un bon usage de la ressemblance.

### CINQUIÈME LEÇON :
### MONTRER UNE IMAGE, DONNER LE LOGOS

« Après ce raisonnement », l'Étranger va passer à un autre, qui concerne « les objets mêmes de notre recherche » et « toute discussion qui se déroule dans des discours de ce genre » (περὶ πάσης τῆς ἐν τοῖς τοιοῖσδε λόγοις διατριβῆς, 285 c 5-6). Puisque l'enquête sur le politique a pour fin de nous rendre meilleurs dialecticiens sur tous sujets, cela vaut également pour l'enquête sur le tissage.

> Mais je crois qu'il échappe à la plupart des gens que, pour certaines réalités qui sont faciles à comprendre, il existe naturellement certaines ressemblances perceptibles et qu'il n'est nullement difficile de montrer, chaque fois qu'on veut en faire une présentation facile si quelqu'un en réclame une explication (*logos*), sans compliquer les choses, mais sans recourir à un raisonnement (*logos*). En revanche, pour les réalités qui sont les plus grandes et qui ont le plus de valeur, il n'existe aucune image façonnée clairement pour les hommes qu'on pourrait exhiber si on souhaite satisfaire l'âme de celui qui s'enquiert, et qui, adaptée à l'un des organes des sens, soit capable de la satisfaire de façon adéquate. Voilà pourquoi il faut s'exercer à donner et à recevoir une explication rationnelle (*logos*) de chaque chose ; car les réalités incorporelles qui sont les plus belles et les plus grandes ne

peuvent être montrées clairement que par un discours rationnel (*logos*), et par rien d'autre, et tout ce que nous disons à présent concerne de telles réalités. (ἀλλ' οἶμαι τοὺς πλείστους λέληθεν ὅτι τοῖς μὲν τῶν ὄντων ῥᾳδίως καταμαθεῖν αἰσθηταί [αἰσθητικαί mss.] τινες ὁμοιότητες πεφύκασιν, ἃς οὐδὲν χαλεπὸν δηλοῦν, ὅταν αὐτῶν τις βουληθῇ τῷ λόγον αἰτοῦντι περί του μὴ μετὰ πραγμάτων ἀλλὰ χωρὶς λόγου ῥᾳδίως ἐνδείξασθαι· τοῖς δ' αὖ μεγίστοις οὖσι καὶ τιμιωτάτοις οὐκ ἔστιν εἴδωλον οὐδὲν πρὸς τοὺς ἀνθρώπους εἰργασμένον ἐναργῶς, οὗ δειχθέντος τὴν τοῦ πυνθανομένου ψυχὴν ὁ βουλόμενος ἀποπληρῶσαι, πρὸς τῶν αἰσθήσεών τινα προσαρμόττων, ἱκανῶς πληρώσει. διὸ δεῖ μελετᾶν λόγον ἑκάστου δυνατὸν εἶναι δοῦναι καὶ δέξασθαι· τὰ γὰρ ἀσώματα κάλλιστα ὄντα καὶ μέγιστα, λόγῳ μόνον ἄλλῳ δὲ οὐδενὶ σαφῶς δείκνυται, τούτων δὲ ἕνεκα πάντ' ἐστὶ τὰ νῦν λεγόμενα.) (285 d 10-286 a 7).

Ce texte a fait couler beaucoup d'encre. La seule chose certaine est que sont distingués deux types de réalités, les unes dont on peut montrer des images sensibles à celui qui s'enquiert sur elles, images qui dispensent d'user de logos, les autres dont il n'y a pas d'images claires et que seul le logos peut faire connaître.

À part cela, tout dans ce texte a donné lieu à discussion. Le problème principal est évidemment d'identifier les réalités en question, et sur ce point on peut dire qu'il existe en gros deux interprétations :

1) La première estime qu'il s'agit tout au long de Formes : certaines ont des images naturelles qui sont claires et qu'il peut suffire de présenter pour les faire comprendre. Ces images sont des choses sensibles : ainsi, un feu sensible est une image claire du Feu en soi. D'autres réalités, par exemple la Justice, ne se présentent que dans des images obscures, ou n'ont pas

d'images du tout, et il faut passer par le logos pour en rendre compte.

2) La seconde récuse cette interprétation « métaphysique » et pose qu'il ne s'agit ici que de distinguer entre des réalités dont on peut donner une représentation graphique et celles dont on ne peut donner qu'une explication verbale, en usant de mots.

La seconde interprétation a été défendue par G.E.L. Owen dans un article célèbre[1]. Elle a obtenu l'adhésion à peu près générale des commentateurs anglo-saxons les plus récents, qui n'émettent de réserves que sur des points de détail[2]. Comme la première est celle que je souhaite défendre, je vais commencer par expliquer pourquoi la seconde me semble difficilement acceptable.

*L'interprétation d'Owen*

– Interpréter ontologiquement le texte reviendrait à soutenir que Platon aurait conservé sa théorie des Formes-paradigmes en dépit de toutes les objections (y compris de celles qu'il s'est faites à lui-même dans le *Parménide*). Le passage ne réfère à rien de tel et « fait une remarque philo-

1. G.E.L. Owen, « Plato on the Undepictable », cité p. 255 note 2.

2. Ch. Rowe, par exemple, juge que la principale faiblesse de l'interprétation d'Owen est qu'il ne relie pas suffisamment le passage à son contexte, mais Rowe estime comme Owen que « les "ressemblances perceptibles" qui sont immédiatement intelligibles sont celles entre les images et leurs modèles, celles que les non-philosophes étaient dits en 277 c préférer aux explications verbales » (*op. cit.*, note à 285 d 10-e 1, p. 211, ma traduction); pour M. Lane (*Method and Politics in Plato's 'Statesman'*, Cambridge, Cambridge University Press, 1998), « le grand mérite de l'article d'Owen est d'avoir montré que l'opposition fondamentale du passage se situait entre le représentable et l'irreprésentable » (p. 71); elle se rend néanmoins compte qu'il est difficile de ranger le tissage parmi les réalités *depictable*.

sophique de bon sens en termes simples »[1]. Owen a le mérite d'énoncer d'emblée le postulat qui va commander sa lecture : Platon a enfin abjuré ses erreurs passées, il n'y a plus de distinction ontologique dans le dernier Platon, et on peut enfin lire ses textes comme s'ils étaient écrits par n'importe qui ayant un peu de bon sens. Je ne partage évidemment pas cette manière de lire, d'abord parce qu'elle implique des décisions chronologiques, comme toujours éminemment discutables. Car pour soutenir la thèse du repentir de Platon, il faut décider que le *Timée* est antérieur au *Politique* et au *Parménide* (puisque tout y est construit sur un rapport paradigmatique entre le modèle intelligible et les réalités sensibles)[2]. Ensuite parce que faire abstraction de la philosophie de Platon en lisant Platon me paraît une entreprise que seule justifie une position philosophique que je crois très exactement opposée à la sienne. Mais ce ne serait là que postulat contre postulat, et c'est l'analyse du texte qui doit décider.

– Selon Owen, il faut faire remonter le contexte à 277 b. C'est une pièce majeure de son argumentation : l'opposition entre le dessin ou toute œuvre de la main (γραφῆς δὲ καὶ συμπάσης χειρουργίας), et parole et logos (λέξει καὶ λόγῳ) serait la même que celle établie en 285 a-b. Or le texte de 277 b

1. Ma traduction. Owen, art. cit., p. 349 : « *It makes a sound philosophical point in plain terms.* »

2. Ce que fait Owen dans « The Place of the *Timaeus* in Plato's Dialogues », *Classical Quarterly* N.S. 3, 1953, 79-95, repris dans R.E. Allen, *Studies in Plato's Metaphysics*, *op. cit.*, p. 313-338 (voir la partie intitulée « Second Thoughts on Government », p. 329-336). Je ne discuterai pas ce point, car deux articles de Ch. Gill (« Plato and Politics : the *Critias* and the *Politicus* », *Phronesis* 24, 1979, 148-167, et « Plato's Atlantis Story and the birth of fiction », *Philosophy and Literature* 3, 1979, 64-78) s'en chargent de façon très claire et argumentée.

n'est en fait pas du tout le point de départ de ce qui suit, mais la conclusion de la réflexion sur le mythe qui précède. Même si le mythe s'est servi de mots, ou, comme aime à le dire Owen, de *verbal means*, *verbal explanation*, *words*, et en ce sens est un logos, ce n'en est pas réellement un puisqu'il ne produit dans l'âme de celui qui écoute qu'une image, il trace quelque chose comme un dessin : la *graphè* n'est pas toujours une œuvre de la main, et le *Philèbe* montre comment le peintre qui est dans l'âme y inscrit les images de ce qu'elle vient de se dire (*Phil.*, 39 b). Il y a donc des discours qui font image, qui sont « comme » des tableaux, et des discours qui se passent d'images et n'en produisent pas[1]. Non seulement la situation de ce texte n'est pas celle qu'Owen prétend qu'elle est, mais son rapprochement avec celui de 286 a entraîne un contresens sur la signification de *logos*. Car il s'agit à présent du logos – de l'explication rationnelle – qu'il faut *donner et recevoir*, donc du logos dialectique, et non pas d'une simple « expression verbale », ce qui était effectivement le cas en 277 b, comme l'indiquait l'emploi concomitant de *logos* et de *lexis*. En 277 b, le choix était entre utiliser des mots ou des images, sa langue au lieu de ses mains. Mais donner le logos ne veut pas dire, pour Platon, émettre des sons et les entendre, ou même les comprendre, mais exposer la structure, une et multiple, de la chose en question. Parce qu'il juge identique le contenu de ces deux passages (et commente en fait davantage le premier que le second), Owen peut réduire la distinction établie en 285 e-286 a à une opposition entre ce qui est *depictable* (représentable) et *undepictable* (irreprésentable).

– Si quelqu'un demande ce qu'est une chose, il est plus facile de lui en montrer une image. N'importe quel maître d'école sait cela : il est improbable en effet qu'il ait sous la

1. Voir *supra*, p. 241-243.

main tous les objets réels (c'est la « *Schoolmaster's Objection* »[1]) ; si on lui demande par exemple ce qu'est une grue, il montrera une image de grue. Les ressemblances perceptibles sont des images tracées de main d'homme.

– Pour soutenir cela, il faut dénier au verbe πεφύκασιν toute connotation « naturelle ». Les « ressemblances perceptibles » n'existent pas par nature, ce sont des images fabriquées par des hommes (*human artefacts*) à des fins pédagogiques[2]. Il faut donc, selon Owen, rejeter la mauvaise traduction de Skemp : « *Likenesses which the senses can grasp are available in nature* ». Car comment pourrait-il exister naturellement, ou dans la Nature, des images dont il est dit peu après qu'elles sont « façonnées clairement » ? Rowe objecte justement que l'opposition (éminemment aristotélicienne à mon sens) introduite par Owen entre choses naturelles – existant dans la Nature – et objets fabriqués est inadéquate, car « dans une œuvre où est présente la figure d'un Artisan divin (dans le mythe), le fait de décrire des choses naturelles comme "fabriquées" ne présente aucune difficulté »[3]. La référence à une production divine (cf. *Soph.*, 266 b) paraît d'autant plus appropriée que, dans certains cas, il n'existe aucune image « façonnée clairement pour les hommes » (πρὸς τοὺς ἀνθρώπους εἰργασμένον ἐναργῶς). Dans la perspective d'Owen il faudrait plutôt penser que dans les autres cas il existe des images façonnées *par* les hommes, et que « les hommes » auxquelles elles sont destinées ne désigne pas l'ensemble du genre humain, mais seulement

1. Owen, « Plato on the Undepictable », p. 357.

2. *Ibid.*, p. 354-356.

3. Ch. Rowe, *op. cit.*, note à 285 e-286 a- 2, p. 212. Il soutient cependant comme Owen que πεφύκασιν est ici équivalent à εἰσίν, ὑπάρχουσιν (Owen, « Plato on the Undepictable », p. 350 note 3, Rowe, note à 285 d 10-e 1, p. 211).

ceux qui se trouvent dans la salle de classe. Si on garde à ces mots leur généralité, qui pourrait façonner des images à l'usage des hommes, sinon en effet un Artisan divin ? Or ce que fabrique le Démiurge, ce ne sont pas des dessins ou des portraits, mais bien l'ensemble des choses sensibles.

– Une autre difficulté – et qui me semble être de taille – pour la thèse d'Owen est l'expression « en s'adaptant à l'un des organes des sens » (πρὸς τῶν αἰσθήσεών τινα προσαρμόττων). On voit si peu quels sens il pourrait lui donner qu'il ne la relève même pas. Car si la première espèce ne comprend que des réalités *depictable*, comment donner une image d'une odeur, ou d'un corps rugueux, ou d'une saveur salée ? Le pauvre maître d'école devra bien alors avoir sous la main des *choses* possédant ces propriétés. Ou alors faut-il supposer que tout cela, étant *undepictable,* fait partie des réalités « qui sont les plus importantes et qui ont le plus de valeur » ? L'équation représentable = visible = corporel ne tient pas, puisque toutes les réalités corporelles ne sont pas visibles, donc pas représentables.

– Pour la seconde espèce de réalités, ce ne sont pour Owen évidemment pas des Formes, seulement des réalités qu'on ne peut pas dessiner, ou peindre etc. parce qu'elles n'ont pas de corps. Admettons que les réalités « incorporelles » ne désignent pas des Formes : dire que ce sont des réalités *undepictable* ne fait que reculer le problème[1]. Si la différence ontologique entre images sensibles et réalités intelligibles est

1. Owen passe très rapidement sur ce point : « *the most important things cannot be taught even to nursery standards from pictures and models (I shall say for short they are not "depictable"). They are, in the appropriate sense, "bodiless"* » (« Plato on the Undepictable », p. 356). On peut supposer que ce sens est « approprié » puisque les choses qui n'ont pas de corps ne sont pas visibles, donc pas représentables. Comme pour Owen ce ne sont pas des Formes, ce sont donc des réalités abstraites.

sans pertinence ici, on est cependant bien obligé d'admettre au moins l'existence de réalités abstraites comme la justice ou la dyade. Y en aurait-il parmi elles certaines qui seraient représentables et d'autres non (par exemple, la dyade ne le serait pas mais le triangle oui) ? On a vu qu'on était obligé d'admettre la même chose pour les réalités « corporelles ». Admettons toujours que le partage opéré par l'Étranger ne tienne pas compte de ces différences entre réalités sensibles et intelligibles, et que chacune des deux espèces puisse englober indifféremment les unes et les autres selon le seul critère du représentable ou non représentable. Pourquoi l'Étranger parle-t-il alors de réalités « incorporelles », et pourquoi est-ce d'elles qu'il affirme qu'on ne peut les montrer clairement que par le logos ? Si « réalités incorporelles » veut dire « réalités irreprésentables », l'Étranger se trompe doublement, car il y a des réalités corporelles qui ne sont pas représentables et des réalités incorporelles – toutes les formes géométriques, par exemple – qui sont clairement représentées par leurs images puisqu'elles permettent aux mathématiciens de raisonner sur elles. Il y a malgré tout beaucoup de chances que l'erreur ne soit pas de son côté.

De plus, si on se rapporte au *Sophiste*, dont la proximité chronologique et l'antériorité par rapport au *Politique* ne peut pas être contestée, on voit que le terme ἀσώματα est employé une première fois à propos des Amis des Idées, « acharnés à soutenir que ce sont les Formes intelligibles et incorporelles qui constituent la réalité véritable » (νοητὰ ἄττα καὶ ἀσώματα εἴδη βιαζόμενοι τὴν ἀληθινὴν οὐσίαν εἶναι, 246 b 7-8), et la seconde à propos des Fils de la Terre : ils doivent concéder que « parmi les choses qui existent il y a, si peu que ce soit, de l'incorporel » (εἰ γάρ τι καὶ σμικρὸν ἐθέλουσι τῶν ὄντων συγχωρεῖν ἀσώματον, 247 c 9-d 1). Platon ne reproche évidemment pas aux premiers d'identifier réalités intelligibles et incorporelles, mais seulement de soutenir que ce sont les seules réalités. Et parmi les réalités incorporelles dont les seconds devraient admettre l'existence figurent « la justice, la sagesse (*phronèsis*) et toute autre vertu, ainsi que leurs contraires, et de plus évidemment l'âme » (Οὔσης οὖν δικαιοσύνης καὶ φρονήσεως καὶ τῆς ἄλλης ἀρετῆς καὶ τῶν ἐναντίων, καὶ δὴ καὶ ψυχῆς, 247 b 1-2). Aucune de ces choses ne peut être vue ou touchée (ὁρατὸν καὶ ἁπτόν). L'incorporel, dans le *Sophiste*, est ce qui n'est pas sensible (et non pas seulement ce qui n'est pas visible, ou alors par métonymie), il est l'intelligible.

En outre, c'est bien entre des réalités intelligibles que le *Phèdre* établit une distinction qui paraît analogue à celle du *Politique* : toutes les réalités qui pour les âmes ont de la valeur (*timia* dit Socrate, *Phèdre*, 250 b 1, *timiotatois* dit l'Étranger, 285 e 4-286 a 1) n'ont pas d'images claires, leurs semblances ne sont que de « troubles moyens » de se rapporter à elles, alors que les images de la Beauté sont non seulement claires mais éclatantes.

> Or ni la Justice ni la Modération ni toutes les autres choses qui ont de la valeur pour des âmes n'ont rien de lumineux dans leurs semblances d'ici-bas, mais c'est à l'aide de troubles instruments que certains, un petit nombre même, réussissent en se reportant à ces images à contempler la réalité générique (*genos*) à laquelle ces images ressemblent. (δικαιοσύνης μὲν οὖν καὶ σωφροσύνης καὶ ὅσα ἄλλα τίμια ψυχαῖς οὐκ ἔνεστι φέγγος οὐδὲν ἐν τοῖς τῇδε ὁμοιώμασιν, ἀλλὰ δι' ἀμυδρῶν ὀργάνων μόγις αὐτῶν καὶ ὀλίγοι ἐπὶ τὰς εἰκόνας ἰόντες θεῶνται τὸ τοῦ εἰκασθέντος γένος·) (250 b 1-5)

La *phronèsis* n'a pas non plus d'image claire (ἐναργὲς εἴδωλον, *Phèdre*, 250 d 5, εἴδωλον οὐδὲν [...] εἰργασμένον ἐναργῶς dit l'Étranger). La similitude de vocabulaire est frappante, et on peut noter que les exemples du *Phèdre* (Justice, *Sôphrosunè, Phronèsis*) sont les mêmes que ceux des réalités incorporelles dans le *Sophiste* (Justice, *Phronèsis*). Dans le *Phèdre*, les images d'ici-bas sont incontestablement les choses sensibles, faites à la semblance des Genres, ou Formes. Comment Owen s'y prend-il pour se débarrasser de ce texte ? En disant qu'il s'agit, de l'aveu même de Socrate, d'un hymne mythique qu'il ne convient pas de prendre au sérieux. Balayons donc d'un revers de main tout le second discours de Socrate, l'automotricité de l'âme, la division de la *mania* et tout délire divin.

– Mais le nerf de l'interprétation serait pour Owen que ce passage doit justifier la longueur de la division du tissage, et qu'il faut l'interpréter en conséquence. C'est juste. De quelle espèce fait alors partie le tissage, et de quelle espèce l'art politique ? Selon Owen, le tissage est *depictable*, et l'art politique *undepictable*[1]. Mais le tissage n'est pas une réalité sensible, c'est un art. Goldschmidt bute contre la même difficulté : « Les techniques (puisque c'est à elles que font appel les paradigmes du *Sophiste* et du *Politique*) ne sont pas en toute rigueur sensibles », mais elles ont des ressemblances naturelles. Et comme il semble avoir autant de mal que moi à comprendre en quoi le spectacle d'un tisserand à son métier serait une image claire du tissage – pour Owen ce serait la peinture, disons sur vase, représentant un tisserand –, il introduit « l'image mentale et synthétique » de quelqu'un « qui accomplit les gestes caractéristiques du tissage » (p. 59), quelque chose comme un schème. Mais s'il est possible de donner du tissage une représentation claire ne passant pas par

1. « *It is less plain [...] that it is wool-weaving that can be depicted and statemanship that cannot ; but that can hardly be in doubt* » (*ibid.*, p. 358).

le logos, comment l'Étranger peut-il justifier le très long et fastidieux logos qu'il a consacré à le définir ?

Il y a vraiment trop de points du texte dont une telle interprétation n'arrive pas à rendre compte, elle est commandée par un postulat trop énorme, et elle finit par se contredire elle-même, car c'est effectivement la justification de la définition du tissage qui origine la réflexion plus générale sur l'existence de deux espèces de réalités. La longueur de la division ne se justifie que si le tissage ne fait pas partie des réalités qu'une image (quel que soit le sens qu'on donne à ce mot) suffirait à faire comprendre.

*L'interprétation ontologique*

Je vais donc risquer à mon tour une interprétation qui rejoint en gros celle de Skemp, mais s'en écarte sur quelques points.

– Tout d'abord, quelles peuvent être les réalités possédant des ressemblances naturelles qu'il suffirait de montrer pour qu'on comprenne, ou apprenne, ce qu'elles sont [1] ? Il ne peut s'agir de techniques car toute technique est rationnelle, elle suit des règles, un ordre, elle peut s'enseigner, elle suppose,

1. Je rapporte ῥᾳδίως καταμαθεῖν à ce qui précède, τοῖς μὲν τῶν ὄντων, et non à ce qui suit, αἰσθηταί τινες ὁμοιότητες, d'une part parce que c'est syntaxiquement plus naturel (Owen, qui choisit la solution inverse, reconnaît qu'il est exceptionnel que l'infinitif précède le substantif qu'il détermine, *ibid.*, p. 350 note 3), et d'autre part parce qu'il me semble peu probable que Platon dise qu'on puisse *comprendre* des images sensibles : elles peuvent servir à faire comprendre les réalités dont elles sont les images, mais qu'y a-t-il *en elles* à comprendre ? J'ai accepté la correction αἰσθηταί pour αἰσθητικαί donné par les mss., tout en ne voyant pas grande différence de sens entre les deux, comme je ne vois pas davantage la nécessité de corriger, comme Hermann et Badham, ῥᾳδίως en ῥᾳδίοις (voir Campbell, *op. cit.*, note *ad loc.*, p. 110).

comme le disait le *Gorgias* (503 e-504 d), *taxis* et *cosmos*. Rien de tout cela ne peut passer dans une représentation graphique. L'activité empirique d'un tisserand, sa représentation sur un vase, sont sans doute des images du tissage mais ce n'en sont pas des images *claires*. Car si on ne fait que regarder un tisserand (à l'œuvre ou en image), on ne comprendra pas pour autant ce qu'est le tissage. Le tisserand possède un *savoir* que son seul spectacle ne transmet pas. Faut-il alors estimer qu'aucune réalité incorporelle ne possède d'images claires et que seuls les corps en possèdent ? C'est ce que pense S. Rosen, qui aménage ainsi la thèse d'Owen. Les images des corps seraient celles que l'on peut contempler dans les miroirs ou à la surface d'eaux tranquilles, ou encore celles qu'en donnerait la peinture ou la sculpture[1]. Cette interprétation a le mérite de donner aux « réalités incorporelles » un sens platonicien en les opposant aux réalités corporelles. Les images seraient, comme dans la dernière division du *Sophiste*, façonnées par un art de produire divin ou humain. L'ennui est que les réalités corporelles peuvent aussi avoir des images qui ne sont pas claires, peuvent être brouillées ou déformées, et que le fait d'avoir des images claires ne tiendrait pas alors à la nature des réalités mais à celle de ce qui leur sert de miroir ou à l'habileté de l'artiste qui les représente; de plus, on l'a vu, certains corps (odeurs, saveurs) n'ont pas d'image du tout. L'Étranger ne peut donc pas affirmer que tous les corps ont des images claires, et ne peut pas davantage affirmer que toutes les réalités incorporelles (assimilées justement par Rosen à des Formes) n'ont que des images obscures, puisque l'Étranger précise que c'est seulement le cas des plus grandes et de plus de valeur.

1. S. Rosen, *Plato's Statesman. The Web of Politics*, New Haven-London, Yale University Press, 1995, p. 136-137.

Face donc à deux solutions apportées à ce problème – la première qui affirme qu'« incorporel » désigne n'importe quelle sorte de réalité irreprésentable et s'oppose à n'importe quelle sorte de réalité représentable, la seconde selon laquelle tous les corps posséderaient des images claires par opposition aux réalités incorporelles qui n'en possèdent pas – j'en adopterai une troisième.

Elle s'appuie sur le fait que quelqu'un réclame le logos de quelque chose (τῷ λόγον αἰτοῦντι περί του). Il est donc fort probable que sa question ait la forme « qu'est-ce que ? ». S'il interroge par exemple à propos du fer ou de l'argent, il désire savoir ce que c'est. Si on lui montre un morceau de fer, son âme sera satisfaite seulement si, à partir de là, elle comprend ce qu'est en général *le* fer. Cette réalité-là n'est pas difficile à comprendre, parce que tout morceau de fer est une image claire du Fer comme tout feu sensible en est une du Feu en lui-même. Comme Socrate le dit du doigt dans la *République*, jamais la perception ne fait prendre du feu ou de la neige pour autre chose que ce qu'ils sont, et comme il le dit dans le *Phèdre* (263 a) l'argent et le fer ne sont pas sujets à controverse (ce qui n'est pas le cas du Juste et de l'Injuste). Si quelqu'un demande ce que c'est, on peut le satisfaire en lui faisant voir, ou toucher, ou goûter la chose en question, chose faite pour les hommes à la semblance de la réalité dont elle tire son nom. Il existe dans de tels cas une voie rapide qui n'existe pas dans les autres. Le Fer et le Feu sont des réalités incorporelles, des Formes, et il n'y a pas plus de raison de leur refuser ce titre qu'à la boue, la crasse ou le cheveu[1]. Mais ils ne font pas partie des réalités les plus importantes et de plus de valeur.

– Cependant, si les réalités incorporelles ne s'opposent ni à des réalités *depictable*, ni à des réalités corporelles, quelle

1. Voir *Parm.*, 130 c-e.

distinction établit alors l'Étranger? Les réalités incorporelles « les plus belles et les plus grandes » doivent être les mêmes que les réalités « les plus grandes et de plus de valeur »[1] : ce sont forcément les mêmes réalités qui n'ayant pas d'images claires ne peuvent être expliquées de façon satisfaisante que par le logos. Le partage se ferait donc entre deux espèces de réalités intelligibles : celles dont les choses qui en participent et leur sont homonymes présentent des images claires (ce sont des Formes de choses comme le Feu ou la Neige), et celles dont les images sont toujours inadéquates puisqu'il n'existe pas de bouts de bois égaux qui ne soient, sous un certain point de vue, en même temps toujours inégaux, ou de constitutions justes qui ne soient aussi, par un côté, injustes. Certaines Formes n'ont pas d'image du tout : quelles seraient les images du Non-être, du Même ou de l'Autre ?

L'opposition s'établirait donc entre des réalités faciles à comprendre et des réalités qui ne le sont pas. Ces dernières ont plus de valeur : le fait de ne pas avoir d'images naturellement claires et de ne pouvoir être comprises que difficilement, en passant par le logos, est un critère hiérarchique, comme le montre les quatre superlatifs employés par l'Étranger (μεγίστοις οὖσι καὶ τιμιωτάτοις, κάλλιστα ὄντα καὶ μέγιστα). Si l'âme était toujours facilement et immédiatement satisfaite par des « images », c'est-à-dire des perceptions claires, elle ne se mettrait jamais à penser ni ne serait jamais contrainte de donner et recevoir le logos, donc de dialectiser[2]. Or tout le but

1. C'est pourquoi j'ai supprimé la virgule après τὰ γὰρ ἀσώματα. κάλλιστα ὄντα καὶ μέγιστα n'est pas une épithète de nature de ἀσώματα, mais distingue à l'intérieur des réalités incorporelles celles qui sont les plus belles et les plus grandes et celles qui le sont moins, comme l'Étranger vient de le faire en distinguant parmi les êtres τοῖς δ' αὖ μεγίστοις οὖσι καὶ τιμιωτάτοις.

2. Le texte de *Rép.*, VII, 523 c 11 *sq.* (voir chap. II, p. 78) et celui du *Phèdre*, 263 a, vont dans le même sens : qu'il s'agisse du doigt par opposition

de cette entreprise qu'est le *Politique* est de nous rendre meilleurs dialecticiens. L'opposition joue entre le facile et le difficile, et tout ce qui est beau est difficile[1]. La beauté de certaines réalités intelligibles est qu'elles nous forcent à penser. Mais parmi elles, certaines sont plus faciles à saisir que d'autres. Le critère de facilité joue deux fois : la première pour distinguer entre les réalités intelligibles celles qui sont « faciles à comprendre » (ῥᾳδίως καταμαθεῖν) et celles qui ne le sont pas, la seconde pour introduire au sein de la seconde espèce une distinction entre celles sur lesquelles on peut s'exercer plus facilement afin d'être capable de donner le logos de celles qui sont plus difficiles à saisir : « car en toutes choses, l'exercice est plus facile dans des réalités plus petites que lorsqu'il s'agit de plus grandes » (ῥᾴων δ' ἐν τοῖς ἐλάττοσιν ἡ μελέτη παντὸς πέρι μᾶλλον ἢ περὶ τὰ μείζω, 286 a 7-b 2). L'adjectif est alors au comparatif, il s'agit d'une différence de degré, et plus petites ou plus grandes ces réalités exigent également qu'on s'exerce à en donner le logos.

– Qu'en est-il du tissage ? D'après ce que l'on vient de dire, il ferait partie des réalités incorporelles qui sont les plus belles et les plus grandes, or il a été choisi comme paradigme parce qu'il était un « très petit » sujet, et l'Étranger rappelle qu'il est au nombre des sujets « plus petits » (ἐν τοῖς ἐλάττοσιν, 286 b 1). Il fait néanmoins partie de ceux dont il faut rendre raison, ce qui veut dire qu'en présenter une image n'aurait pas suffi car aucune image n'aurait permis de saisir tous les liens que cet art entretient avec d'autres arts. Si une image avait

au grand et au petit, ou du fer et de l'argent par opposition au juste et à l'injuste, ils opposent des réalités faciles à comprendre à des réalités qui forcent à penser et à discuter.

1. « Difficiles sont les belles choses » dit le proverbe qui conclut l'*Hippias Majeur* (304 e).

suffi, le tissage n'aurait pas été un paradigme bien choisi. Il est certes moins complexe que l'art politique et il a aux yeux des hommes moins de dignité et de valeur, en cela réside sa « petitesse », mais il est une espèce d'art et la *tekhnè* fait à coup sûr partie des réalités les plus grandes. Les images du tissage comme celles de l'art politique sont des images obscures, encore qu'on puisse se demander s'il existe vraiment des images, même obscures, de l'art politique, ou seulement des images de l'image que s'en font les hommes. C'est pourquoi seul le logos peut réfléchir sur ce que l'un et l'autre sont, distinguer, articuler.

Pour résumer : du Feu ou du Fer, il existe des images naturelles claires, les réalités sensibles qui leur sont homonymes, qui ont été façonnées par un art divin pour les hommes, ce qui leur permet de les appréhender à travers elles sans difficulté, en économisant le *logos*. Mais pour les réalités les plus grandes, ou bien il n'existe que des images obscures (puisque les choses sensibles égales, justes ou sages ne le sont jamais vraiment), ou bien pas d'image du tout. L'art du tissage comme l'art politique font partie des secondes réalités et ils justifient tous deux la longueur du logos que développe à leur propos l'Étranger. C'est d'ailleurs bien ainsi qu'il conclut : tous les discours tenus à présent concernent des réalités que le logos, et rien d'autre, ne peut montrer (τούτων δὲ ἕνεκα πάντ' ἐστὶ τὰ νῦν λεγόμενα). Or tous les discours tenus concernaient l'art politique, mais également le tissage.

« Rappelons-nous pourquoi nous avons dit tout ceci à ce propos » : c'était à cause de la pénible macrologie de la définition du tissage (286 d). Elle ne se justifie que si le tissage fait partie des réalités incorporelles qui n'ont pas d'images claires qu'il suffirait de présenter pour les comprendre.

L'Étranger estime que cette dernière leçon doit nous conduire à penser qu'« il faut estimer par dessus tout » la voie de recherche (*methodos*) qui ne se soucie pas d'abord de plaire, et pas davantage de « découvrir la solution d'un problème de la façon la plus facile et la plus rapide ». Celle qui a le plus de valeur est celle qui se préoccupe avant tout de diviser par espèces et de rendre celui qui écoute plus inventif. C'est donc la dialectique, car elle seule est capable de rendre les interlocuteurs plus dialecticiens et « plus inventifs dans l'art de mettre les êtres en évidence par le logos » (τῆς τῶν ὄντων λόγῳ δηλώσεως εὑρετικωτέρους, 287 a 3-4)[1]. L'Étranger ne nomme pas cet art « dialectique », mais il va de soi que c'est en empruntant un chemin dialectique qu'on pourra rendre les autres meilleurs dialecticiens.

La visée est pédagogique, le *Politique* est bien une grande leçon de dialectique, et dialectiser c'est découvrir le plus de relations possibles entre les êtres. Une fois encore, le dialecticien ne peut pas se contenter d'appliquer une procédure, et l'accent est mis sur la nécessité pour lui d'être inventif et même de devenir de plus en plus inventif. Il ne peut faire autrement puisqu'il ne rencontre jamais exactement le même type de problème. Définir le politique l'oblige à déployer tout un éventail de moyens, à conjuguer librement division,

1. Rowe (*op. cit.*, note à 285 d 10-e 1, p. 211) conteste que dans l'expression τοῖς δ' αὖ μεγίστοις οὖσι καὶ τιμιωτάτοις, τοῖς οὖσι signifie « les êtres » intelligibles, car *ta onta* ne désigne pas toujours les Formes (*cf.* par ex. *Phéd.*, 79 a). Toujours, sans doute pas, mais dans ce texte ? Lorsque l'Étranger, quelques lignes plus loin, donne au dialecticien la tâche de « mettre, par le logos, les êtres en évidence », τῶν ὄντων renvoie certainement aux êtres intelligibles. Si c'est aussi le sens à donner à τοῖς οὖσι, cela veut dire que tout le texte effectue un partage entre « des êtres », et non pas entre des choses. J'ai adopté le terme neutre de « réalités » parce que cet argument aurait pu paraître fragile, mais je n'en pensais pas moins.

mythe, paradigme et *dialegesthai*. Le *Politique* fournit donc la raison pour laquelle la dialectique *doit* subir des métamorphoses. L'exigence de division et de rassemblement est fortement répétée, mais la manière de diviser et de rassembler et les moyens que peut utiliser le dialecticien pour ce faire sont ici adaptés et diversifiés. Il fallait les employer tous pour arriver à voir que l'art politique est une espèce de l'art de mesurer, et il fallait un dialecticien pour distinguer de quelle espèce de mesure il relève. Comme l'art de mesurer ne s'applique qu'à des réalités qui viennent à être, il se distingue de la science dialectique. Il s'en distingue surtout parce que ni la possession de cet art ni son exercice ne rendront personne plus inventif, ni l'homme politique ni ceux qu'ils gouvernent. La supériorité de la science dialectique est ainsi affirmée une fois de plus, et c'est elle qui véritablement est royale.

CHAPITRE VI

# *PHILÈBE*, OU LA DIALECTIQUE CONTAMINÉE

*Donne-nous ces derniers hommes, nous te tenons quitte du surhumain.*
Nietzsche, *Ainsi parlait Zarathoustra*

On a dit du *Philèbe* qu'il était la *terra incognita* des platonisants. « Le *Philèbe* est un dialogue difficile » écrivait déjà Rodier[1]. Il possède en effet le douteux privilège de cumuler toutes les difficultés propres à la lecture d'un dialogue de Platon. Difficultés textuelles, d'abord : un commentateur (Stallbaum) disait que « *omnium librorum platonicorum longe corruptissimus* » (« de tous les ouvrages de Platon, c'est de loin celui où le texte est le plus corrompu ») ; mais surtout difficultés de composition, donc d'unité. Que ce soit un dialogue scolaire, on en veut pour preuve son caractère déséquilibré, le rapiéçage de morceaux de

1. G. Rodier, « Remarques sur le *Philèbe* », *Revue des Études anciennes* 2, 1900, 81-100; 169-194; 281-303; repris dans G. Rodier, *Études de philosophie grecque*, Paris, Vrin, 1926, p. 74-137.

longueur très inégale que Platon, à la différence de ce qu'il avait réussi à faire dans le *Phédon*, n'arrive plus à raccorder vraiment. Faux dialogue donc, dialogue artificiel, dans lequel Socrate ne serait plus Socrate et les interlocuteurs seraient des thèses à peine personnifiées. En bref, la qualité littéraire du *Philèbe* laisserait nettement à désirer. On aurait affaire à l'œuvre d'un Platon aux forces déclinantes, s'évertuant sans succès à écrire un dialogue « socratique »[1].

Dialogue dont on juge que le texte appelle des corrections multiples et dont on n'arrive même pas à voir quel en est très exactement le sujet (cette question a été débattue dès l'Antiquité), le *Philèbe* est le terrain d'élection des tenants d'une « nouvelle ontologie » de Platon, et des partisans des doctrines non écrites. Pour Crombie[2], par exemple, l'une des raisons de la difficulté du dialogue serait que « Platon introduit de façon rapide et désinvolte des notions qui peuvent se comprendre seulement à la lumière des préoccupations qui sont les siennes dans les dernières années et que nous ne connaissons que par Aristote », à savoir « la relation existant entre la matière et la forme des universaux ». Rompant définitivement non seulement avec l'hypothèse des Formes mais avec les grands Genres du *Sophiste,* Platon opérerait dans ce dialogue une révision déchirante de son ontologie, donc aussi de sa méthode, c'est-à-dire de la dialectique. Selon les partisans des doctrines non écrites, qui ont la divine

1. P. Friedländer (*Platon*, t. III : *Die Platonischen Schriften, zweite und dritte Periode*, Berlin, 1930, 1960², English transl. by H. Meyerhoff, based on the 2nd ed., Princeton, 1968, note 12, p. 532) rappelle pourtant que le critique littéraire sévère qu'était Denys d'Halicarnasse cite le *Philèbe* comme l'exemple même d'un dialogue où sont préservées les caractéristiques socratiques (*In Demosth.*, § 23).

2. I.M. Crombie, *An Examination of Plato's Doctrines*, t. II : *Plato on Knowledge and Reality*, New York-London, 1963, p. 422 (ma traduction).

surprise de voir enfin « écrits » les deux principes que sont à leurs yeux la monade et la dyade indéfinie, et qui croient voir aussi exprimée clairement l'existence de réalités mathématiques intermédiaires, il ne s'agirait en fait pas d'une évolution, mais de l'émergence d'une doctrine ésotérique refoulée jusque là. Dans l'une et l'autre perspective, la question de ce mélange qu'est la vie bonne et de ses éléments – plaisir et pensée – ne serait que le prétexte permettant à Platon de présenter ses nouveaux principes méthodologiques ou ses principes ontologiques cachés. Si c'est le cas, et si toute la première partie du dialogue (jusqu'en 31 b) ne s'explique que par les obsessions du dernier Platon ou par l'affleurement d'une doctrine des principes jusqu'alors tenue secrète, on ne peut qu'être d'accord avec Philèbe, et demander : « en quoi tout cela me concerne-t-il ? » (18 a).

Le principal obstacle à la compréhension du *Philèbe* est son manque apparent d'unité. Or c'est l'interprétation du passage dit méthodologique qui met pour certains en danger l'unité du dialogue. Il est incontestable qu'au premier abord il est difficile de voir le lien entre son premier grand moment et la suite, c'est-à-dire la question de la vie bonne et de ses ingrédients (l'analyse des plaisirs, 31 b 2-55 c 4, et la division des connaissances, 55 c 5-59 d), puis la hiérarchie finale (59 d-66 a 4). La question doit, à mon sens, se formuler ainsi : *qu'est-ce qui, dans le problème posé, requiert les considérations développées dans la première partie ?* C'est seulement au cas où l'on ne pourrait apporter aucune réponse à cette question qu'il serait permis de voir dans cette première partie la présentation d'exposés méthodologiques sans rapport entre eux ni avec ce qui suit, la méthode définie n'étant nulle part appliquée, et les quatre genres dégagés par elle ne jouant aucun rôle dans les examens ultérieurs.

Afin de tenter d'y voir un peu plus clair, je vais d'abord analyser les textes de la première partie consacrés à la dialectique, puis montrer brièvement quelle sorte de dialectique est ensuite mise en œuvre, enfin regarder de quelle curieuse manière il en est parlé à la fin du passage sur les sciences (57 e-59 d). On pourra alors constater que, dans le *Philèbe*, la dialectique est perpétuellement contaminée par la nature de ce à quoi elle s'attaque et par des considérations de valeur, se trouvant ainsi soumise à la puissance hiérarchique du Bien – non pas à la puissance qu'elle est seule à connaître quand elle s'exerce purement, mais à celle que la vie peut admettre et deviner.

## La dialectique face à l'indéterminé

La première partie du dialogue présente une double difficulté : on a du mal non seulement à l'articuler à l'ensemble, mais également à en appréhender l'unité propre. Un préambule méthodologique (12 b-19 b), et la subsomption sous quatre genres de tout ce qui existe à présent dans l'univers (23 b 5-31 b) encadrent l'inspiration de Socrate selon laquelle la vie bonne doit être un mélange de plaisir et de pensée. Si ces morceaux sont simplement juxtaposés, la première partie est bien ce purgatoire ou cet enfer dont parle Dorothea Frede, qu'il faut traverser pour entrer dans le vif du sujet. On peut cependant prendre comme fil conducteur l'apparition et la prédominance du terme *apeiron :* illimité, indéfini, indéterminé[1]. C'est l'importance accordée à ce

1. J'emploierai indifféremment ces trois traductions, selon le contexte, n'écartant que le terme « infini », non qu'il soit absolument inadéquat, mais parce qu'il est impossible de traduire *peras* par « fini ».

concept qui a pu faire croire à l'irruption, dans le *Philèbe*, d'une nouvelle méthodologie ou d'une nouvelle ontologie.

*Les apories de l'un et du multiple*

Une fois les deux *logoi* énoncés par Socrate, celui de Philèbe affirmant que le plaisir est bon pour tout ce qui vit, et le sien propre selon lequel la pensée et tout ce qui lui est apparenté est meilleur[1], l'existence d'une *différence* entre les plaisirs (12 c-d) comme entre les connaissances est affirmée. Cette différence implique leur multiplicité, donc introduit le problème de l'unité de cette multiplicité. « Qu'un soit plusieurs et plusieurs un, voilà une assertion étonnante », et au demeurant facilement réfutable (14 c). On est en terrain connu. Qu'une chose puisse présenter simultanément des propriétés contraires est une des difficultés qui a conduit Socrate à poser des Formes et à résoudre la question par la participation (*Phéd.*, 102 a *sq.*), le problème est repris en *Rép.*, 523 e-525 a et en *Théét.*, 154 c. Pour le dire comme D. Frede, si le problème de l'unité et de la multiplicité des choses sensibles a été traité sérieusement par Socrate, « qu'est-ce qui justifie ici son snobisme ? » Il me semble que la réponse qu'elle apporte est juste : Socrate répète ici ce qu'il a dit dans le *Parménide* (128 e-130 a), à savoir que se plaire à aligner ces paradoxes est méprisable s'il s'agit de choses individuelles en devenir ; ce qui serait étonnant serait que les Formes elles-mêmes en présentent de semblables[2]. Les arguties « infantiles et faciles »

1. Voir M. Dixsaut, « L'affirmation de Philèbe (11 a-12 b) », dans *La Fêlure du plaisir. Études sur le* Philèbe *de Platon*, sous la dir. de M. Dixsaut avec la collaboration de F. Teisserenc, vol. 1 : *Commentaires*, Paris, Vrin, 1999, p. 27-42.

2. D. Frede, *Plato. 'Philebus'*, translated with Introduction and Notes, Indianapolis-Cambridge, Hackett Publishing Company, 1993, p. XX-XXI.

qui ne voient que « monstruosités » dans le fait d'affirmer que l'un est multiple et le multiple un constituent autant d'obstacles pour celui qui entreprend « de distinguer par le logos les membres qui sont en même temps les parties de chaque chose » (ὅταν τις ἑκάστου τὰ μέλη τε καὶ ἅμα μέρη διελὼν τῷ λόγῳ, 14 d 9-e 1). Les « membres » et les « parties » réfèrent au *Politique* (287 c, 262 a-263 b) : refuser que l'un soit multiple, c'est refuser la division. L'unité que la division divise n'est pas celle « des choses qui naissent et périssent », car cela ne mérite même pas discussion,

> mais si on entreprend de poser l'unité de « homme » et l'unité de « bœuf », et le beau un et le bien un, c'est à propos de ces unités [hénades] et d'unités de cette sorte que l'immense peine qu'on se donne pour les diviser donne lieu à controverse. (ὅταν δέ τις ἕνα ἄνθρωπον ἐπιχειρῇ τίθεσθαι καὶ βοῦν ἕνα καὶ τὸ καλὸν ἓν καὶ τὸ ἀγαθὸν ἕν, περὶ τούτων τῶν ἑνάδων καὶ τῶν τοιούτων ἡ πολλὴ σπουδὴ μετὰ διαιρέσεως ἀμφισβήτησις γίγνεται.) (15 a 4-7)

Les unités à diviser sont des unités qui ne sont pas données, mais qu'il faut poser (τίθεσθαι). Le bien – problème central du dialogue – et le beau sont mis sur le même plan que bœuf et homme (dans ces deux cas, l'article est omis). Ces derniers font certainement partie des choses qui sont soumises à génération et à corruption, mais ce sont *des* hommes et *des* bœufs qui naissent et périssent. En poser l'unité, c'est les soustraire à ce mode d'existence et se les donner comme des termes à penser, à structurer, à diviser. De ces hénades, on serait porté à dire immédiatement que ce sont des Formes.

Elle relève les nombreuses allusions de ce passage à la discussion du *Parménide :* les problèmes, la terminologie et même les exemples y sont sensiblement les mêmes (p. XXI et note 1).

C'est vrai, mais ce serait manquer la démarche propre du texte : le problème est celui des embarras créés par l'identité de l'un et du multiple, identité qui est la condition de tout logos, autrement dit de tout langage et de toute pensée. N'accepter de dire que l'homme homme et le bien bon, c'est s'interdire l'un et l'autre[1]. Cependant, comment ces unités peuvent-elles à la fois être posées comme unes, et divisées, donc multipliées ? Poser des unités pour aussitôt les diviser ne va pas sans problème.

La position même de telles unités donne donc lieu à controverse. Il en va de même de la phrase où Socrate énumère les problèmes qu'elle pose :

> Tout d'abord, il faut considérer quelles unités [monades] de cette sorte existent réellement ; ensuite, [considérer] encore comment celles-ci, chacune étant une et toujours la même, sans être sujette ni à la naissance ni à la destruction, sont cependant très fermement [chacune] cette monade unique ; et après cela, [considérer comment] on doit encore la poser dans les choses qui sont soumises à génération et qui sont indéfiniment multiples : ou bien comme disséminée en elles et devenue multiple, ou bien comme toute entière séparée d'elle-même – ce qui serait la chose la plus impossible de toutes –, de telle sorte qu'une chose qui est une et la même existe en même temps dans l'unité et la multiplicité. (Πρῶτον μὲν εἴ τινας δεῖ τοιαύτας εἶναι μονάδας ὑπολαμβάνειν ἀληθῶς οὔσας· εἶτα πῶς αὖ ταύτας, μίαν ἑκάστην οὖσαν ἀεὶ τὴν αὐτὴν καὶ μήτε γένεσιν μήτε ὄλεθρον προσδεχομένην, ὅμως εἶναι βεβαιότατα μίαν ταύτην· μετὰ δὲ τοῦτ' ἐν τοῖς γιγνομένοις αὖ καὶ ἀπείροις εἴτε διεσπασμένην καὶ πολλὰ γεγονυῖαν θετέον, εἴθ' ὅλην αὐτὴν αὑτῆς χωρίς, ὃ δὴ

1. Voir chap. IV, p. 152 *sq*.

πάντων ἀδυνατώτατον φαίνοιτ' ἄν, ταὐτὸν καὶ ἓν ἅμα ἐν ἑνί τε καὶ πολλοῖς γίγνεσθαι[1].) (15 b 1-8)

Cette phrase pose-t-elle deux questions, ou trois ? Πρῶτον μὲν, εἶτα, μετὰ δὲ τοῦτ', semblent clairement en articuler trois. Comme le dit Friedländer, personne n'aurait pensé le contraire si la deuxième question n'avait paru défier toute interprétation[2]. De l'avis général, la première question ne présente pas de difficulté : elle porte sur l'existence des monades. En fait, elle porte sur le fait de savoir à *quelles* monades on doit accorder l'existence véritable, ce qui reprend encore une question posée à Socrate par Parménide : Socrate pose-t-il par exemple « une Forme en soi du Juste en soi, et du Beau et du Bien, et de toutes choses semblables ? » (οἷον δικαίου τι εἶδος αὐτὸ καθ' αὑτὸ καὶ καλοῦ καὶ ἀγαθοῦ καὶ πάντων αὖ τῶν τοιούτων; *Parm.*, 130 b 7-9). Socrate, sur ce point, n'hésite pas ; mais devant la question suivante : « et une forme de Homme séparée de nous et de tous ceux qui sont comme nous, une Forme en soi de Homme, et de Feu, et d'Eau ? », il avoue qu'il a souvent été dans l'aporie, et qu'il ne sait s'il doit, pour ces choses, en faire autant[3]. On a dans le *Philèbe* à peu près les mêmes exemples, et la même question : de quoi faut-il admettre qu'il y a Forme, demande Parménide, à quoi faut-il accorder une existence véritable, toujours même,

1. εἴ τις équivaut à *si quis* = quel. Cela n'apparaît dans aucune traduction connue de moi, et pourtant il s'agit bien de savoir à *quelles* unités on jugera qu'il faut accorder une existence véritable. J'ai conservé le ὅμως des mss. (corrigé par Bury, Badham, Stenzel, Diès et Robin en ὅλως). δεῖ [...] ὑπολαμβάνειν [...] πῶς commande αὖ ταύτας [...] εἶναι et αὖ [...] θετέον.

2. P. Friedländer, *op. cit.*, vol. III, note 27 p. 534.

3. Τί δ', ἀνθρώπου εἶδος χωρὶς ἡμῶν καὶ τῶν οἷοι ἡμεῖς ἐσμεν πάντων, αὐτό τι εἶδος ἀνθρώπου ἢ πυρὸς ἢ καὶ ὕδατος; – Ἐν ἀπορίᾳ, φάναι, πολλάκις δή, ὦ Παρμενίδη, περὶ αὐτῶν γέγονα, πότερα χρὴ φάναι ὥσπερ περὶ ἐκείνων ἢ ἄλλως (*Parm.*, 130 c 1-4).

inengendrée, impérissable, demande Socrate. Au Beau et au Bien, sans doute, mais à Homme et à Bœuf ? C'est cela qui est matière à controverse.

La deuxième question doit donc porter sur les monades auxquelles on a accordé ce mode d'existence, s'il y a bien toutefois une deuxième question, distincte de la troisième. Selon Friedländer [1], fervent partisan de la structure du texte en trois questions, celle introduite par « ensuite » porterait sur l'unité que présente la combinaison de plusieurs Formes, unité multiple qui resterait cependant une. « *The separate monads (Forms) are at the same time one monad (Form)* », ou encore « *parts of the one (or unity itself* ». L'interprétation semble satisfaisante, la Forme préserverait son unité en étant présente à deux multiplicités : à celle des Formes qu'elle comprend en elle (à une multiplicité eidétique), et à celle des choses qui en participent (à une multiplicité sensible). Cependant, il est difficile d'admettre que « celles-ci » (ταύτας) ne renvoie pas à ce qui précède : à l'ensemble de toutes les monades dont on affirme l'existence véritable, mais seulement à la multiplicité des unités comprises dans une seule monade. Ou alors, cela voudrait dire que toutes les monades sont des parties d'une seule et unique monade, toutes les Formes autant de parties d'une Forme unique – mais μίαν aurait alors suffi, et il est peu probable que Platon introduise une doctrine si renversante en deux lignes. R. Klibansky et les autres éditeurs de Taylor s'accordent avec celui-ci pour distinguer également trois questions, mais diffèrent de lui dans leur interprétation de la deuxième ; la question serait : puisque chaque monade a une nature

1. P. Friedländer, *op. cit.*, t. III, p. 319 et note 27 p. 534-536. C'était aussi la position adoptée par R.D. Archer-Hind (« Note on *Philebus* 15 A, B », *The Journal of Philology* 27, 1901, 229-231).

particulière, comment peut-elle être dite éternelle et toujours même[1] ? Cela implique de traduire μίαν ἑκάστην οὖσαν par « *though being a particular nature* », ce qui est pour le moins discutable, et de transposer ὅμως après οὖσαν. Ils ouvrent cependant une voie intéressante quand ils rappellent que, pour les Éléates comme pour les Mégariques, seul l'Un, dépourvu de tout contenu particulier, peut être dit éternel et identique, alors que les monades de Platon sont chacune une essence singulière.

Ayant été incapable de découvrir une meilleure solution, j'en proposerai donc une qui inverse celle de Klibansky *et alii*, tout en accordant que c'est bien là le problème. Chacune des monades dont on pose l'existence véritable se voit attribuer le *même* mode d'existence : chacune est unique, toujours même qu'elle-même, ingénérable et incorruptible. Unité, identité, éternité et immuabilité sont des caractères que présente toute existence véritable (celle de toute monade, toute Forme quelle qu'elle soit). Mais même si[2] toutes les monades (qu'on a accepté de poser) existent de la même façon, il faut considérer comment chacune d'elles peut être très fermement *cette* monade unique, c'est-à-dire être cette unité singulière qu'elle est (ce qui justifie la présence et la place de ταύτην). L'identité de chacune avec elle-même n'entraîne pas son identité avec toutes les autres – comme ce serait le cas s'il s'agissait de l'unité arithmétique : alors que l'arithmétique vulgaire additionne des « monades inégales », comme deux armées ou deux

1. R. Klibansky, with the cooperation of G. Calogero et A.C. Lloyd, Editors' Notes à A.E. Taylor, *Plato : 'Philebus' and 'Epinomis', Translation and Introduction*, London, Thomas Nelson and Sons, 1956, Note 9, p. 257-259. Sur le fait que ces propriétés ne constituent pas une classe des Formes, voir chap. IV, Note compl. I.

2. ὅμως figure dans l'apodose, et la protase est remplacée par des participes qui ont alors une valeur concessive (voir L.S.J., *s.v.*, II, 2).

bœufs, l'arithmétique philosophique refuse d'opérer « tant qu'on n'aura pas posé qu'aucune monade ne diffère de chacune des innombrables monades et qu'aucune n'est autre qu'une autre » (εἰ μὴ μονάδα μονάδος ἑκάστης τῶν μυρίων μηδεμίαν ἄλλην ἄλλης διαφέρουσάν τις θήσει, 56 e 2-3). L'arithmétique philosophique supprime les différences sensibles, mais la dialectique doit poser des différences intelligibles entre monades. Pour comprendre ainsi j'ai dû supposer un ἑκάστην sous-entendu apposé à ταύτας, c'est pourquoi j'avance cette hypothèse sans certitude.

Elle me paraît cependant meilleure que celle qui propose un découpage en deux questions, comprenant la clause introduite par « encore que, après cela » (μετὰ δὲ τοῦτ') – ce qui est quand même une sur-traduction – comme une explication de la difficulté précédente : les monades gardent fermement leur unité bien qu'elles soient présentes à des choses indéfiniment multiples. Cela a certainement le mérite de la simplicité, mais règle le problème en le supprimant [1].

Si elle est clairement posée, la troisième question n'est pas plus explicitement résolue que les deux premières. Quel est le rapport de ces monades avec la multiplicité des choses soumises à génération et à corruption ? Socrate laisse ouverte la possibilité de chacune des deux branches de l'alternative : ou bien, étant présente dans des choses multiples, l'unité d'une monade sera indéfiniment divisée, donc multipliée en autant de parties, ou bien, si cette unité demeure une et la même et si elle est néanmoins présente dans une multiplicité, elle se trouvera séparée d'elle même, scindée selon le double mode de la transcendance et de l'immanence. On a ici

1. Pour une bonne défense de cette interprétation en deux questions voir J.C Kamerbeek, « Notes sur quelques passages du *Philèbe* », *Mnémosyne* 10, 1957, 226-231, p. 228-230.

purement et simplement la reprise de ce que disait Parménide : « à ce compte […] ce sont les Formes elles-mêmes qui sont partagées, c'est à des parties d'elles-mêmes que leurs participants participeraient, et on n'aurait plus "toute entière en chacun", mais "une partie de chacune en chacun" » (Μεριστὰ ἄρα, φάναι, ὦ Σώκρατες, ἔστιν αὐτὰ τὰ εἴδη, καὶ τὰ μετέχοντα αὐτῶν μέρους ἂν μετέχοι, καὶ οὐκέτι ἐν ἑκάστῳ ὅλον, ἀλλὰ μέρος ἑκάστου ἂν εἴη, *Parm.*, 131 c 5-7) ; « Étant donc une et la même, elle est toute entière présente en des réalités multiples et séparées, et ainsi c'est d'elle-même qu'elle serait séparée » (Ἓν ἄρα ὂν καὶ ταὐτὸν ἐν πολλοῖς καὶ χωρὶς οὖσιν ὅλον ἅμα ἐνέσται, καὶ οὕτως αὐτὸ αὑτοῦ χωρὶς ἂν εἴη, *Parm.*, 131 b 1-2). Si Platon reprend à propos des monades la critique que Parménide adressait aux Formes, on peut à présent conclure qu'il y a là deux noms pour une même chose. Nommer « monades » les Formes permet cependant d'insister sur *une* des difficultés que présente leur position – sur la première aporie de la participation avancée par Parménide, à l'exclusion des autres.

La différence avec le passage du *Parménide* est que Socrate ne s'arrête pas à ces difficultés, et affirme qu'il faut poser l'existence une et multiple de ces monades : « Voilà quelles sortes d'un et de multiple […] sont la cause d'apories en tout genre, si on ne s'est pas mis convenablement d'accord, et sont ce qui permet au contraire d'en sortir si on est arrivé à un accord convenable[1] ». Les difficultés soulevées dans le *Parménide* et dont on a ici l'écho ne sont donc pas insurmontables, et Platon n'a nullement l'air de croire qu'il lui faille abandonner les Formes et le mode d'existence qu'il leur a toujours conféré. C'est d'ailleurs également la conclusion de la première partie du *Parménide* : « si on n'admet pas une

1. περὶ τὰ τοιαῦτα ἓν καὶ πολλά […] ἁπάσης ἀπορίας αἴτια μὴ καλῶς ὁμολογηθέντα καὶ εὐπορίας [ἂν] αὖ καλῶς (*Phil.*, 15 c 1-3).

Forme (*idea*) de chacun des êtres, celle qui est toujours même, c'est la puissance dialectique qui sera complètement abolie » (μὴ ἐῶν ἰδέαν τῶν ὄντων ἑκάστου τὴν αὐτὴν ἀεὶ εἶναι, καὶ οὕτως τὴν τοῦ διαλέγεσθαι δύναμιν παντάπασι διαφθερεῖ, *Parm.*, 135 b 9-c 2).

Les Formes constituent la possibilité de la dialectique, mais c'est l'exercice de la puissance dialectique qui confirme l'existence des Formes. Sa puissance consiste toujours à saisir ce qu'est (ὅτι ἔστιν) chaque être : « Soit donc pour nous un homme qui, à propos de la justice elle-même, réfléchit sur ce qu'elle est, qui tient un logos qui découle de l'intelligence qu'il en a, et qui s'applique évidemment à penser de la même façon à propos de tous les êtres » (Ἔστω δή τις ἡμῖν φρονῶν ἄνθρωπος αὐτῆς περὶ δικαιοσύνης ὅτι ἔστιν, καὶ λόγον ἔχων ἑπόμενον τῷ νοεῖν, καὶ δὴ καὶ περὶ τῶν ἄλλων πάντων τῶν ὄντων ὡσαύτως διανοούμενος, 62 a 2-5)[1]. S'il est possible de saisir et de donner le logos de ce qu'est la justice, c'est qu'elle a une réalité différente et distincte de toutes les choses que nous nommons justes, et c'est une réalité de cet ordre que nous posons chaque fois que nous demandons ce que c'est.

### *La plus belle route*

Il paraît peu contestable que la « plus belle route » dont Socrate déclare qu'il est depuis toujours amoureux (16 b),

1. Sur le caractère ironique de la réplique suivante – il faut bien trouver la route pour rentrer chez soi – qui rendrait « insuffisante » la dialectique, voir *infra*, p. 326, 338-340. Des commentateurs comme G. Ryle (*Plato's Progress*, Cambridge, Cambridge University Press, 1966, p. 65) et R.A. Shiner (*Knowledge and Reality in Plato's* Philebus, Assen, 1974, p. 53-60) y sont insensibles et prennent le parti de Protarque. Voir leur critique par R. Waterfield, « The place of the *Philebus* in Plato's Dialogues », *Phronesis* 25, 1980, 270-305, p. 284-287.

mais qu'elle l'a souvent abandonné et laissé désorienté (16 b 7), soit la dialectique. À Protarque qui lui demande en quoi elle peut bien consister, il répond qu'il n'est pas difficile de l'exposer, mais qu'il est très difficile de la pratiquer. Elle est la plus belle route non parce qu'elle est infaillible, mais parce qu'elle est la seule route permettant de comprendre ce que chaque être est véritablement. Socrate prétend alors qu'elle est un don divin, lancé par quelque Prométhée, et que les « Anciens » ont transmis. Pourquoi tant de modestie de la part de Platon, ou de son Socrate? Qu'est ce qui, dans l'exposé de la méthode qui va suivre, justifie que Socrate lui assigne une telle origine?

> et les Anciens, qui étaient meilleurs que nous et vivaient plus près des dieux, nous ont transmis cette tradition, que tout ce que nous disons chaque fois exister est fait d'un et de multiple et que détermination (*peras*) et indétermination (*apeiria*) leur sont naturellement inhérentes. (καὶ οἱ μὲν παλαιοί, κρείττονες ἡμῶν καὶ ἐγγυτέρω θεῶν οἰκοῦντες, ταύτην φήμην παρέδοσαν, ὡς ἐξ ἑνὸς μὲν καὶ πολλῶν ὄντων τῶν ἀεὶ λεγομένων εἶναι, πέρας δὲ καὶ ἀπειρίαν ἐν αὑτοῖς σύμφυτον ἐχόντων.) (16 c 7-10)

Carl Huffmann a brillamment démontré « que rien chez Platon ne suggère que le système de la limite et de l'illimité remonte jusqu'à Pythagore. Nous pouvons estimer par conséquent que Platon se réfère au système de Philolaos »[1]. Les Anciens en question seraient donc les pythagoriciens du v^e^ siècle, car Philolaos est le premier qui, en réaction aux philosophes de la nature qui l'ont précédé, a mis

1. C. Huffmann, « Limite et illimité chez les premiers philosophes grecs », dans *La Fêlure du plaisir*, *op. cit.*, vol. 2 : *Contextes*, p. 11-31.

limite et illimité sur le même plan, en a fait à égalité deux *principes*, au lieu d'affirmer la priorité de l'*apeiron* :

> Ce sont les illimités (ἐξ ἀπείρων) et les limitants (περαινόντων) qui ont, en s'harmonisant (ἁρμόχθη), constitué au sein du monde la nature, ainsi que la totalité du monde et tout ce qu'il contient. (Philolaos, fr. 1)

Toutes les choses du monde sont donc faites de continus inépuisables d'où provient le changement et de structures parfaites et achevées qui s'introduisent en eux. Le cosmos n'est pas un chaos et ne l'a jamais été, puisque la limite est aussi originelle que l'illimité. Telle est la tradition d'origine divine que Socrate a reçue des Anciens. Il ne va pas manquer de l'interpréter à sa façon.

C'est à partir d'elle qu'est réfléchie, une fois de plus différemment, la démarche dialectique :

> Il nous faut donc, puisque toutes choses sont ainsi ordonnées, poser toujours, en chaque cas, une forme (*idea*) unique pour toute chose et la chercher – on la trouvera en effet présente en elle –, et si nous l'appréhendons, après cette forme unique examiner s'il s'en trouve être deux, sinon, trois ou quelque autre nombre, et nous devons faire de même pour chacune de ces nouvelles unités, jusqu'à ce qu'on voie que cette unité dont on est parti est non seulement une et multiple et illimitée, mais aussi combien d'unités elle contient; quant à la forme (*idea*) de l'illimité, ne pas l'appliquer à la multiplicité avant de voir le nombre total de cette multiplicité, c'est-à-dire celui qui est intermédiaire entre l'illimité et l'unité, et alors seulement laisser chacune de ces unités aller vers l'illimité et lui dire adieu. (δεῖν οὖν ἡμᾶς τούτων οὕτω διακεκοσμημένων ἀεὶ μίαν ἰδέαν περὶ

παντὸς ἑκάστοτε θεμένους ζητεῖν - εὑρήσειν γὰρ ἐνοῦσαν ἐὰν οὖν μεταλάβωμεν, μετὰ μίαν δύο, εἴ πως εἰσί, σκοπεῖν, εἰ δὲ μή, τρεῖς ἤ τινα ἄλλον ἀριθμόν, καὶ τῶν ἓν ἐκείνων ἕκαστον πάλιν ὡσαύτως, μέχριπερ ἂν τὸ κατ' ἀρχὰς ἓν μὴ ὅτι ἓν καὶ πολλὰ καὶ ἄπειρά ἐστι μόνον ἴδῃ τις, ἀλλὰ καὶ ὁπόσα· τὴν δὲ τοῦ ἀπείρου ἰδέαν πρὸς τὸ πλῆθος μὴ προσφέρειν πρὶν ἄν τις τὸν ἀριθμὸν αὐτοῦ πάντα κατίδῃ τὸν μεταξὺ τοῦ ἀπείρου τε καὶ τοῦ ἑνός, τότε δ' ἤδη τὸ ἓν ἕκαστον τῶν πάντων εἰς τὸ ἄπειρον μεθέντα χαίρειν ἐᾶν.) (16 c 10-e 2)

Le moment correspondant au rassemblement est celui où l'on cherche l'*idea* immanente, non pas à une multiplicité de choses singulières, mais à chaque espèce et à chaque genre. Dire qu'on la trouvera forcément si on la cherche, c'est dire qu'on a commencé par présupposer l'unité propre à la chose en question, sans quoi on ne la rechercherait même pas. La règle sera rappelée en 25 a, lorsqu'il faudra réunir les différentes espèces de l'illimité en un genre unique : nous disions « qu'il fallait rassembler, autant qu'il est possible, tout ce qui est dispersé et séparé, en lui imposant la marque d'une nature unique » (ἔφαμεν ὅσα διέσπασται καὶ διέσχισται συναγαγόντας χρῆναι κατὰ δύναμιν μίαν ἐπισημαίνεσθαί τινα φύσιν, 25 b 2-4). Une fois cette *idea* saisie, qui est donc une *nature* unique, il faut la diviser. Diviser, c'est ici découvrir le nombre exact d'unités qui se situent dans l'intervalle entre l'unité initiale et l'illimité. Respecter cette règle est ce qui sépare une fois encore la manière de faire dialectique de la manière éristique (τό τε διαλεκτικῶς πάλιν καὶ τὸ ἐριστικῶς, 17 a 3-4). La même chose peut être dite à la fois une et multiple, c'est là une structure du langage lui-même, mais l'exploitation qu'en font de jeunes gens désireux de troubler l'esprit de leur entourage, n'épargnant ni hommes ni bêtes (15 d-16 a), est différente de celle que font « les savants d'à présent » : les premiers jouent sur l'identité de l'un et du multiple (ταὐτὸν ἓν καὶ πολλά, 15 d 3-4) qu'impose tout logos, les seconds font « un » plus vite ou plus lentement qu'il ne faudrait, et ensuite vont immédiatement (*euthus*) de l'unité à l'illimité. Les « savants » ne savent pas rassembler à temps ; s'ils vont trop lentement, c'est qu'ils énumèrent un trop grand nombre d'espèces auxquelles ils n'arrivent pas à imposer une marque unique, et s'ils vont trop vite c'est qu'ils n'en ramassent pas assez, donc risquent de se tromper de genre. Ils ne savent surtout pas diviser. Aller immédiatement de l'unité à l'illimité signifie en effet que l'unité a selon eux pour unique contenu une pluralité indéterminée d'individus, donc qu'ils ignorent les différentes espèces entre lesquelles ces individus pourraient se distribuer. Or l'idée n'a pas pour seul contenu une multiplicité sensible, mais d'abord une multiplicité intelligible.

Loin que Platon se serve de la question de la vie bonne comme prétexte pour exhiber sa « nouvelle terminologie », ce qui suppose qu'il aurait abandonné l'ancienne et l'ancienne procédure avec elle, il rappelle donc pour commencer les mouvements dialectiques dits habituels : chercher en chaque cas une *idea* unique, puis diviser l'unité ainsi posée en autant d'unités qu'il sera nécessaire. S'il faut choisir entre le plaisir et la pensée, il importe en effet d'abord de savoir « comment chacun est un et multiple » (πῶς ἔστιν ἓν καὶ πολλὰ αὐτῶν ἑκάτερον, 18 e 9). La seule nouveauté consiste dans la manière de définir la spécificité de la dialectique par rapport à l'éristique : le dialecticien doit poser un nombre précis d'intermédiaires, il ne doit pas passer immédiatement de l'un à l'illimité, donc prendre soin de *diviser*.

*Deux situations dialectiques contraires*

La dialectique, et le *logos* lui-même, sont donc toujours une affaire d'un et de multiple. Mais dès 14 e vient s'intercaler un terme dans le va-et-vient de l'un au multiple et du multiple à l'un : ils affirment « que l'un est multiplicité et *indéfinité*, et que le multiple est seulement un » (τό τε ἓν ὡς πολλά ἐστι καὶ ἄπειρα, καὶ τὰ πολλὰ ὡς ἓν μόνον, 14 e 3-4). Ce qui impose à la dialectique une forme nouvelle, c'est précisément l'introduction de ce terme, *apeiria.* Quel statut ce premier moment du *Philèbe* donne-t-il à l'*apeiron ?*

1) Il s'oppose à l'unité : pluralité illimitée et unité sont les deux extrêmes de l'opération dialectique (17 a, 18 a, 18 e-19 a).

2) Il peut prédiquer une unité (14 e) aussi bien qu'une multiplicité (16 d).

3) Il est lié aux choses en devenir. La participation est pensée comme la présence (immanente ou transcendante) d'une unité (une monade) à « des choses qui sont en devenir et sont illimitées » (ἐν τοῖς γιγνομένοις αὖ καὶ ἀπείροις, 15 b 5).

4) Il est ce que laisse échapper une multiplicité nombrée, c'est-à-dire la multiplicité d'unités dénombrées découverte comme étant contenue dans une unité donnée (16 e, 17 e)[1].

Ce faisant, l'*apeiron* met en échec la pensée, et Platon semble affectionner le jeu de mot qui fait passer d'un homonyme à l'autre. « L'indéfini, dit Socrate à Protarque, te rend chaque fois incapable de penser » (τὸ δ' ἄπειρόν σε [...] ἄπειρον ἑκάστοτε ποιεῖ τοῦ φρονεῖν, *Phil.*, 17 e), et Timée affirmera qu'admettre un nombre illimité (ἄπειρος) de

1. Pour l'analyse détaillée du fait qu'il n'y a pas là d'élément nouveau dans l'œuvre de Platon, voir les textes cités dans mon Introduction à *La Fêlure du plaisir*, *op. cit.*, t. I, *Commentaires*, p. XIII-XV.

mondes, c'est être dénué de toute expérience de pensée (ἄπειρος, *Tim.*, 55 d), se condamner à ne pas penser.

Diviser, c'est partir d'une unité pour aller à une multiplicité déterminée, et le *Philèbe* ajoute qu'on laisse aller ensuite dans l'indétermination tout ce que la division, c'est-à-dire tout ce que les principes choisis successivement par le dialecticien pour diviser, n'a pas pris en compte. Mais il existe une situation contraire à celle-là (τὸ ἐναντίον, 18 a 9), contraire donc à celle qui se donne pour tâche de diviser une unité, qui consiste à partir d'une multiplicité indéterminée. L'unité d'une telle multiplicité ne peut être que nominale et elle-même indéterminée. Une réalité indéterminée ne peut être ramenée immédiatement à une unité réelle, or en l'absence d'unité réelle, il n'y a pas de division possible. Que doit faire alors le dialecticien, s'il veut, malgré tout, être capable de penser ?

Avant de pouvoir arriver à poser une unité *réelle*, il doit *constituer* une multiplicité nombrée. Pour cela, il doit trier, distinguer dans la multiplicité indéterminée de départ les éléments qui méritent le nom qu'on leur donne d'avec ceux qui ne le méritent pas, puis ordonner les éléments véritables à l'intérieur d'une structure. Il doit donc, en ce cas, *substituer* à de l'indéterminé une multiplicité déterminée, qui, en donnant son contenu à l'unité, en fera une unité véritable :

> Lorsqu'on est forcé de commencer par prendre en main l'illimité, ne pas aller immédiatement à l'unité, mais à quelque nombre comportant chacun une multiplicité déterminée qu'il faut penser, et arriver enfin à une unité en partant de toutes ces unités dénombrées. (ὅταν τις τὸ ἄπειρον ἀναγκασθῇ πρῶτον λαμβάνειν, μὴ ἐπὶ τὸ ἓν εὐθύς, ἀλλ' [ἐπ'] ἀριθμὸν αὖ τινα πλῆθος ἕκαστον ἔχοντά τι κατανοεῖν, τελευτᾶν τε ἐκ πάντων εἰς ἕν.) (18 a 9-b 3)

La position d'un nombre déterminé d'intermédiaires est la structure intermédiaire par laquelle doit nécessairement passer tout mouvement dialectique [1]. Autrement dit, qu'on aille dans un sens ou dans l'autre – de l'un vers l'illimité ou de l'illimité vers l'un –, l'unité ne sera une unité déterminée, donc une unité réelle, que si elle enveloppe une multiplicité précisément constituée. Aller immédiatement de l'illimité à l'unité, c'est en fait aller de l'illimité à l'illimité. Seule la circularité de l'un et du multiple peut faire sortir de l'indétermination : l'un n'est *cet un* qu'à la condition d'être l'unité de *cette* multiplicité, et une multiplicité, *pour être multiple*, doit à la fois être une multiplicité d'unités et être comprise dans une unité (sinon, il y aurait éparpillement sans limite et sans lien, et non pas multiplicité).

*Comment penser l'indéterminé*

C'était ce point que Socrate devait rappeler, point dont la compréhension est d'autant plus indispensable que l'on se trouve justement dans le cas particulier où « on est forcé de commencer par prendre en main l'illimité ». On est ainsi dans une situation exactement symétrique de celle de la division. Le travail du dialecticien ne consiste alors ni à rassembler ni à diviser, mais à structurer (« nombrer » : *aruthmos* signifie en grec avant tout une structure). Le dialecticien doit résoudre un problème analogue à celui qu'a rencontré Theuth, l'inventeur de l'alphabet phonétique (18 b-d) : comment, à partir d'une réalité illimitée, produire un ensemble organisé d'éléments interdépendants. Theuth a en effet lui aussi dû partir d'une réalité illimitée, la voix (*phônè*), et dans cet illimité il a été le premier à penser qu'il était possible de convertir cette unité

1. Sur le caractère intermédiaire (μεταξύ) de la multiplicité, voir 16 e.

indéfiniment variable en une pluralité. Il a prélevé sur cette réalité sonore indéterminée, ensemble illimité de modulations, une quantité limitée d'espèces phonétiques – trois espèces : voyelles, semi-voyelles et muettes –, et a déterminé le nombre d'éléments propre à chacune de façon à instituer une totalité cohérente (l'ensemble des lettres) ne reposant que sur elle-même.

Ce à quoi Socrate veut en venir devrait donc, comme il l'affirme (18 d-e) être évident : le problème posé au dialecticien par le plaisir est un problème de nature semblable, car le plaisir est, comme la *phônè* [1], une réalité recouvrant une multiplicité indéterminée et, pour en découvrir l'unité réelle, il faut d'abord en constituer la multiplicité nombrée. S'il s'agit de choisir entre le plaisir et la pensée, il importe en effet d'abord de savoir « comment chacun d'eux est un et multiple, et comment, au lieu d'être immédiatement illimité, chacun en arrive à posséder à un moment un nombre déterminé avant que chacun d'entre eux ne soit devenu illimité [2] » (πῶς ἔστιν ἓν καὶ πολλὰ αὐτῶν ἑκάτερον, καὶ πῶς μὴ ἄπειρα εὐθύς, ἀλλά τινά ποτε ἀριθμὸν ἑκάτερον ἔμπροσθεν κέκτηται τοῦ ἄπειρα αὐτῶν ἕκαστα γεγονέναι, 18 e 9-19 a 2). « À un moment » (ποτε), car ce n'est pas toujours *au même moment* du processus dialectique qu'est conquise la pluralité déterminée : elle peut advenir *avant* ou *après* la position de l'unité déterminée. Il faut la constituer *avant* si on part de l'illimité, et elle advient *après* si on divise une unité déterminée. Ce que ni Philèbe ni Protarque ne comprennent, puisque ce dernier croit que

1. La φωνή est ἄπειρος : 17 b 3-4, 18 b 6.

2. Le pluriel ἕκαστα renvoie à des termes qui sont des « groupes », voir p. 201. Il signifie ici que chacun des deux termes revêt alors une multiplicité illimitée d'aspects. Voir aussi 17 e 3 : τὸ δ' ἄπειρόν [...] ἑκάστων καὶ ἐν ἑκάστοις πλῆθος.

Socrate lui demande si le plaisir a ou non des espèces, et lesquelles, et combien (19 b). Autrement dit, il pense que Socrate exige une division du plaisir, et aussi de la pensée. Or dans le cas du plaisir *la division est impossible :* on ne peut pas commencer par diviser l'illimité, il faut d'abord lui imposer un nombre, puis à partir de là en constituer l'unité, et c'est seulement cette unité une fois constituée qui pourra faire l'objet d'une division. Ce que Socrate demande, en fait, c'est la constitution d'un alphabet ou d'une gamme des plaisirs, afin de substituer à l'indétermination initiale *du plaisir* la multiplicité *des plaisirs* (de ce qui est vraiment, et non pas faussement ou illusoirement, nommé plaisir). Et c'est exactement ce qu'il va faire lors d'un long examen.

L'exemple « égyptien » montre comment doit travailler la pensée quand elle est face à de l'indéterminé. Elle doit commencer par transformer, ou plutôt informer, l'illimité en une multiplicité, le *constituer* en une pluralité qui n'est pas *donnée* (à la façon dont la phonétique ou la musique structurent un illimité sonore, 18 a-b). C'est justement ce qu'impose l'examen du plaisir : la pensée du plaisir exige une autre démarche dialectique, une démarche préalable. Il faut prendre la question en quelque sorte en deçà, parce que le plaisir ne se présente ni comme une multiplicité d'unités distinctes ou différenciées, ni comme une unité articulée, donc divisible. En revanche, lorsqu'il s'agit de la connaissance, l'examen peut prendre d'emblée la forme d'une division[1], car elle comporte des espèces réelles, les connaissances, et quelle qu'en soit la diversité ou même la contrariété, la connaissance est une unité réelle qui exclut en conséquence toute forme de

1. Voir la répétition de τὸ μέν ... τὸ δέ en 55 d, θῶμεν τοίνυν διχῇ en 56 c 4, etc. On verra que cette division aboutit à de curieux résultats.

connaissance fausse (ce qui serait une contradiction dans les termes) alors qu'il existe de faux plaisirs.

Le lien entre la « méthode divine » et le sujet du dialogue est indiscutable, même si, comme Protarque, nombre de commentateurs jugent une fois de plus ces considérations hors de propos dans la mesure où la méthode telle qu'elle est décrite ne serait, selon eux, pas appliquée. L'examen méthodologique – qui définit comment la pensée peut travailler à partir de ce qui ne présente ni unité, ni multiplicité véritables – était indispensable aux analyses qui vont suivre.

Résumons d'abord ce qui précède : l'*apeiron* est jusqu'ici pris comme un *prédicat* applicable à une unité ou à une multiplicité, qu'il illimite également. L'illimitation a ainsi un sens quantitatif, elle caractérise une multiplicité numérique discrète (ἄπειρον πλῆθος, πλήθει [1]). Une unité, si elle est réelle, peut comprendre à la fois une multiplicité nombrée – les espèces obtenues par division – et une multiplicité soit d'espèces non dénombrées (laissées de côté par la division opérée), soit d'espèces indivisibles en espèces (les *infimae species*) comportant un pullulement innombrable d'individus singuliers. Ces deux dernières espèces de multiplicité méritent également le qualificatif d'*apeiros*. Mais ce sont des multiplicités non dénombrées en fait (ou en acte), alors qu'elles restent dénombrables en droit (ou en puissance). Chaque Genre, chaque Forme contient ce genre de multiplicité, ce qui ne signifie nullement une « matière intelligible », puisqu'une telle matière devrait précéder, ou au moins être indépendante de sa détermination par la forme,

1. Pour l'expression ἄπειρον (τὸ) πλῆθος : *Rép.*, IX, 591 d 8, *Théét.*, 147 d 7, *Parm.*, 144 a 6, et pour ἄπειρον πλήθει : *Théét.*, 156 a 6, 8, *Parm.*, 144 a 6, e 3-4, 145 a 3, 158 b 6, 164 d 1, 165 c 4, e 6, *Soph.*, 256 e 6, *Lois*, IX, 860 b 4.

alors que la multiplicité indéterminée *résulte* des mouvements de détermination[1]. L'apport du *Philèbe* consiste donc d'abord à préciser que toute dialectique est partielle, que toute unité obtenue par rassemblement n'est que l'unité d'une multiplicité déterminée donc limitée, de même que toute multiplicité n'est que le produit d'une division particulière (effectuée d'un point de vue particulier pris sur l'unité[2]). Cependant, qu'aucune division ne soit exhaustive puisqu'elle laisse toujours subsister un résidu indéterminé, cela n'entraîne pas qu'on aille immédiatement de l'un à l'illimité (entendu comme multiplicité non dénombrée). Réciproquement, si l'on va immédiatement de l'illimité à l'un, c'est l'unité elle-même qui s'en trouvera indéterminée.

Le cas où l'on est forcé de partir de l'illimité pose un problème spécifique, puisque l'on doit partir de ce dont l'unité et la multiplicité sont également indéterminées, autrement dit de ce qui semble déjouer les opérations dialectiques fondamentales. L'indéterminé empêcherait le travail dialectique de la pensée si celle-ci ne reculait pas d'un cran, si elle ne commençait pas par *instaurer* une multiplicité *non donnée,* afin, à partir d'elle, de poser l'unité de ce qui semble exclure toute unification. Dans le premier passage, le statut de l'*apeiron* n'est développé que par rapport à la démarche dialectique. Or si la pensée dialectique peut le tolérer quand il est le résidu d'un processus de division, quand c'est elle qui

1. Ce point est décisif pour réfuter un dédoublement des Formes intelligibles en matière et en forme : elles *contiennent*, comme toutes choses, de la limite et de l'illimité (de la détermination et de l'indétermination), mais elles ne *résultent* pas de l'imposition d'une limite à de l'illimité. C'est la première transposition que Socrate fait subir à la « tradition divine ».

2. Comme en témoignent les deux divisions différentes d'une même idée, la science, qui figurent dans le *Sophiste* et dans le *Politique,* plus celle qui figure à la fin du *Philèbe.*

l'engendre en quelque sorte, elle doit en revanche inventer un dispositif capable de lui donner prise sur l'indétermination qui s'offre à elle. Ce dispositif consiste à structurer cette multiplicité indéterminée de telle sorte que chaque terme soit déterminé non pas *en soi* mais *relativement* à tous les autres. C'est par le biais de cette détermination relative, de cette interdépendance des éléments à l'intérieur d'un tout, que l'indétermination peut être surmontée.

On comprend pourquoi Socrate présente ainsi la dialectique : l'introduction de l'illimité comme terme extrême opposé à l'unité ne joue en fait aucun rôle dans le travail du dialecticien quand celui-ci est face à une véritable unité : il la divise en une multiplicité, puis se contente de « laisser aller ». Mais mentionner l'*apeiron* était nécessaire pour faire de la situation dans laquelle il se trouve quand il part de l'indéterminé une situation *contraire*. Ce qui est en fait contraire, c'est la direction des deux mouvements que le dialecticien doit suivre. Et c'est pour cette même raison de symétrie qu'est énoncée la règle d'un nombre déterminé d'intermédiaires : toute division pose, par coupures successives, un nombre déterminé d'espèces, et le *Politique* prescrit au dialecticien de ne pas en sauter, par précipitation[1]. Que ces espèces soient ici nommées « intermédiaires » ne fait appel à aucune doctrine posant des *réalités* de cet ordre. Cela veut simplement dire que lorsqu'il doit partir de l'indéterminé, le dialecticien n'obtient pas un nombre déterminé d'espèces par division, mais doit constituer ces espèces, qui deviennent du même coup intermédiaires entre la réalité indéterminée de départ et son unité. En disant que celles obtenues par division l'étaient également, Socrate veut tout bonnement montrer que les deux parcours sont aussi dialectiques l'un que l'autre, et la

1. Voir chap. V, p. 238, 258.

formulation qu'il donne du parcours « normal » a pour seul but de marquer qu'il s'agit dans les deux cas de la même route, même s'il faut la parcourir en sens inverse.

### *Déterminer la nature de l'indéterminé : l'autre machination*

Une première « machine de guerre » procure le moyen de traiter dialectiquement l'indéterminé, en passant par l'instauration d'une multiplicité nombrée. Elle est suivie d'un moment (20 b-23 b) où Socrate, sur l'injonction de Protarque qui ne voit en tout ce qui précède qu'un moyen de l'embarrasser, revient au problème de départ. Le souvenir d'un antique logos, peut-être entendu en rêve, permet de sortir de l'affrontement entre deux thèses incompatibles. La vie bonne serait une vie mélangée de plaisir et de pensée. Protarque comprend qu'il faut une division des plaisirs et des sciences, à moins qu'il n'existe un autre moyen de trancher le débat (20 a). Le « souvenir » est ce moyen, et Socrate juge qu'il rend inutile la division des espèces de plaisirs (20 c 4-5), puisque le mélange sera celui *du* plaisir et de *la* pensée (en général). Même si l'orientation se fait vers un terme vide, un troisième terme dont on ne sait rien sinon qu'il est un mélange, cette simple possibilité ne laisse plus au plaisir et à la pensée qu'à lutter pour la deuxième place. Car on dispose désormais d'un critère simple : comme personne n'accepterait de régler sa vie toute entière sur la poursuite de l'un ou de l'autre, ni le plaisir ni la pensée ne peuvent plus prétendre à constituer à eux seul la vie bonne, il ne leur reste plus qu'à lutter pour le deuxième prix.

Pourquoi ce passage vient-il s'intercaler entre deux analyses de la notion d'*apeiron* ? La première confère à l'*apeiron* un statut relatif à la dialectique, la seconde va en poser l'unité générique. Dans l'hypothèse où la vie bonne serait ce mélange de plaisir et de pensée en général, il serait en effet inutile de différencier entre les sortes de plaisirs (20 c 4-5) et de connaissances, et la première analyse serait vraiment un temps pour rien (ou en tous cas, inutile pour ce qui va suivre). Seulement, en quoi consisterait alors le mélange ? Quels types de réalités en seraient les ingrédients ? Et auquel de ces deux ingrédients, le plaisir et la pensée, reviendrait la responsabilité de la bonté du mélange, donc la deuxième place ? Pour répondre à ces questions, il faut « une autre machination » (δεῖν ἄλλης μηχανῆς, 23 b 7).

Elle consiste à diviser en deux, ou plutôt en trois, et en fait en quatre, « tout ce qui existe à présent dans l'univers ». Une première dichotomie oppose le genre de l'*apeiron* à celui du *peras*. Or dans le passage méthodologique, le dieu avait révélé que « détermination et indétermination étaient naturellement inhérentes à toutes les choses que nous disons exister ». La référence faite en 23 c à cette phrase de 16 c indique qu'il doit y avoir un lien entre les deux passages, et que si le terme *apeiron* y est entendu en deux sens différents, ces deux sens ne doivent pas être sans rapport entre eux. Le dialecticien, a-t-il été dit, peut se trouver contraint de commencer par l'indéterminé : *mais pourquoi peut-il l'être* ? Parce qu'il faut reconnaître l'existence de deux espèces de réalités. Tandis que certaines (la science ou la vertu, la constitution politique ou le délire, par exemple) se présentent comme des unités comportant des articulations naturelles, ce qui permet de les diviser, d'autres n'offrent au contraire qu'indétermination. La première machination a fourni le moyen de réduire cette indétermination en traitant l'*apeiron* comme un prédicat quantitatif, mais le dieu a commencé, lui, par préciser que l'*apeiron* est un mode d'être. Pour déterminer ce mode d'être, il faut diviser, non pas l'*apeiron* puisque c'est impossible, mais « tout ce qui existe actuellement dans l'univers », en posant quatre genres, c'est-à-dire en subsumant la totalité de l'existence sous quatre catégories [1].

Socrate commence par énumérer une multiplicité d'espèces : le plus chaud, le plus froid, le fortement, le doucement, le violemment, le calmement, le trop, le pas assez (24 b-c, e) ; même si ces termes ne sont pas *au* comparatif, ce *sont* tous des comparatifs. L'indéterminé, tout indéterminé qu'il soit, comporte donc plusieurs espèces dont chacune est déterminée : « que, d'une certaine façon, l'indéfini est multiple, je vais m'efforcer de le formuler » (ὅτι δὲ τρόπον τινὰ τὸ ἄπειρον πόλλ' ἐστί, πειράσομαι φράζειν, 24 a 2-3). L'énumération, non exhaustive, est néanmoins suffisante pour dégager un σημεῖον (24 e 5), un signe distinctif à partir duquel on pourra rassembler la multiplicité en une unité : est illimité « tout ce qui nous apparaît comme devenant plus et moins » (24 e 7). À partir de ce caractère distinctif, on peut unifier sous un même genre certaines espèces de qualités – toutes celles qui passent par le plus et le moins – mais aussi certaines espèces d'entités, comme la voix, ou le plaisir et la peine (27 e). Est une espèce d'*apeiron* ce qui se trouve toujours en excès ou en défaut par rapport à une limite, ce qui en est, si l'on peut dire, la transgression en acte. L'*apeiron* n'est donc pas une matière que la limite viendrait informer, c'est un devenir que la limite vient stabiliser, une perpétuelle inégalité à soi, un processus « dont on ne peut assigner ni le commencement, ni le milieu ni la fin [2] ». Il n'est plus envisagé comme une pluralité

1. Pour une analyse plus développée, voir l'article de W. Kühn, « Quatre catégories cosmologiques employées en éthique (23 b-26 d) », dans *La Fêlure du plaisir, op. cit.*, t. I, p. 89-154.

2. *Phil.*, 31 a 9-10, cf. *Parm.*, 137 d : « illimité sera l'un s'il n'a ni commencement ni fin. »

indéfinie d'unités discrètes, terme vers lequel tend une multiplicité quantitative, il est constitutif d'une certaine espèce de réalités, dont le devenir incessant exclut toute fixation, emporte toute détermination.

Comment appliquer la dialectique, ce mouvement qui va de l'un au multiple et réciproquement, à quelque chose qui n'est justement pas une chose, mais une *genesis :* une perpétuelle inégalité à soi ? En rassemblant (συναγαγόντας, 25 a 3) ces devenirs et en y voyant les différentes espèces d'un genre unique et parfaitement déterminé. Sans entrer à nouveau dans l'examen du problème de l'auto-prédication, je me permettrai simplement de faire remarquer que Platon n'a jamais dit, ni même suggéré, que l'idée de Neige était froide, l'idée de Carré carrée ou l'idée de Maladie malade : rien n'oblige donc l'idée d'indétermination à être indéterminée. Elle est au contraire, comme ne cesse de le dire Socrate, parfaitement déterminée, et parfaitement définissable et définie[1]. Cela n'a rien de scandaleux, si l'on a retenu la leçon du *Phédon :* l'α privatif signifie que le terme qu'il préfixe ne peut, et même ne veut, pas recevoir son contraire[2]. Il ne connote pas une simple négation logique, mais un refus du terme contraire, une exclusion dynamique. Le terme *apeiron* relève de cette sémantique : il n'est pas la simple absence de toute détermination (donc l'impensable), il est le refus, la transgression

1. Elle a une *phusis* (τῆς τοῦ ἀπείρου φύσεως, 24 e 4, *cf.* 25 c 11), elle est un *genos* (τὸ τοῦ ἀπείρου γένος, 25 a 1). Pour un avis opposé, voir l'article de J. Gosling « Y a-t-il une forme de l'indéterminé ? », dans *La Fêlure du plaisir, op. cit*, t. I, p. 43-59.

2. *Phédon*, 105 d-e, voir M. Dixsaut, *Platon. Phédon*, Paris, GF-Flammarion, 1991, p. 160-161 et note 323 p. 398. Sur le langage que pourraient tenir les partisans de l'universelle *genesis*, voit *Théét.*, 183 b : l'expression « non pas même ainsi » serait, en raison de son indétermination, celle qui s'adapterait le mieux à leur point de vue.

perpétuelle de toute détermination, transgression qui ne s'opère pas n'importe comment mais toujours de la même manière, par excès ou par défaut. Dire de quelque chose, et particulièrement du plaisir, qu'il entre dans le genre de l'*apeiron* ne revient donc pas simplement à lui dénier toute limite, mais le détermine positivement comme une espèce de réalité capable de refuser toute détermination, toute limite, toute mesure. Il fallait donc bien, avant de soumettre le plaisir à examen, réfléchir à la manière de s'y prendre avec une réalité de ce genre, et commencer par en définir le genre.

*Les deux significations de 'apeiron'*

La première partie du *Philèbe* confère ainsi deux sens à l'*apeiron :* en tant qu'il est *apeiron plèthos* (*plèthei*), il caractérise quantitativement une multiplicité ; en tant qu'il constitue un genre, toute réalité dont le devenir souffre accroissement et diminution [1], passe par le plus et le moins, relève de lui. De terme à structurer dialectiquement, l'*apeiron* devient genre, et prend, en tant que tel, une signification ontologique. Que le plaisir soit illimité en ces deux sens est ce que confirme Philèbe : le plaisir est « illimité par nature à la fois quantitativement et en intensité », sinon « il ne serait pas bon en son entier » (οὐ γὰρ ἂν ἡδονὴ πᾶν ἀγαθὸν ἦν, εἰ μὴ ἄπειρον ἐτύγχανε πεφυκὸς καὶ πλήθει καὶ τῷ μᾶλλον, 27 e 7-9).

Peut-on établir un rapport entre les deux sens ? Dans le cas où est dite illimitée une multiplicité que l'opération dialectique « laisse aller », il n'y a pas de rapport, car la

1. Ce sens d'*apeiron* est déjà présent en *Rép.*, II, 373 d, IX, 591 d (il s'agit de l'accroissement illimité des richesses), en *Phèdre*, 267 b (l'amplification sans mesure des discours) et, en *Lois*, X, 910 b, il s'agira de l'accroissement indéfini de l'injustice.

multiplicité ainsi prédiquée ne relève en rien du genre de l'*apeiron : une multiplicité indéterminée est une espèce de multiplicité, non pas une espèce du genre de l'indéterminé.* Mais qu'en est-il lorsque l'indétermination est ontologiquement initiale, et non plus dialectiquement terminale ? L'*apeiron* par lequel on est alors forcé de commencer caractérise la nature même de la « chose » en question, laquelle n'est en vérité pas une chose mais cette espèce de devenir qui consiste en un accroissement et une diminution perpétuels. Si l'indétermination est initiale, elle ne doit rien à la dialectique, elle est naturelle, et ce sont des réalités de cette sorte qui requièrent l'usage de la première machination, c'est-à-dire leur information préalable en une multiplicité nombrée. Le rassemblement de l'*apeiron* en un genre et sa définition servent ainsi de *fondement* à un procédé dialectique particulier consistant à imposer nombre et structure à une unité indéterminée.

Il est possible de résumer de cette façon tout ce qui précède, et de comprendre en quoi les deux situations dialectiques sont contraires :

1) – Le dialecticien part d'une unité déterminée
   – il la divise en une multiplicité déterminée
   – qui laisse échapper une multiplicité quantitativement indéterminée.
2) – Le dialecticien part d'une entité relevant du genre de l'indéterminé
   – il lui impose une structure et la constitue en une multiplicité déterminée
   – qu'il peut alors unifier en une unité déterminée.

L'illimitation est le propre de certaines genèses, de certains procès. Il ne s'agit donc plus d'une pluralité indéfinie d'unités discrètes (toutes celles qui, *lors* d'une division, pullulent « à gauche » puisqu'on les laissées sans les diviser, et toutes celles résidant dans les dernières espèces obtenues par division, auxquelles on « dit adieu »), mais d'un mouvement de transgression perpétuelle de toute limite par excès ou par défaut (« l'illimité, le plus et le moins, font disparaître la quantité définie », 24 c). L'illimitation propre au plaisir est cette illimitation dynamique, ce refus de toute quantité déterminée, de toute mesure et de toute fin. C'est à elle que le dialecticien doit imposer nombre et structure (*aruthmos*).

## Les deux examens dialectiques

*La gamme des plaisirs*

À l'issue de cette première partie du dialogue, on sait donc :

– que si le plaisir est *apeiron*, comme le prétend Philèbe, cela signifie à la fois qu'il recouvre une multiplicité innombrable et qu'il est un devenir selon le plus et le moins ;

– que la dialectique, donc la pensée, n'aura prise sur lui qu'à la condition de constituer d'abord une sorte de gamme des plaisirs, les faux plaisirs étant exclus.

Pour ce faire, Socrate va combiner deux principes : les plaisirs seront différenciés 1) selon leurs lieux de naissance, corps, âme, union des deux : « il y a des mixtes qui ne relèvent que du corps et ne se font que dans les corps, d'autres qui relèvent de l'âme et ne se font que dans l'âme, d'autres enfin que nous trouverons relever de l'âme et du corps » (46 b-c), et 2) selon l'opposition du pur et du mélangé (« pur » signifiant ici non précédé de douleur et non mélangé de douleur). La combinaison de ces deux principes peut se traduire en un tableau, qui montre clairement que l'examen des plaisirs n'a pas opéré une *division* des plaisirs, mais a *substitué* au plaisir une multiplicité de plaisirs.

On peut schématiser ainsi :

*La gamme des plaisirs*

| Corps seul | Union de l'âme et du corps | | Âme seule | |
|---|---|---|---|---|
| *mélangés*<br>résultant<br>d'une restauration de<br>l'équilibre corporel :<br>= nécessaires<br>(31 d-32b, 46c-47 c) | *mélangés*<br>anticipations<br>espoirs<br><br><br><br>(32b-c) | *purs*<br>pris aux<br>belles formes,<br>couleurs, sons<br>purs, odeurs<br>(51 b-52 a) | *mélangés*<br>affects<br>(colère,<br>crainte,<br>etc.)<br>(47 d-50 c) | *purs*<br>pris aux<br>sciences<br><br><br><br>(52a-b) |

Le corps seul ne peut pas éprouver de plaisirs purs, puisqu'il résultent tous de la dissolution d'une harmonie corporelle, dissolution qui engendre de la douleur ; la reconstitution de cette harmonie procure un plaisir relevant donc du genre du mixte car il est toujours précédé d'une douleur et mélangé de douleur. Pour l'union de l'âme et du corps, il existe des plaisirs purs, non qu'ils ne soient précédés d'un manque, mais parce que ce manque n'est pas ressenti (51 b)[1]. « Colère, crainte, regret, deuil, amour, jalousie, envie » sont des douleurs de l'âme seule qui sont « pleines de plaisir », et ce sont ces affects que représentent et à la fois engendrent tragédie et comédie. Quant à ces plaisirs purs de l'âme que procurent les sciences (*mathèmata*), ils ne sont généralement pas précédés de douleur, pas plus qu'ils n'en suscitent si on vient à en être privés.

1. Sur les plaisirs du corps seul, voir G. Van Riel, « Le plaisir est-il la réplétion d'un manque ? La définition du plaisir (32 a-36 c) et la physiologie des plaisirs faux », dans *La Fêlure du plaisir, op. cit.*, vol. 1, p. 299-314 ; sur ces plaisirs mélangés de l'âme et du corps que sont les anticipations et les espoirs, voir M. Dixsaut, « Une certaine espèce de vie (34 d 1-36 c 3) », *ibid.*, p. 245-265.

Les deux principes de distinction adoptés étant tous deux axiologiques, les différences qui en découlent le sont nécessairement aussi. De sorte que le véritable tableau est hiérarchique, et consiste à ordonner les plaisirs suivant leur degré de pureté, et selon la plus ou moins grande « noblesse » de ce qui les éprouve :

*Hiérarchie des plaisirs*

1. Plaisirs purs de l'âme seule
2. Plaisirs purs de l'union de l'âme et du corps (ces deux espèces sont admises dans le mélange de la vie bonne au cinquième rang)
3. Plaisirs nécessaires du corps seul (admis dans le mélange ? )
4. Plaisirs mélangés de l'âme seule
5. Plaisirs mélangés de l'union de l'âme et du corps (ces deux dernières espèces ne sont pas versées dans le mélange).

Cette gamme une fois constituée, on découvre que certains plaisirs conservent le caractère illimité du plaisir, alors que d'autres, modérés et mesurés, appartiennent au troisième genre, celui du mélange (52 c-d). Seuls ceux-là seront admis par la pensée dans la coupe où se compose le bon mélange de la vie, parce qu'ils sont les seuls bons plaisirs. Or, sans les dispositifs mis en place dans la première partie, il aurait été impossible d'arriver à faire ce tri, car la condition pour l'effectuer suppose évidemment la conversion de l'illimitation du plaisir en une multiplicité déterminée de plaisirs.

### *La division hiérarchique des sciences*

Comme Socrate l'avait promis à Protarque, on ne va pas critiquer le plaisir et épargner l'intelligence et la science. Commence alors ce qu'il est convenu d'appeler une classification des sciences, qui va s'effectuer selon un critère de pureté / vérité. Pourtant, s'il existe de faux plaisirs, il n'existe pas de fausses sciences, même si certaines contiennent du faux (du non *exactement* vrai, de l'imprécis). La première division sépare la partie artisanale de la science de ce qui concerne l'éducation et l'élevage, puis la partie « démiurgique » est divisée en arts métriques et arts stochastiques. Les premiers sont hégémoniques par rapport aux seconds : plus il y aura de métrique dans les art démiurgiques, plus ils seront purs. La pureté, dans leur cas, est liée à la plus grande précision et finesse des instruments utilisés : le charpentage et l'art de la construction seront donc plus purs que la musique, la médecine ou l'agriculture. Mais où situer les arts métriques non appliqués, autrement dit, les mathématiques ? Le problème se complique, car le critère de l'exactitude n'est plus valable : les sciences appliquées ont été distinguées d'arts stochastiques comme la musique ou la médecine parce qu'ils ne font pas appel à la conjecture et à l'expérience. En quoi les mathématiques appliquées se distinguent-elles alors des arts métriques, et en quoi des mathématiques pures ? La première question n'est ni posée ni résolue; à la seconde, il est impossible de répondre que les mathématiques pures sont plus pures parce qu'elles utiliseraient des méthodes ou des instruments plus précis. Elles sont plus pures parce qu'elles ne traitent pas des mêmes objets, ont affaire à des objets plus « clairs » – plus intelligibles –, et stables, toujours identiques à eux-mêmes. Elles ne sont pas *plus* précises, elles sont *autrement* précises.

« Ainsi la division des mathématiques en vulgaires et philosophiques relève d'une autre taxinomie. Ou plutôt vaudrait-il mieux dire qu'elle implique l'abandon définitif de toute tentative pour fournir la moindre taxinomie[1] ». Le principe général, qui ordonne les sciences selon leur plus ou moins grande proximité avec la vérité et l'exactitude, aboutit à une classification où « ces arts et ces sciences ne sont pas en fait les espèces coordonnées d'un genre[2] ». Elles ne sont en effet pas coordonnées mais subordonnées (ce qu'indique l'introduction d'arts hégémoniques), puisque toutes les coupures effectuées le sont en vertu d'un même principe, qui différencie les sciences non quant à leur nature mais quant à leur valeur. Se trouve contredit le précepte de l'Étranger du *Sophiste*, 227 a-c : « pour saisir la parenté qu'ils [tous les arts] ont ou qu'ils n'ont pas, nous les tenons tous, dans la démarche dont c'est là le but, en une égale estime » ; il n'y en a pas de plus ridicules ou de plus dignes, car ils ne sont jugés tels qu'en fonction de l'utilité qu'ils ont pour nous. Pourtant, si le critère de l'utilité est également rejeté par Socrate, celui de la pureté entraîne bien qu'il y ait des arts plus estimables que d'autres. Si on applique en effet la règle du *Sophiste*, et si on prend le passage sur les sciences pour une division, une taxinomie, on ne peut le schématiser que de façon incohérente. En conséquence il faut, comme le propose Benitez[3], rejeter la taxinomie et voir que Socrate établit une échelle graduée analogue à celle de la Ligne de la *République*, où la hiérarchie a également pour principe la plus ou moins grande précision, clarté, pureté, vérité. La puissance dialectique se situe au sommet, suivie des mathématiques philosophiques, de ces arts plus obscurs que sont les arts métriques (comme la

1. E. Benitez, « La classification des sciences (55 c-59 d) », dans *La Fêlure du plaisir*, *op. cit.*, vol. 1, p. 337-364, p. 352.

2. R. Hackforth, *op. cit.*, p. 115.

3. E. Benitez, art. cit., voir ses tableaux p. 362-4.

construction navale), enfin des arts stochastiques (comme la musique).

## L'ÉLOGE AMBIGU DE LA DIALECTIQUE

La dialectique est introduite par cette question : « Nous disons donc que celles-ci [les mathématiques philosophiques, sciences du nombre et de la mesure] sont les plus exactes ? » (57 d). Or, reprend Socrate, « la puissance dialectique nous renierait si nous jugions qu'une autre science est au dessus d'elle » (ἀναίνοιτ' ἂν ἡ τοῦ διαλέγεσθαι δύναμις, εἴ τινα πρὸ αὑτῆς ἄλλην κρίναιμεν, 57 e 6-7). Par cette expression, « puissance dialectique », Socrate renoue avec une désignation que l'on trouvait dans la *République*, où un même problème de supériorité se trouvait posé, et indique qu'il ne croit nullement cette puissance mise en danger par les critiques du *Parménide*[1]. Protarque ne comprend pas à quelle sorte de science Socrate attribue cette puissance, et pourtant, selon Socrate, le premier venu saurait de quoi il parle[2]. Cela paraît

1. L'expression ne se rencontre en effet que dans ces trois dialogues : *Rép.*, VII, 532 d 8, 533 a 8, 537 d 5, *Parm.*, 135 c 2.

2. Δῆλον ὁτιὴ πᾶς ἂν τήν γε νῦν λεγομένην γνοίη (58 a 1) ; le texte n'est pas sûr, et Robin, sans dire quel texte il établit, traduit : « tout le monde n'en reconnaîtrait pas l'existence ». Si l'on juge, comme je le fais, que toute la fin du *Philèbe* est profondément ironique (à double sens), cette phrase en est une preuve de plus. En tout cas, c'est bien de la puissance dialectique telle qu'elle a toujours été entendue par Platon que parle ici Socrate. Selon Hackforth pourtant (*op. cit.*, note 2 p. 119), la présence de γε dans τήν γε νῦν λεγομένην pourrait indiquer qu'il existe deux sortes de dialectique, la « dialectique » proprement dite et la conversation. D. Frede va dans le même sens, puisque selon elle il ne s'agit pas de la même dialectique qu'en 17 a, mais elle pense que la distinction serait entre la dialectique pure et la dialectique appliquée. La référence au livre VII de la *République* et au

d'autant moins vraisemblable que Socrate en donne la définition suivante :

> La connaissance de ce qui est, de ce qui est réellement et qui par nature est toujours même, est absolument, je pense, celle que tous ceux qui n'ont même qu'un peu d'intelligence tiennent pour être de loin la plus vraie. (τὴν γὰρ περὶ τὸ ὂν καὶ τὸ ὄντως καὶ τὸ κατὰ ταὐτὸν ἀεὶ πεφυκὸς πάντως ἔγωγε οἶμαι ἡγεῖσθαι σύμπαντας ὅσοις νοῦ καὶ σμικρὸν προσήρτηται μακρῷ ἀληθεστάτην εἶναι γνῶσιν.) (58 a 2-5)

Pour imposer la supériorité d'une science, il suffirait donc de faire reconnaître au premier venu la nature éminente de ses objets. Admettons qu'il soit impressionné par eux : les mathématiques philosophiques pourraient faire valoir que leurs objets ont exactement les mêmes caractéristiques (et Socrate se garde ici de tout rapprochement entre les objets de l'une et de l'autre science). L'analyse s'inscrit dans une perspective agonale : la dialectique dispute son rang aux mathématiques pures, comme dans la *République*, et à la rhétorique, comme dans le *Gorgias*. La vieille querelle entre dialectique et rhétorique resurgit ici, mais Socrate ne récuse pas l'utilité de la rhétorique pour les hommes ; c'est peut-être que le *Phèdre* a établi la possibilité d'une bonne rhétorique, fondée sur une division dialectique des espèces de discours et des espèces d'âmes, et que le *Politique* a fait de la rhétorique un art auxiliaire nécessaire ; mais c'est peut-être aussi que Gorgias a finalement raison, et que dans la cité des hommes, c'est sa rhétorique qui constitue la seule manière de se

*Parménide* impliquée dans ἡ τοῦ διαλέγεσθαι δύναμις suffit, s'il en était besoin, à rejeter ce genre de spéculation. Même si elle peut s'appliquer à la rhétorique ou à la politique, la dialectique reste ce qu'elle est : la connaissance des êtres qui sont toujours.

défendre et de se préserver. On peut donc accorder à Gorgias que la rhétorique est l'art le plus utile aux hommes. Comment persister alors à affirmer la supériorité de la dialectique ? En récusant que l'utilité soit un critère :

> Ce que je recherchais, mon cher Protarque, ce n'était pas encore quelle technique ou quelle science l'emporte sur toutes les autres du fait d'être plus grande, meilleure, et de nous procurer plus d'avantages, mais laquelle peut bien se proposer d'examiner ce qu'il y a de clair, d'exact, de parfaitement vrai, et même si elle n'a que peu d'importance et ne rapporte que peu d'avantages, voilà ce que nous cherchons à présent. (Οὐκ, ὦ φίλε Πρώταρχε, τοῦτο ἔγωγε ἐζήτουν πω, τίς τέχνη ἢ τίς ἐπιστήμη πασῶν διαφέρει τῷ μεγίστη καὶ ἀρίστη καὶ πλεῖστα ὠφελοῦσα ἡμᾶς, ἀλλὰ τίς ποτε τὸ σαφὲς καὶ τἀκριβὲς καὶ τὸ ἀληθέστατον ἐπισκοπεῖ, κἂν εἰ σμικρὰ καὶ σμικρὰ ὀνινᾶσα, τοῦτ' ἔστιν ὃ νῦν δὴ ζητοῦμεν.) (58 b 9-c 5)

Socrate ne refuse pas l'idée d'une hiérarchie des sciences, au contraire, mais il veut imposer *son* critère pour la constituer. L'analogie avec le blanc pur, vraiment blanc, qui l'emporte sur n'importe quelle quantité de blanc impur signifie que, comme dans la *République*, la dialectique est la seule science véritable, par rapport à laquelle toutes les autres ne méritent pas véritablement ce nom. « Véritable » se dit ici pur, non mélangé de considérations d'utilité, d'avantages ou de prestige. Mais en changeant de critère, Socrate échange un critère humain contre un critère qui ne l'est pas. La science dialectique est *en soi* la plus importante ; elle ne l'est sans doute pas *pour les hommes* – ce qui pose malgré tout un problème quand ce qu'il s'agit de composer est le mélange de leur vie.

Pour établir que la dialectique est au-dessus de la rhétorique, Socrate se contente ici de faire jouer la distinction ontologique entre étants toujours mêmes et étants en devenir. La dialectique a affaire à des réalités possédant « fermeté, pureté, vérité et ce que nous appelons intégrité et qui sont semblablement toujours mêmes », mais aussi « le plus sans mélange » (τό τε βέβαιον καὶ τὸ καθαρὸν καὶ ἀληθὲς καὶ ὃ δὴ λέγομεν εἰλικρινές, περὶ τὰ ἀεὶ κατὰ τὰ αὐτὰ ὡσαύτως ἀμεικτότατα ἔχοντα, 59 c 2-4). La dernière caractéristique ne se comprend qu'en rapport avec le leitmotiv de la pureté qui court dans tout le dialogue, « sans mélange » signifiant probablement que ces êtres ne comportent aucune part d'indétermination, et aussi qu'ils sont essentiellement ce qu'ils sont et rien d'autre. Mais qu'en est-il de la supériorité par rapport aux mathématiques philosophiques? Elles non plus n'ont pas affaire aux étants en devenir. Les deux justifications de la *République* (VI, 510 b-511 b) : le dialecticien ne se sert pas d'images et ne prend pas ses hypothèses pour des principes, sont ici omises. Dans la *République*, les sectionnements de la Ligne trouvaient leur fondement dans l'Analogie précédente du Bien et du Soleil : c'est le Bien qui était au principe de toutes les différences, entre modes d'être et modes de connaissance. Ici, ce qui est paradoxal dans un dialogue sur le Bien, ces différences sont affirmées « sans principe ». Beaucoup de choses, donc, à coup sûr manquent.

Mais quelque chose est apporté, une détermination « subjective » qui est en fait le véritable critère. Pour chercher la science la plus haute, on ne doit prendre en considération ni l'avantage ni la réputation, mais considérer seulement

> s'il existe une certaine puissance naturelle de notre âme d'aimer le vrai et de tout faire en vue de lui ; disons, après l'avoir examinée en tous sens, si nous pourrions affirmer en toute vraisemblance que c'est elle [*sc.* cette puissance en nos âmes] qui possède au plus haut point la pureté de l'intelligence et de

la pensée, ou s'il nous faut en chercher une autre [*sc.* science] qui soit plus souveraine[1]. (ἀλλ' εἴ τις πέφυκε τῆς ψυχῆς ἡμῶν δύναμις ἐρᾶν τε τοῦ ἀληθοῦς καὶ πάντα ἕνεκα τούτου πράττειν, ταύτην εἴπωμεν διεξερευνησάμενοι, τὸ καθαρὸν νοῦ τε καὶ φρονήσεως εἰ ταύτην μάλιστα ἐκ τῶν εἰκότων ἐκτῆσθαι φαῖμεν ἂν ἤ τινα ἑτέραν ταύτης κυριωτέραν ἡμῖν ζητητέον.) (58 d 4-8)

Aussi bizarrement construite que soit cette phrase, elle identifie à coup sûr la puissance dialectique à la puissance naturelle qu'a notre âme d'aimer le vrai. En quoi la dialectique est-elle l'exercice le plus « pur » de l'intelligence et de la pensée ? Elle est pure, certes, parce que ses objets sont toujours purement ce qu'ils sont, non mélangés de devenir, d'incertitude, d'inexactitude – mais cela vaut aussi pour les mathématiques. Elle est surtout pure parce qu'elle manifeste, et manifeste seule, cet erôs exclusif du vrai, de l'être vrai. Elle n'est purement science, science par excellence, que par son origine, par ce qui lui donne son impulsion. Vers quoi ? Vers une sorte de vrai qu'elle est la seule à chercher, et qui n'est pas une vérité démonstrative ou la propriété d'énoncés exacts, mais une vérité ontologique, celle qui dans la *République* était le premier effet de la puissance du Bien (508 d). La différence spécifique de la science dialectique, c'est son erôs pour cette vérité-là, qui la conduit nécessairement vers le Bien. Il n'est alors nullement étonnant qu'elle ne trouve pas sa place dans une classification des sciences : « au plus haut se situe la dialectique, et Platon ne lui prête même pas l'apparence de l'appartenance au schéma de la διαίρεσις[2] ».

1. La construction est décourageante, et on est tenté de penser comme Hackforth (*op. cit.*, note 2 p. 120) que Platon donne à la ferveur de Socrate la permission de prendre des libertés avec la grammaire ; le traducteur est obligé lui aussi d'en prendre, et j'ai suivi à peu près la traduction de Diès.

2. R. Hackforth, *op. cit.*, p. 115.

Ryle[1] écrit à propos de ce passage : « *It is noticeable that very little is said about dialectic except to laud it* », ce qui indiquerait selon lui un recul de la dialectique, que démentent à la fois la première partie et l'ensemble du dialogue ; mais là où il n'a pas tort est que la dialectique est en effet ici un objet d'éloge. C'est bien la valeur de la dialectique que Socrate affirme, mais non pas en considérant, comme Gorgias, la valeur de ses conséquences, mais sa valeur intrinsèque de science. Elle donne néanmoins lieu à éloge et un éloge ne peut être que rhétorique, d'ailleurs Socrate conclut son envolée (58 d) en disant que c'est elle « dont nous affirmerions qu'elle possède selon toute vraisemblance… ». Pourquoi prononcer un discours rhétorique et vraisemblable sur la dialectique ? Pour qu'il soit recevable par « tous ceux qui n'auraient même qu'un peu d'intelligence » (58 a), et qui pourront ainsi admettre qu'elle est la première des sciences à devoir être versée dans le mélange. Il faut user de rhétorique et de vraisemblance pour convaincre les hommes que l'intelligence et la pensée pures ont leur place dans ce breuvage qu'est leur vie, et c'est bien là le malheur de la pensée.

S'agissant des plaisirs comme s'agissant des sciences, la puissance dialectique a réussi à s'exercer, mais de manière toujours contaminée par des considérations de valeur et des visées hiérarchiques – ce qui n'a rien de surprenant puisqu'il s'agit de trier les éléments devant être versés dans la coupe de la vie bonne. Le mélange ne sera bon que si ses constituants le sont, autant qu'il est possible. Et, s'agissant d'elle-même, la dialectique ne peut que revendiquer sa place, au nom d'une

1. G. Ryle, *op. cit.*, p. 252, *cf.* J.C.B. Gosling, *Plato. 'Philebus'*, Translated with Notes and Commentary, Oxford, Clarendon Press, 1975, p. 223.

certaine force, celle d'erôs, dont on sait depuis le *Banquet* que c'est lui en nous qui philosophe.

Ayant achevé les deux examens portant sur les plaisirs et sur les sciences, Socrate mentionne à nouveau les deux thèses de départ et rappelle leur insuffisance. Ni le plaisir ni la pensée ne possèdent les caractères auxquels on reconnaît ce qui est bon : la perfection et la suffisance (60 c) et la capacité d'être choisi par tous (61 a). Ces critères ont été formulés auparavant (22 a-b). Être parfait (*teleos*), c'est être achevé, donc ne pas être illimité ; être suffisant (*hikanos*), c'est ne souffrir d'aucun manque, et être éligible par tous c'est pouvoir, selon Protarque, être choisi par tous les vivants sans exception, plantes, animaux ou hommes (22 b). Socrate va restreindre la prétention : la vie bonne est une vie humaine. On sait donc par quels attributs se différencie pour elle la nature du complètement bon. Mais on ne sait toujours pas ce qu'est le bien. Or pour pouvoir attribuer le second prix (le premier revenant toujours jusqu'ici à la vie mixte, 61 b), il faut « saisir clairement le bien, ou au moins en saisir une marque (*tupos*) ». Un *tupos*, c'est un modèle, non pas *donné* par une chose existante, mais *construit*, une formule générale, un schéma fournissant les grandes lignes, les traits principaux de la chose[1]. Avec lui, « nous avons donc trouvé une certaine route vers le bien » (61 a) : nous disposons d'un *tupos* du bien, le bon mélange, composé de toutes les sciences, tous les arts, et de certains plaisirs. Auquel il faut ajouter la vérité, condition nécessaire de toute venue à l'existence et de tout maintien dans l'existence (64 b). Cette vérité n'est pas celle, liée aux différents sens de pureté, qui est intégrée aux sciences

1. Dans les livres II à IV de la *République*, le terme est sans cesse employé pour désigner les modèles à imiter. Dans le *Philèbe* (32 b 5), la formule générale (*tupos*) du plaisir corporel est : restauration d'un équilibre.

et aux plaisirs et qui a servi de critère pour les hiérarchiser ; ce n'est pas celle non plus qu'« aime » la dialectique et qui dans la *République* est inséparable de l'être (509 d), le rend « clair », lumineux, c'est-à-dire pleinement connaissable. C'en est une espèce dérivée, dégradée, obscurcie, qui se mêle au devenir pour le faire venir à être, mais qui ne lui confère que l'être des choses en devenir.

## LES TROIS MANIFESTATIONS DU BIEN ET LA HIÉRARCHIE DES BIENS

La conclusion du *Philèbe* a toujours rempli les commentateurs de perplexité. « Ils sont sur ce point, dit V. Harte, aussi nombreux que peu utiles »[1]. La raison en est selon elle que « le dialogue est si complexe qu'en général on est épuisé quand on arrive au bout ». Pour Gadamer, la cause n'est pas l'épuisement des commentateurs mais l'imprécision terminologique du passage : « Le *Philèbe*, plus que tout autre dialogue, décourage absolument une exégèse qui resterait prisonnière d'une terminologie conceptuelle rigide »[2]. Les deux raisons avancées semblent un peu légères. À coup sûr, le conclusion du *Philèbe* est déconcertante, mais pourquoi ?

Lorsque Socrate s'interroge sur la cause de la bonté de ce mélange qu'est la vie bonne, il dit que la réponse à cette question suppose une connaissance de la nature du bien – jusque là, pas de surprise. Dès le début du *Philèbe*, on

1. « Quel prix pour la vérité ? (64 a 7-66 d 3) », dans *La Fêlure du plaisir*, *op. cit.*, vol. 1, p. 385-401, p. 385.

2. *L'Éthique dialectique de Platon*, [1931[1]], trad. franç de F. Vatan et V. von Schenk, Paris, Actes Sud, 1994, p. 39.

retrouve l'affirmation familière que, pour connaître vraiment la nature de quoi que ce soit, il n'y a qu'une seule route (*hodos*). Le Bien fait partie de ces hénades, ou monades, dont il faut poser la réalité et l'unité, et qu'il faut ensuite diviser (15 a). La manière dialectique de procéder (17 a), ce « cadeau divin », est la seule voie permettant de résoudre le problème de l'unité de l'un et du multiple. Pourtant, à la fin du dialogue, la question de la nature du bien ne donne pas lieu à un examen dialectique. Nous restons en plan sur le seuil et nous sentons frustrés, privés une fois de plus de la définition de la nature du bien. Il ne peut en aller autrement, puisque, si nous avons bien trouvé « une certaine route » (*hodon tina*, 61 a 7), ce n'est pas « la plus belle » (16 b 1), elle ne peut pas nous mener plus loin et nous faire entrer dans la demeure. Nous cherchons en effet à capturer le bien à partir de ce mélange qu'est la vie bonne : nous ne pourrons le saisir qu'à ses effets dans ce mélange. Si la nature du Bien se dérobe encore une fois, ce n'est donc pas que le Bien soit ineffable ou impensable, c'est que nous ne sommes pas sur le bon chemin, même si ce chemin est en lui-même bon. La conclusion du *Philèbe* est par conséquent infra, ou extra-dialectique. Socrate se contente de nous fournir les signes, les critères, pour reconnaître tout ce qu'on peut dire être « bon », il arrive à capturer les manifestations du bien, et à hiérarchiser les biens en fonction d'elles.

On a une première triade, celle de la vie bonne : sciences, plaisirs et vérité. C'est elle qui nous a menés « aux grandes entrées » (*prothuroi*) du Bien, dans le vestibule de sa demeure. Un vestibule, c'est là que Penia se tient avant de s'unir à Poros, et où Erôs le va-nu-pieds passe ses nuits (*Banq.*, 175 a, 203 b-d). Leur dénuement les condamne à rester dehors, mais ce dehors n'est pas sans lien avec le dedans. Quel est, au juste, ce lien, et pourquoi Socrate reste-t-il à la porte ? Nous avons du mal à comprendre ce qu'il fait exactement dans ce vestibule, et surtout pourquoi et comment il le fait. La phrase contient trois modalisants : « Si donc nous disions qu'à présent déjà nous nous tenons aux portes du Bien et de la demeure de quelque chose de tel (*tou toioutou*), peut-être (*isôs*) affirmerions-nous quelque chose de correct en un sens (*tina tropon*) ? » (Αρ' οὖν ἐπὶ μὲν τοῖς τοῦ ἀγαθοῦ νῦν ἤδη προθύροις καὶ τῆς οἰκήσεως ἐφεστάναι τῆς τοῦ τοιούτου λέγοντες ἴσως ὀρθῶς ἄν τινα τρόπον φαῖμεν, 64 c 1-3). Badham supprime le καί, ce qui donnerait « aux portes de la demeure du bien », mais il lui faudrait alors supprimer aussi τῆς τοῦ τοιούτου (« celle de quelque chose de tel »), donné également par tous les mss., ce qu'il hésite malgré tout à faire. Il n'y a grammaticalement aucune raison de corriger, mais si on est insensible au ton du texte et persiste à y chercher la majesté d'une révélation, l'expression, par sa désinvolture, est certainement peu acceptable. Sur ce seuil où Socrate se tient « peut-être », qui est celui de la demeure où réside « quelque chose comme » le Bien, comme on pourrait le dire « en un sens », une question est posée : quelle est la principale cause de la bonté de la vie bonne, et avec cette cause, lequel, du plaisir ou de la pensée, a le plus de parenté ? S'il suivait le conseil qu'il avait donné à Cébès dans le *Phédon* (100 b-e), Socrate devrait répondre à la première partie de la question que c'est par le Bien que toutes les bonnes choses sont bonnes. Mais ici, à la question de ce qui confère au mélange sa valeur, il laisse répondre « tout homme » (64 d).

### *Les trois manifestations du Bien*

Pour qu'un mélange soit vraiment un mélange et non un « amalgame incohérent » (Gadamer), il faut qu'il comporte « de la mesure et la nature de ce qui est proportionné » (64 d).

Cela nous renvoie au passage sur les quatre grands genres. La mesure y est liée à la limite, ou plutôt au limitant, qui élimine la part d'illimité pouvant tenir soit à la nature d'un des composants, soit au mauvais dosage de l'ensemble. Est mesuré tout ce qui accepte « l'égal, le double, et tout ce qui se comporte comme nombre à nombre et mesure à mesure ». La mesure met « fin à l'opposition mutuelle des contraires, les rend proportionnés et harmonieux en y introduisant le nombre » (καὶ ὁπόση παύει πρὸς ἄλληλα τἀναντία διαφόρως ἔχοντα, σύμμετρα δὲ καὶ σύμφωνα ἐνθεῖσα ἀριθμὸν ἀπεργάζεται, 24 e 11-25 e 2). L'imposition d'une mesure impose aux éléments d'être commensurables, à la fois entre eux et au tout. Cette mesure, le *poson* (combien), est la première espèce distinguée dans le *Politique*, mesure quantitative qui semble être la seule mentionnée dans la première partie. Mais la seconde espèce intervient ici, la juste mesure, norme imposée au tout, et d'elle découle le caractère proportionné des parties : « la juste mesure et la proportion se trouvent sans doute faire naître partout beauté et vertu » (μετριότης γὰρ καὶ συμμετρία κάλλος δήπου καὶ ἀρετὴ πανταχοῦ συμβαίνει γίγνεσθαι, 64 e 6-7). La liaison de la beauté et de la limite avait déjà été faite en 26 b : quand une limite s'impose, naissent alors nécessairement de belles choses. La beauté est le signe manifeste (c'est son privilège d'être éclatante, resplendissante, *Phèdre*, 250 d) de la présence de la mesure (cf. *Tim.*, 87 c : « ce qui est bon est beau, et le beau n'est pas sans mesure »), mais aussi de la vérité : une existence conforme à la norme qui lui est propre est une existence véritable (non un devenir incessamment changeant, ni un simulacre).

Socrate vient donc de poser une deuxième triade, différente de celle de la vie bonne (plaisirs purs et nécessaires, tous les modes de connaissance, vérité), la triade des manifestations du Bien : proportion, beauté, vérité (συμμετρία, κάλλος, ἀλήθεια). Il ne s'agit là ni des « moments constitutifs », ni des attributs du Bien, comme le dit Gadamer, mais bien de manifestations. On n'a pas opéré une division de l'*idea* du Bien, on a simplement répondu à la question : quand nous disons qu'une chose est « bonne », que voulons-nous dire? Nous voulons dire qu'elle est proportionnée, belle, et vraie. « Affirmons qu'il serait tout à fait correct de les traiter [ces trois manifestations] comme une seule unité et de les tenir pour responsables des qualités du mélange, et disons que c'est à cause de cela, qui est bon, que ce mélange l'est » (λέγωμεν ὡς τοῦτο οἷον ἓν ὀρθότατ' ἂν αἰτιασαίμεθ' ἂν τῶν ἐν τῇ συμμείξει, καὶ διὰ τοῦτο ὡς ἀγαθὸν ὂν τοιαύτην αὐτὴν γεγονέναι, 65 a 3-5). Il serait correct de considérer ces trois manifestations comme une unité, non que les trois termes seraient synonymes ou qu'ils s'articuleraient sous une seule *idea* dont ils seraient les espèces, mais parce qu'ils s'entre-impliquent. Ce sont trois effets inséparables de la *puissance* du Bien, qui s'est réfugié dans la *nature* du beau, et s'y est réfugiée *pour nous*. Pour nous, humains, proportion, beauté et vérité ne sont pas des Idées, des Formes intelligibles à définir dialectiquement (comme le pensait Friedländer[1]), ce sont les trois significations possibles de ce que nous nommons « bon », et de la proportion, de la beauté et de la vérité, nous n'en saisissons que dans les choses mélangées (pour la beauté, par exemple dans celles qu'énumère l'ascension érotique du *Banquet*). Nous ne pouvons pas capturer le Bien par une seule *idea,* un seul trait distinctif. Rien n'autorise à conclure qu'il serait ineffable mais que sa puissance est telle qu'elle ne peut être définie, déterminée, circonscrite, que si on suit une autre voie.

1. P. Friedländer, *op. cit.*, t. III, trad. angl. p. 349.

*Le deuxième prix*

Le problème du deuxième prix sera résolu en fonction de la plus ou moins grande affinité de l'intellect et du plaisir avec chacune de ces manifestations. En fait, il est réglé depuis longtemps (voir 22 e), depuis qu'on a mis le plaisir dans le genre de l'illimité et l'intellect dans celui de la cause. Lorsque Socrate demande à Protarque, à propos de la parenté respective de l'intellect et du plaisir avec la vérité, de « se répondre à lui-même après avoir réfléchi longtemps » (πολὺν ἐπισχὼν χρόνον ἀπόκριναι σαυτῷ, 65 c 2), celui-ci ne voit même pas la nécessité de se poser la question, encore moins celle d'entrer dans un examen dialectique – et de même pour les parentés qui suivent. D'autant que Socrate a commencé par dire que « n'importe qui » est « un juge suffisamment compétent » (65 a). Admettons qu'il le soit, mais il faut bien dire que l'argumentation de ce passage, à supposer qu'il y ait argumentation, est d'une insigne faiblesse. Le plaisir est évidemment faux, dit Protarque, non qu'il soit faux en lui même puisqu'il existe des plaisirs vrais, mais parce qu'il est « imposteur » et nous fait dire des choses fausses et trompeuses, exagérant la valeur de son objet et méconnaissant sa propre nature et sa valeur, alors que l'intelligence est « tout ce qu'il y a de plus véridique ». Pour la mesure, c'est encore plus facile : « mesuré » et « sans mesure » sont des attributs naturels, l'un de l'intelligence, l'autre du plaisir. Enfin il est inimaginable que pensée et intelligence soient laides, tandis que la preuve que le plaisir est laid est qu'il a honte de lui-même et se cache.

Dans ses réponses, Protarque ne prend comme exemple de plaisir que les plaisirs érotiques, qui sont « les plus grands » (65 c, d). Il se conforme à ce qu'avait dit auparavant Socrate, que pour voir ce que peut bien être la nature du plaisir, il faut considérer les plus grands, c'est-à-dire les plus intenses et les plus violents (44 e-45 e). Mais alors, le plaisir n'a pas *moins* de parenté avec les trois manifestations du bien, il n'en a *aucune*, puisqu'il possède toutes les propriétés contraires (excessif, menteur, laid). Ce qui revient ainsi en force, c'est la démesure, la démence (45 e), le caractère honteux et laid du plaisir, en particulier des plaisirs érotiques. Pourtant, les plaisirs sans mesure avaient été exclus du mélange et Protarque ne devrait parler que des plaisirs modérés. Mais est-il possible d'exclure les plaisirs érotiques de la vie, si nous voulons que notre vie soit une vie ? On ne peut certes pas la passer seulement à voir de belles couleurs, écouter de beaux sons, humer de bonnes odeurs, apprendre de belles sciences. Surtout, les plaisirs érotiques sont la source même de la vie et la condition de sa transmission, de sa perpétuation. S'il est impossible de les exclure du mélange, il faut donc y admettre malgré tout des ingrédients qui non seulement ne sont pas bons, mais sont mauvais et risquent de le corrompre, et qui sont pourtant nécessaires. La réalité de la vie se rappelle à notre bon souvenir et risque de mettre en échec mesure, beauté, et vérité.

### *La distribution des prix*

Comme prévu, le plaisir n'est ni la première, ni la deuxième chose à posséder (*ktèma*). Dès 22 c, on savait que le plaisir risquait d'être placé « plus loin encore qu'au troisième rang ». La distribution des prix finale n'en est pas moins totalement déconcertante. Selon la triade des constituants de la vie bonne, on pouvait s'attendre à avoir : 1) vie mixte, 2) intelligence, 3) plaisir. Selon celle des causes de la bonté des mélanges, on pouvait croire que ce serait : 1) mesure et proportion, 2) beauté, 3) vérité. Au lieu de quoi on a : 1) la mesure, le bien mesuré, l'opportun; 2) ce qui est proportionné, beau, achevé et suffisant; 3) l'intelligence et la pensée; 4) les sciences, les arts, les opinions droites; 5) les plaisirs purs de l'âme seule.

On voit donc que

– s'est opéré un dédoublement mesure / proportion (aux deux premiers rangs); il est vrai qu'on a rencontré successivement *metron* et *hè summetriou phusis* (64 d), *métriotès kai summetria* (64 e), *summetria* tout seul (65 a), enfin *metriotès* tout seul (65 b);

– et également un dédoublement entre facultés intellectuelles et connaissances (aux deux suivants);

– que les plaisirs purs de l'âme seule, qu'ils soient pris à des sciences ou à des sensations (ce qui suppose qu'une âme seule puisse sentir), figurent au cinquième rang, mais pas les plaisirs nécessaires, à moins qu'ils ne se retrouvent au sixième, mais c'est loin d'être sûr;

– et qu'il n'y a pas de prix pour la vertu, ni pour la vérité.

Tout cela est assurément déroutant, mais c'est la manière même dont est faite cette proclamation qui est renversante :

– les deux premiers prix noient mesure et proportion dans un « halo d'imprécision »[1] : l'énumération leur ajoute soit des termes dont on n'avait pas entendu parler jusque là (l'opportun), soit des critères du bon (perfection, suffisance), et elle se termine les deux fois par des points de suspension (66 a 8, 66 b 2-3) : et toutes choses de ce genre… (la fin de la phrase, en 66 a 8 : τὴν †ἀΐδιον ᾑρῆσθαι est un *locus desperatus*);

– le troisième s'énonce approximativement : « tu ne t'écarteras pas grandement de la vérité… »;

1. Gadamer, *L'Éthique dialectique de Platon*, trad. franç., p. 308.

– la formule du quatrième est conditionnelle : « si toutefois les arts et les opinions droites ont plus de parenté avec le bien… » (66 c) ;

– Seul le cinquième est décerné sans restriction aux plaisirs purs, mais à eux seulement.

En outre, les réponses de Protarque manquent totalement de conviction : « il paraît », « il semble », « peut-être », « peut-être bien » (ἔοικε γοῦν, ἴσως, τάχ' ἄν). Et pour couronner le tout, Socrate dit qu'il procède par divination (ὡς ἡ ἐμὴ μαντεία, 66 b 5). Difficile, dans ces conditions, de prendre cette « divination » tout à fait au sérieux.

On peut certes trouver, sur certains points, des explications. La prééminence de la mesure, qui confère sa valeur à n'importe quel mélange, s'explique par le fait qu'être mesurée est la seule manière, pour une chose sensible, d'échapper à l'emportement du devenir (*genesis)* et de participer à l'*ousia* en participant à une *ousia,* donc d'acquérir existence permanente, forme et nom pour tout le temps qu'elle existe. La mesure impose soit une quantité déterminée (*metron*), soit la norme qui engendre du bien mesuré (*metrion*), juste mesure dont la seule espèce mentionnée est l'opportun, mais on peut remplir les points de suspension en se référant au *Politique* (284 e) : le convenable, le requis et « tout ce qui s'écarte des deux extrêmes pour établir sa résidence au milieu » [1].

La proportion, donc la beauté, sont des effets de la mesure (25 e). La liaison entre proportion et beauté vient d'être faite, et on peut supposer que beauté inclut vertu.

L'intellect n'obtient que le troisième prix parce que ce n'est pas celui que la dialectique exerce dans toute sa pureté, et même pas celui qui entre à peu près dans le genre de la cause

1. Voir chap. v, p. 258 *sq.*

(31 a) – l'intellect roi ; c'est notre intellect, celui qui produit des sciences et des arts plus ou moins exacts, et aussi des opinions droites, mais qui malgré tout vaut mieux qu'eux puisqu'ils ne peuvent pas exister sans lui. Les deux dédoublements se justifient donc du fait qu'il y a prééminence des causes sur les effets. À moins que ce ne soit, comme le pense Diès « pour éloigner le plaisir le plus possible du premier rang »[1]...

Pour la vérité, elle est immanente à tous les ingrédients puisque c'est leur plus ou moins grande vérité qui a servi de critère, à la fois pour les ordonner et pour les laisser entrer dans le mélange ; mais il est possible que son absence signifie que la vérité, n'importe laquelle, ne peut être une valeur pour la vie, puisque celle-ci à besoin tout autant du nécessaire et du faux, si nous voulons trouver le chemin pour rentrer chez nous.

Enfin les plaisirs purs de l'âme seule sont pris aux sciences, mais sont ajoutés ceux qui « suivent de sensations » or pour voir une couleur, même pure, mieux vaut avoir des yeux, et pour entendre un son pur des oreilles : les plaisirs purs de l'âme seule sont malgré tout aussi ceux d'une âme unie à un corps.

La fin du *Philèbe* confirme, me semble-t-il, ce qui avait été dit à propos de la *République*, que lorsqu'on reste extérieur à la dialectique, on est du même coup extérieur au Bien, on reste à sa porte[2]. Il devient alors un principe du meilleur, qui rend

1. A. Diès, *Platon. Œuvres Complètes*, t. IX, 2e partie : *Philèbe*, Paris, Les Belles Lettres, 1941, Introduction, p. LXXXVII.

2. Voir chap. II, p. 95. Il n'y a donc pas de « dialectique inhérente à la vie humaine » comme l'affirme Gadamer (« La dialectique du Bien dans le *Philèbe* » (1978), dans *L'Idée du Bien comme enjeu platonico-aristotélicien*,

de ce point de vue tous les biens comparables, la différence entre eux n'étant qu'une différence de degré. Les hommes ne recherchent que les biens bons à posséder (d'où l'emploi de *ktèma*). C'est pourquoi ils sont réduits à se satisfaire de cette hiérarchie floue, imprécise, incomplète, des biens. Ce n'est d'ailleurs même pas le cas : il faut encore les *persuader* qu'ils doivent choisir ceux-là de préférence. Ils doivent préférer des choses mesurées, proportionnées et belles, des connaissances plutôt que des plaisirs, des plaisirs vrais plutôt que des plaisirs violents, et dans cet ordre. Les biens que Socrate leur propose sont certes meilleurs que ceux que l'opinion tient généralement pour tels (cf. *Rép.*, VI, 491 c 4 : parmi les choses qui pervertissent l'âme et la détournent de la philosophie, il y a « tout ce qu'on regarde comme des biens »); le classement qu'il en fait est plus intelligible et plus probable qu'un autre, et il est destiné à convaincre « le premier venu », autrement dit nous tous. Mais quels « témoins » peut convoquer à l'appui de sa divination la Muse philosophe, sinon peut-être ces devins que sont les « moroses » (44 c), dont la nature qui n'est pas sans noblesse les pousse à haïr le plaisir ? Ils ont fort peu de chance de persuader ceux qui n'ont pas la même nature qu'eux, et de quel poids sera leur témoignage face à celui des bœufs, des chevaux et de toutes les bêtes (67 b) ?

S'il y a, dans toute cette fin du dialogue, incontestablement une rhétorique, puisqu'il s'agit de persuasion, d'éloge, de valeur, c'est une rhétorique ironique. Socrate cherche à convaincre, mais n'est peut-être pas totalement convaincu qu'il soit possible, ou même qu'il vaille vraiment la peine de convaincre les hommes de l'existence d'une

trad. franç. P. David et D. Saatdjian, Paris, Vrin, 1994, p. 107) – à moins de prendre dialectique en un sens qui m'échappe.

puissance dont seul un petit nombre peut pâtir (52 b). Quand nous sommes aux portes du Bien, nous cherchons des causes capables de relayer sa puissance et de l'introduire sous forme de biens multiples dans le breuvage de la vie. Mais l'expression de sa puissance véritable, c'est la puissance dialectique (raison de plus de dire « *dunamis dialegesthai* » comme dans la *République*, et une raison de plus pour faire revenir Socrate comme protagoniste du dialogue). Elle seule comprend pleinement la puissance du Bien comme ce qui donne sens à son amour du vrai et comme ce dont elle tire la puissance de le chercher et de le trouver. La puissance du Bien est à la fois la source et le *telos* de la puissance dialectique ; mais cela, la pensée ne peut le comprendre que lorsqu'elle s'exerce purement. Quand la puissance dialectique se déploie, le Bien agit, il garantit qu'il y a des objets pour la pensée intelligente et que l'intelligence a le pouvoir de connaître complètement ces objets. Il n'y a d'au-delà de la dialectique et de compréhension de ce que signifie cet « au-delà » – une puissance de différenciation et de hiérarchie ontologique et épistémologique – que pour qui dialectise. Si on reste sur le seuil, on ne peut que *deviner* que la maison n'est pas vide ; seule la pensée dialectique permet de *savoir* qu'elle ne l'est pas.

Socrate nous donne donc du multiple à la place de l'un, du multiple dont l'unité ne peut que se dérober en raison de la voie choisie. En se manifestant sous une triple *idea*, le Bien permet pourtant d'établir une hiérarchie des biens : sa puissance entraîne toujours des différences, mais ce sont des différences à faire entre nos valeurs, non des différences d'intelligibilité. Gadamer s'en réjouit vigoureusement : « Aussi le bien propre à la vie humaine ne se manifeste pas dans un au-delà inaccessible sous forme de norme transcendante [...] ce n'est pas un entendement supérieur qui préside au mélange humain du plaisir et de l'intellect afin de les fondre dans l'unité d'un conduite cohérente et constante, mais c'est l'homme qui en personne, partant des fondements même de sa propre nature, s'engagera dans la voie du bien[1]... ». Le problème de la valeur de la vie, comme celui des valeurs que la vie doit reconnaître et préférer, substitue pourtant à la véritable puissance du Bien celle qui permet d'ordonner des biens multiples, des biens humains. Elle est toujours hiérarchique, mais elle n'est pas vraiment intelligible. Elle ne s'exerce pas à la lumière de la vérité, mais dans l'obscurité du mélange. Comme disait la foule à Zarathoustra : « Donne-nous ces derniers hommes, nous te tenons quitte du surhumain ». Tenir Platon quitte de son bien « divin », c'est le tenir quitte aussi de cette route divine qu'est la dialectique et de ces êtres divins que sont les Formes intelligibles. Il faut trouver la route pour rentrer chez soi, dit Protarque – *mais où le philosophe est-il chez lui ?*

1. *Ibid.*, p. 310.

CONCLUSION

# LA SCIENCE DES HOMMES LIBRES

La dialectique n'est donc pas un procédé consistant simplement à rassembler et diviser : il existe plusieurs manières d'unifier, et la différence ne se manifeste ni toujours ni seulement à la division. La dialectique est, dit l'Étranger dans le *Sophiste*, la science des hommes libres. Pourquoi « libres » ? Pourquoi la dialectique suppose-t-elle, en tant qu'elle est dialectique, la liberté, et quel sens faut-il alors donner à ce terme ?

Tout d'abord, le dialecticien est libre en tant qu'il s'affranchit des déterminations et des valeurs imposées par l'opinion (et véhiculées la plupart du temps par le langage), il n'en tient pas compte pour déterminer ressemblances et différences. Si l'on nous demandait, par exemple, si un poète est plus proche d'un devin ou d'un amoureux que d'un musicien ou d'un peintre, nous répondrions probablement que non. Et nous aurions tort. Un sophiste prétendrait certainement ressembler plus à un sage qu'à un commerçant, un mathématicien plus à un dialecticien qu'à un chasseur de cailles, un général serait indigné de se voir rangé dans le même genre qu'un tueur de poux – et ils auraient tort eux aussi. La première signification de la liberté du dialecticien est qu'il a le courage d'être *paradoxal*.

Mais sa liberté possède une seconde, et plus profonde, signification. Dans les *Lois*, l'Athénien déclare :

> Il n'y a en effet ni loi ni ordonnance qui soit plus puissante que le savoir, et il n'est pas permis non plus de soumettre l'intelligence à quoi que ce soit, ni d'en faire une esclave, elle qui gouverne toutes choses, à cette condition toutefois qu'elle soit une intelligence véritable, une intelligence réellement libre comme il est conforme à sa nature. (ἐπιστήμης γὰρ οὔτε νόμος οὔτε τάξις οὐδεμία κρείττων, οὐδὲ θέμις ἐστὶν νοῦν οὐδενὸς ὑπήκοον οὐδὲ δοῦλον ἀλλὰ πάντων ἄρχοντα εἶναι, ἐάνπερ ἀληθινὸς ἐλεύθερός τε ὄντως ᾖ κατὰ φύσιν.) (*Lois*, IX, 875 c 6-d 3)

L'intelligence ne se soumet à aucune règle, à aucun impératif extérieur, elle est libre, aussi bien d'inventer les procédés qu'elle met en œuvre que de les modifier et d'envoyer promener ses propres résultats. Pour autant que sa liberté rencontre une limite, celle-ci lui vient du dedans, non du dehors – ce qu'une intelligence n'est pas libre de faire, c'est renoncer à désirer l'intelligible.

N'est intelligible, au sens platonicien, qu'un terme où l'intelligence se retrouve. Quels que soient les termes dont l'intelligence s'empare (et s'en emparer, pour elle, c'est dialectiser), elle les altère, puisqu'elle les réfère à leur réalité intelligible, qu'on peut bien appeler une Idée, à la condition que l'intelligence se retrouve aussi dans ce terme-là. Comprendre la nécessaire différenciation que la puissance dialectique introduit dans les instruments qu'elle utilise pour se rendre intelligibles les êtres qu'elle cherche, et aussi pour se rendre à elle-même intelligibles ses propres instruments, cela aurait dû interdire de parler d'une méthodologie platonicienne, interdire de croire possible que Platon formule des règles séparables du mouvement de la pensée qui, simultanément, les invente ou les réinvente et les applique.

APPENDICE I

# LES OCCURRENCES DU VERBE διαλεγέσθαι DANS LES DIALOGUES

Le classement qui suit, évidemment arbitraire, peut néanmoins fournir quelques indications utiles. Le verbe est absent du *Ménexène*, de l'*Euthyphron*, du *Timée* et du *Critias*. Persistant à le juger inauthentique, je n'ai pas recensé les occurrences de l'*Alcibiade I*. L'ordre adopté est tantôt alphabétique (quand il s'agit des interlocuteurs de Socrate), tantôt thématique, et dans ce cas très approximativement chronologique, la division en trois périodes n'ayant pas grand sens ici dans la mesure où le traitement du terme qui commence avec la *République* implique plutôt un découpage en deux périodes. Pour les rapprochements avec d'autres notions il n'a été tenu compte que du contexte immédiat. Une même occurrence peut figurer deux fois. Les noms entre parenthèses précisent qui prononce la phrase quand ce n'est pas le protagoniste du dialogue (quand ce n'est donc ni Socrate, ni l'Étranger d'Élée, ni l'Athénien). Les astérisques signalent les expressions où l'infinitif est substantivé.

## I – *Sens idiomatique : « parler avec »*

- Achille avec Ulysse : *Hipp. Min,* 364 e 9 (Homère, selon Hippias).
- les jeunes gens entre eux : *Lachès*, 180 e 6 (Lysimaque).
- avec son aimé pour gagner ses faveurs : *Lysis*, 206 c 2 (Hippothalès).
- « marcher et parler tranquillement » : *Charm.*, 159 b 4 (Charmide).
- à Protagoras d'Hippocrate : *Protag.*, 310 e 3 (Hippocrate).
- Socrate avec les femmes de sa famille : *Phéd.,* 116 b 3 (Phédon).
- le serviteur des Onze avec Socrate : *Phéd.*, 116 d 6.
- les gens assis près de Gygès entre eux : *Rép.*, II, 360 a 1 (Glaucon).
- Socrate et Aristodème : *Banq.*, 174 d 4 (Apollodore).
- « Boire, chanter, converser » : *Banq.*, 181 a 1 (Phèdre).
- l'amant avec l'aimé : *Phèdre*, 232 a 8 (Lysias), b 4 (Lysias), 241 a 6; *Banq.*, 183 c 6 (Pausanias), 217 b 4, 5 (Alcibiade).
- les cigales entre elles : *Phèdre*, 259 a 1.
- les hommes du temps de Crônos : *Polit.*, 272 c 6.

## II – *« Discuter », pris absolument comme désignant un usage particulier du discours, tel qu'il a été ou doit être mis en œuvre*

*Hipp. Maj.*, 301 b 3 (Hippias).

*Protag.*, 317 d 6 (Callias), 335 a 6 (Protagoras), 336 b 5 (Callias), 336 c 3 (Alcibiade), 337 a 3 (Prodicos), 348 b 6, 7 (Alcibiade), *348 c 4.

*Euthyd.*, 284 e 5 (Ctésippe), 304 a 2.

*Gorg.*, 458 d 4 (Calliclès), 485 b 3, 5 (Calliclès), 517 c 5.

*Mén.*, 76 b 4.

*Banq.*, 194 d 5 (Phèdre), d 8 (Phèdre).

*Phéd.*, 61 d 2 (Phédon), 63 d 7, 8 (Criton), 116 b 8 (Phédon).

*Rép.*, VI, *511 c 5 (Glaucon), VII, *532 a 2, *537 e 1.
*Phèdre*, 242 a 6, 259 a 2, 7.
*Théét.*, 196 e 1, 8 (Théétète).
*Phil.*, 14 a 1.
*Lois*, I, 630 e 1.

III – « *Discuter avec* »

1) *Socrate avec*

– Agathon : *Banq.*, 194 e 3 (Agathon).
– Agathon et Aristophane : *Banq.*, 223 c 6.
– Alcibiade : *Banq.*, 217 b 6, d 4.
– Anytos (« une autre fois ») : *Mén.*, 99 e 4.
– Aristote le Jeune : *Parm.*, 135 d 2.
– Calliclès : *Gorg.*, 506 b 5.
– Charmide : *Charm.*, 154 e 7, 155 a 5, c 7.
– Criton : *Crit.*, 49 a 10.
– Ctésippe : *Lys.*, 206 c 6 (Hippothalès), 207 a 5.
– Euthydème : *Euthyd.*, 274 b 8.
– Gorgias : *Gorg.*, 447 c 1.
– Hippias : *Hipp. Min.*, 373 a 7
– Hippocrate : *Protag.*, 314 c 4, 7.
– Hippothalès : *Lys.*, 206 c 2 (Hippothalès).
– Ménexène : *Lys.*, , 211 c 1, 8 (Lysis).
– Ménon : *Mén.*, 75 d 3.
– Protagoras : *Protag.*, 334 d 2, 335 a 2, b 6, c 5, d 5 (Callias), 348 c 5.
– Polémarque : *Rép.*, 1, 336 b 1.
– Théétète : *Théét.*, 142 c 7, 8 (Euclide), *Soph.*, 218 a 2, 263 a 8.
– Zénon et Parménide : *Parm.*, 126 c 2 (Céphale).

– les interlocuteurs du *Lachès* : *Lach.*, 189 c 6 (Lysimaque).
– les interlocuteurs du *Phédon*: : *Phéd.*, *98 d 6, 115 c 7.
– un des « savants » : *Apol.*, 21 c 5.
– ses juges : *Apol.*, 37 a 7, 39 e 1.
– les morts : *Apol.*, 41 c 3.

– de nombreux jeunes gens (Adimante) : *Rép.*, I, 328 a 9.
– des gens âgés : *Rép.*, I, 328 d 7.
– les gens d'Ephèse (Théodore) : *Théét.*, 179 e 5 (Théodore).
– les mobilistes : *Théét.*, 181 d 8.

– Comment, s'il s'exilait, discuterait-il avec des cités et des hommes justes? : *Crit.*, 53 c 6 (les Lois).
– « Avec qui discutais-tu hier? » : *Euthyd.*, 271 a 1, 4 (Criton).
– « Comment il faut discuter avec son bien-aimé » : *Lys.*, 210 e 3.
– N'a pas le droit de discuter avec un beau garçon : *Banq.*, 213 d 1.
– Veut bien discuter avec n'importe qui, surtout si c'est un beau garçon : *Banq.*, 194 d 4 (Phèdre).
– « Pour qu'il puisse discuter avec quelqu'un d'autre » : *Protag.*, 248 b 7 (Alcibiade).
– N'a qu'à discuter avec quelqu'un d'autre : *Gorg.*, 505 d 5 (Calliclès).
– Refuse de discuter avec la foule : *Gorg.*, 474 b 1.

2) *L'Étranger d'Élée avec*
– ceux qui ont déterminé le nombre et la nature des étants : *Soph.*, 251 d 2.

3) *L'Athénien avec*
– des gens âgés : *Lois*, I, 635 a 4.
– des Crétois et des Lacédémoniens : *Lois*, II, 673 b 5 (Clinias).
– des hommes et non des dieux : *Lois*, V, 732 e 3.
– le législateur : *Lois*, I, 648 a 8, IV, 719 a 7.
– le pilleur de temples : *Lois*, IX, 854 a 5.
– un athée : *Lois*, IX, 888 a 6, 903 a 7.

4) *Ceux qui discutent entre eux*
– les sophistes (du *Protagoras*) entre eux : *Protag.*, 315 e 5.
– Hippocrate n'a jamais discuté avec Protagoras : *Protag.*, 313 c 1.

– seul à seul ou avec les autres? : *Protag.*, 316 b 3 (Protagoras), c 3.
– Euthydème avec Dionysodore (et leurs pareils) : *Euthyd.*, 273 b 4, 304 a6, b 2.
– Dionysodore et Ctésippe : *Euthyd.*, 283 b 9.
– les plus savants des sophistes : *Euthyd.*, 304 e 1 (l'Anonyme).
– Protagoras avec un interlocuteur : *Protag.*, 335 a 6 (Protagoras).
– n'importe qui avec Protagoras : *Théét.*, 178 e 9.

– Hermogène avec Cratyle : *Crat.*, 384 c 10 (Hermogène).
– Cébès avec Simmias : *Phéd.*, 84 c 4 (Phédon).
– les assistants du *Phédon* : *Phéd.*, 116 a 4 (Phédon).
– Théétète avec Socrate le Jeune : *Théét.*, 147 d 1 (Théétète).

– l'amant avec l'aimé : *Lys.*, 206 c 9.
– le médecin avec son patient : *Charm.*, 170 e 6, *Lois*, IX, 857 d 1.
– les enchaînés de la Caverne : *Rép.*, VII, 515 b 4.

– Socrate avec son double : *Hipp. Maj.*, 293 d 1.
– l'âme avec les discours, colères, peurs : *Phéd.*, 94 d 6.
– soi-même avec soi-même : *Rép.*, VII, 528 a 1.
– l'âme avec elle-même : *Théét.*, 189 e 8.

– Hippias refuserait de discuter avec l'anonyme, double de Socrate : *Hipp. Maj.*, 291 a 4.
– Criton estime qu'il faut blâmer ceux qui discuteraient avec des éristiques devant un auditoire nombreux : *Euthyd.*, 305 b 2.

## IV – *Discuter de*

– poésie : *Ion*, 532 b 9 (Ion), *Protag.*, 347 c 3, e 6.

– des choses qui sont sous la terre et dans le ciel : *Apol.*, 19 d 3, 5.
– de la nature et du tout : *Lys.*, 214 b 5.

– de choses et d'autres : *Euthyd.*, 304 b 6.
– des dieux : *Crat.*, 407 d 7.
– des choses qui sont à nos pieds et sous nos yeux : *Théét.*, 174 c 3.

– de belles occupations : *Hipp. Maj.*, 304 d 6.
– de la vertu : *Apol.*, 38 a 4, *Lach.*, 188 c 7 (Nicias).
– de la vertu de courage : *Lach.*, 189 c 6, 193 e 4.
– de soi-même et de sa façon de vivre : *Lach.*, 187 e 7, 8 (Nicias).
– de savoir si l'injuste est sage : *Protag.*, 335 c 5 (Protagoras).
– de l'injustice : *Rép.*, IX, 588 b 6.

– de la cité : *Rép.* VIII, 558 d 8.
– des lois et des affaires politiques : *Soph.*, 232 d 3.
– des lois : *Lois*, III, 682 e 8, 722 c 6, 9.
– de l'organisation militaire : *Lois*, III, 686 d 8.

– du principe et de ce qui en découle : *Phéd.*, 101 e 2.
– des nombres en soi : *Rép.* VII, 525 d 6, 8, 526 a 2.
– de ce qu'est la science : *Théét.*, 187 a 1.
– du nombre et de la nature des étants : *Soph.*, 242 c 4.
– de l'être (*ousia*) : *Soph.*, 251 d 2.
– du non-être : *Soph.*, 239 a 3.

## V – *Les dimensions du* διαλεγέσθαι

### 1) *Examiner, mettre à l'épreuve, rendre raison*

*Apol.*, 21 c 5, 38 a 4, 41 c 3.
*Charm.*, 154 e 7.
*Lach.*, 187 e 7, 8 (Nicias).
*Protag.*, *336 b 9, 348 c 5, d 6.
*Euthyd.*, 275 b 6, c 3.
*Phéd.*, 116 a 4.
*Rép.*, VII, *537 d 5, 539 c 6.
*Théét.*, *161 e 6.

2) *Questionner*
*Hipp. Maj.*, 291 a 4 (Hippias).
*Apol.*, 41 c 3.
*Criton.*, 49 a 10.
*Protag.*, 339 a 5 (Protagoras).
*Euthyd.*, 275 c 3.
*Gorg.*, 458 e 1 (Gorgias).
*Théét.*, 167 e 5 (Protagoras), 181 d 8.

3) *Répondre*
*Hipp. Maj.*, 293 d 1.
*Hipp. Min.*, 373 a 7.
*Protag.*, 335 b 2.
*Banq.*, 194 d 4.

4) *Questionner et répondre*
*Hipp. Min.*, 373 a 7.
*Apol.*, 33 a 8.
*Euthyd.*, 275 c 3.
*Protag.*, 336 c 4 (Alcibiade), 384 c 4.
*Gorg.*, 449 b 4.
*Rép.*, VII, 528 a 1.
*Théét.*, 179 e 5 (Théodore).

5) *Réfuter (elenkhein)*
*Protag.*, 347 e 6 (Protagoras).
*Gorg.*, 458 b 2, 461 a 4, 474 b 1.
*Théét.*, *161 e 6.

6) *Apprendre et enseigner*
*Gorg.*, 457 c 6.

7) *Définir*
*Gorg.*, 453 b 1, 457 c 6.
*Phèdre*, 269 b 6.
*Rép.*, VII, *532 a 6.

8) *Philosopher :*
*Charm.*, 154 e 7 (Critias).
*Parm.*, *135 c 2.
*Lois*, IX, 857 d 1.

## VI – *Les conditions ironiques du διαλεγέσθαι*

– l'habileté à discuter : *Euthyd.*, 295 e 2, *301 c 4, 304 e 1.
– devenir savant (*sophos*) : *Euthyd.*, 283 b 9 (Dionysodore).
– l'amitié (*philia*) : *Mén.*, 75 d 3, *Théét.*, 146 a 7.
– être éveillé (opp. à dormir) : *Théét.*, 158 c 1, 4, 5.

## VII – *Discuter s'oppose*

– aux discours et chansons de l'amoureux : *Lys.* 206 c 9.
– à la « macrologie » : *Protag.*, 335 a 2.
– au discours public : *Protag.*, 336 b 2.
– à « ce qu'on appelle rhétorique » : *Gorg.*, 448 d 10, *471 d 5.
– à la conférence (*epideixis*) : *Gorg.*, 458 c 1 (Gorgias).
– à l'antilogie : *Phéd.*, 101 e 2, *Rép.*, V, 454 a 5, VII, 539 c 6, *Théét.*, 167 e 5, *6 (Protagoras).
– au récit (*diègèsis*) : *Théét.*, 143 b 7, c 4.

## VIII – *La puissance propre au διαλεγέσθαι*

*Rép.*, VI, 511 b 4, VII, *532 d 8, *533 a 8, *537 d 5.
*Parm.*, *135 c 2.
*Phil.*, *57 e 7.

APPENDICE II

## LES OCCURRENCES DE διαλεκτικός, διαλεκτική, διαλεκτικόν, διαλεκτικῶς

διαλεκτικός (*dialektikos*, adjectif masculin, « dialecticien ») :

*Euthyd.*, 290 c 5
*Crat.*, 390 c 11, d 5, 398 d 7
*Rép*. VII, 531 d 9, 534 b 3, 537 c 7
*Phèdre*, 266 c 1

au comparatif, διαλεκτικώτερος (« plus dialecticien ») :

*Polit.*, 285 d 6, 287 a 3

διαλεκτική (*dialektikè*, adjectif féminin, « dialectique ») :

*Rép.*, VII, 532 b 4 (πορεία : le cheminement),
533 c 7 (μέθοδος : la voie de recherche),
537 c 6 (φύσις : le naturel)
*Phèdre*, 276 e 5 (τέχνη : l'art)
*Soph.*, 253 d 2 (ἐπιστήμη : la science)

ἡ διαλεκτική (*hè dialektikè*, adjectif féminin substantivé, « la dialectique ») :

*Rép.*, VII, 534 e 3, 536 d 6

διαλεκτικόν (adjectif neutre, « dialectique »)
*Phèdre*, 266 c 8 (τὸ τῶν λόγων εἶδος, « l'espèce dialectique de discours »)
τὸ διαλεκτικόν (*adjectif neutre substantivé*) :
*Soph.*, 253 e 4

διαλεκτικῶς (*dialektikôs*, adverbe de manière) :
*Phil.*, 17 a 4
au comparatif, διαλεκτικώτερον (« de manière plus dialectique ») :
*Mén.*, 75 d 4, 5

ὁ διαλεκτός (*ho dialektos*, substantif masculin employé deux fois pour désigner « la discussion ») :
*Rép.*, V, 454 a 8 (opp. à la querelle, ἔρις)
*Théét.*, 146 b 3

# BIBLIOGRAPHIE

Cette bibliogaphie ne mentionne que les principaux ouvrages et articles concernant la dialectique ; pour les autres rubriques, elle ne mentionne que les ouvrages cités dans les notes ou consultés. Pour une bibliographie plus complète portant sur la dialectique dans les Dialogues, on pourra se reporter à H. Cherniss, « Plato 1950-1957 », *Lustrum* IV, 1959, et à L. Brisson, « Platon 1958-1975 », *Lustrum* XX, 1977 ; « Platon 1975-1980 » (en collab. avec H. Joannidi), *Lustrum* XXV, 1983 ; « Platon 1980-1985 », *Lustrum* XXX, 1988 ; « Platon 1985-1990 », *Lustrum* XXXIV, 1992 ; et « Platon 1990-1995 », avec la collaboration de F. Plin, Paris, Vrin, 1999.

## I. Œuvres complètes de Platon


*Platons Werke*, ed. D.F.E. Schleiermacher, Ire éd. 5 vol. Berlin, 1804-1807, 2e éd. 6 vol. Berlin, 1817-1828.

*Platonis Opera Omnia,* ed. G. Stallbaum, 12 vol. Leipzig, 1821-1825.

*Platonis Dialogi, ex recognitione* C.F. Hermann, 6 vol., Leipzig, Teubner, 1851-1892.

*Platonis Opera*, ed. J. Burnet, 5 vol. Oxford, 1900-1910 (la linéation indiquée renvoie à cette édition).

*Platonis Opera, recognoverunt brevique adnotatione critica instruxerunt* E.A. Duke *et al.*, t. I, Oxford, 1995.

*Platon. Œuvres complètes*, Paris, Les Belles Lettres, « Collection des Universités de France », t. I à XII, 1920-1983.

*Platon. Œuvres complètes*, trad. nouvelle et notes par L. Robin, avec la collab. de J. Moreau, « Bibliothèque de la Pléiade », 2 vol., Paris, 1940-1942.

## II. Textes anciens

Aristote, *Metaphysica, recogn.* W. Christ, Leipzig, Teubner, 1898.

– *Physique,* éd. et trad. franç. de H. Carteron, Paris, Les Belles Lettres, « Collection des Universités de France », 2 vol., 1936.

– *Topiques*, t. I, livres I-IV, texte établi et traduit par J. Brunschwig, Paris, Les Belles Lettres, « Collection des Universités de France », 1967.

DIOGÈNE LAËRCE, *Vies et Doctrines des philosophes illustres,* trad. franç. sous la dir. de M.-O. Goulet-Cazé, Paris, Le livre de poche, 1999.

GORGIAS, *Traité du non-être,* dans B. Cassin, *Si Parménide... De Melisso Xenophane Gorgia,* Édition critique et commentaire, Lille-Paris, Presses Universitaires de Lille, 1980.

PHILOLAOS, *Philolaus of Croton. Pythagorean and Presocratic*, A Commentary on the Fragments and Testimonia with Interpretive Essays by C.A. Huffman, Cambridge, Cambridge University Press, 1993.

## III. Sur la dialectique

### Livres

GOLDSCHMIDT V., *Les Dialogues de Platon : Structure et méthode dialectique*, Paris, P.U.F., 1947.

– *Le Paradigme dans la dialectique platonicienne,* Paris, P.U.F., 1947.

MARTEN R., *Der Logos der Dialektik, Eine Theorie zu Platons* Sophistes, Berlin, de Gruyter, 1965.

MEINHARDT H., *Teilhabe bei Platon*, Freiburg und München, Karl Alber, 1968.

ROBINSON R., *Plato's earlier Dialectic*, Ithaca, 1941, 2nd edition, Oxford, 1953 [« The book is devoted chiefly to the elenchus, of which Robinson expresses a low opinion, epagoge, of which he concludes Plato has no methodological consciousness, and hypothesis, which he holds is the keyword for dialectic in the 'middle' dialogues but which though recommended there as a method is not much used. » H. Cherniss, *Lustrum* IV, p. 261-262]

RUNCIMAN W.G., *Plato's Later Epistemology*, Cambridge, Cambridge University Press, 1962.

SAYRE K.M., *Plato's Analytic Method*, Chicago-London, University of Chicago Press, 1969.

SCHAERER R., *La Question platonicienne, Étude sur les rapports de la pensée et de l'expression dans les Dialogues*, Neuchâtel, 1938.

SICHIROLLO L., *Διαλέγεσθαι, Dialektik von Homer bis Aristoteles*, Hildesheim, Olms, 1966.

STEMMER P., *Platons Dialektik : die frühen und mittleren Dialoge*, Berlin, de Gruyter, 1992.

STENZEL J., *Studien zur Entwicklung der platonischen Dialektik von Sokrates zu Aristoteles*, [Breslau, 1917 [1]] 2. Auf., Leipzig-Berlin, 1931, trad. angl. par D.J. Allan, *Plato's Method of Dialectic*, Oxford, The Clarendon Press, 1940.

## Articles

ACKRILL J.L., « Plato and the copula : *Sophist* 251-259 », dans *Studies in Plato's Metaphysics*, ed. by R.E. Allen, London, Routledge and Kegan Paul, 1965, p. 207-218.

– « 'Symploke eidon' », dans *Studies in Plato's Metaphysics*, *op. cit.*, p. 199-206.

BENARDETE S., « Eidos and diaeresis in Plato's *Statesman* », *Philologus* 107, 1963, 193-226.

BERTI E., « Zenone di Elea, inventore della dialettica ? », *La Parola del Passato* 43, 1988, 19-41.

CAMBIANO G., « Dialettica, medicina, retorica nel *Fedro* platonico », *Rivista di Filosofia* 57, 1966, 284-305.

CASERTANO G., « *Logos*, *dialegesthai* e *ousia* nel *Teeteto* », dans *Munera Parva*, Studi in onore di Boris Ulianich, vol. I, Napoli, Fridericiana Editrice Universitaria, 1999, p. 35-53.

CAVINI W., « Naming and argument. Diaeretic logic », dans *Reading the Statesman, Proceedings of the IIId Symposium Platonicum*, ed. by C.J. Rowe, Sankt Augustin, Academia Verlag, « International Plato Studies » vol. 4, 1995, 123-138.

FONTEROTTA F., « “Que feras-tu, Socrate, de la philosophie ?” L'un et les plusieurs dans l'exercice dialectique du *Parménide* de Platon », *Revue de Métaphysique et de morale*, juillet-septembre 2000, 273-299.

GERSON L.P., « Dialectic and Forms in part one of Plato's *Parmenides* », *Apeiron* 15, 1981, 19-28.

GIANNANTONI G., « Il problema della genesi della dialettica platonica », *Cultura* 4, 1960, 12-41.

GOMEZ LOBO A., « Plato's Description of Dialectic in the *Sophist* 253 d 1-e 2 », *Phronesis* 22, 1977, 29-47.

– « Dialectic in the *Sophist* : a reply to Waletzki » *Phronesis* 26, 1981, 80-83.

HADOT P., « Philosophie, dialectique, rhétorique dans l'Antiquité », *Studi Filosofici* 39, 1980, 139-160.

HAMLYN D.W., « The communion of Forms and the developpment of Plato's logic », *Philosophical Quarterly* 5, 1955, 289-302.

KRÄMER H.J., « Über den Zusammenhang von Prinzipienlehre und Dialektik bei Platon, Zur Definition des Dialektikers, *Politeia* 534 b-c », *Philologus* 90, 1966, 35-70 ; repris dans *Das Problem der ungeschriebenen Lehre Platons, Beiträge zum Verständnis der platonischen Prinzipienphilosophie*, hrsg. J. Wippern, Darmstadt, Wissenschaftliche Buchgeselleschaft, 1972, 394-448.

KUCHARSKI P., « Sur l'évolution des méthodes du savoir dans la philosophie de Platon », *Revue philosophique*, n°4/1965, p. 427-440.

LAFRANCE Y., « Métrétique, mathématiques et dialectique en *Pol.*, 283 c-285 c », dans *Reading the 'Statesman'*,

*Proceedings of the IIId Symposium Platonicum*, *op. cit.*, p. 89-101.

MANNSPERGER D., « Zur Sprache der Dialektik bei Platon », *Festgabe für W. Schadewaldt*, hrsg. H. Flashar und K. Gaiser, Pfullingen, Neske, 1965, 161-171.

MANSION S., « L'objet des mathématiques et l'objet de la dialectique selon Platon », *Revue philosophique de Louvain*, 1969, 365-388.

MARKUS R.A., « The dialectic of Eros in Plato's *Symposium* », *Downside Review* 73, 1955, 219-230; repris dans G. Vlastos ed., *Plato : A Collection of Critical Essays*, vol. II, New York, Doubleday and Anchor, 1971, London, MacMillan, 1972, 132-143.

MESCH,W., « Kontinuität oder Bruch ? Zum Verhältnis von sokratischer und platonischer Dialektik », *Philosophische Rundschau* 41, 1994, 212-221.

MORAVCSIK J.M.E., « Being and meaning in the *Sophist* », *Acta philosophica Fennica* 14, 1962, 23-78.

– « The Anatomy of Plato's Divisions », dans *Exegesis and Argument*, Studies in Greek Philosophy presented to Gregory Vlastos, ed. by E.N. Lee, A.P.D. Mourelatos, R.M. Rorty, *Phronesis*, Supplementary Volume I, 1973, 324-348.

– « Forms and dialectic in the second half of the *Parmenides* », dans *Language and Logos, Studies in ancient Greek philosophy*, presented to G.E.L. Owen, ed. by M. Schofield and M.C. Nussbaum, Cambridge, Cambridge University Press, 1982, p. 135-153.

MÜRI W., « Das Wort Dialektik bei Platon », *Museum Helveticum* 1, 1944, 152-168.

OWEN G.E.L., « Plato on the Undepictable », dans *Exegesis and Argument, op. cit.*, 349-361,

SANTA Cruz M.I., « Division et dialectique dans le *Phèdre* », dans *Understanding the 'Phaedrus'*, Proceedings of the IId Symposium Platonicum, ed. by L. Rossetti, Sankt Augustin, Academia Verlag, 1992, 253-256.

SAYRE K., « A maieutic vew of five late dialogues », dans *Methods of interpreting Plato and his Dialogues*, ed. by J.C. Klagge and N.D. Smith, *Oxford Studies in Ancient Philosophy Supplement*, Oxford, The Clarendon Press, 1992, p. 221-243.

SOLMSEN F., « Dialectic whithout the Forms », *Proceedings of the IIId Symposium aristotelicum*, ed. by G.E.L. Owen, Oxford, The Clarendon Press, 1968, p. 49-68.

THOMAS J.E., « Models for muddles at *Meno* 75 a-77 a », *The New Scholasticism* 50, 1976, 193-203.

TREVASKIS J.R., « The μέγιστα γένη and the vowel analogy, *Soph*. 253 », *Phronesis* 11, 1966, 99-116.

– « *Division and its relation to dialectic and ontology in Plato* », *Phronesis* 12, 1967, 118-129.

VLASTOS G., « The Unity of the Virtues in the *Protagoras* », *Review of metaphysics* 25, 1972, 415-458 ; repris dans *Platonic Studies*, [1973 [1]] 2d ed. with corr., Princeton, Princeton University Press, 1981, chap. 10, p. 221-265.

– « A Note on "Pauline Predication" in Plato », *Phronesis* 19, 1974, 95-101 ; repris dans *Platonic Studies*, chap. 18, p. 404-409.

– « An Ambiguity in the *Sophist* », *Platonic Studies*, chap. 11, p. 270-322.

WALETZKI W., « Platons Ideenlehre und Dialektik im *Sophistes* 253c », *Phronesis* 24, 1979, 241-252.

## IV. Ouvrages généraux sur Platon

CHERNISS H., *Aristotle's Criticism of Plato and the Academy*, New York, Russell and Russell, 1944.

*The Riddle of the Early Academy*, Univ. of California Press, 1945 ; *L'Énigme de l'Ancienne Académie*, trad. franç. et introd. de L. Boulakia, avec un Avant-propos de L. Brisson, Paris, Vrin, 1993.

CROMBIE I.M., *An Examination of Plato's Doctrines*, II. *Plato on Knowledge and Reality*, New York, Humanities Press, 1963.

DIXSAUT M., *Le Naturel philosophe, Essai sur les Dialogues de Platon*, [1985 [1]] 3e éd. corr., Paris, Vrin, 2001.

– *Platon et la question de la pensée,* Paris, Vrin, 2000.

FRIEDLÄNDER P., *Platon*, T. III : *Die Platonischen Schriften, zweite und dritte Periode*, Berlin, 1930, 1960 [2], English transl. by H. Meyerhoff, based on the 2 nd ed., Princeton, 1968.

GADAMER H.G., *Platons dialektische Ethik*, Leipzig, 1931, trad. franç. de F. Vatan et V. von Schenke : *L'Éthique dialectique de Platon, Interprétation phénoméno-logique du* Philèbe, Paris, Actes Sud, 1994.

– *Die Idee des Guten zwischen Plato und Aristoteles,* Heidelberg, C. Winter, 1978, trad. franç. de P. David et D. Saatdjian : *L'Idée du Bien comme enjeu platonico-aristotélicien,* suivi de *Le savoir pratique,* Paris, Vrin, 1994.

– *Dialogue and Dialectic : Eight Hermeneutical Studies on Plato*, translated by P.C. Smith, New Haven-London, Yale University Press, 1980 [réunion et trad. angl. de plusieurs articles de Gadamer].

JOLY H., *Le Renversement platonicien. Logos, Epistèmè, Polis*, Paris, Vrin, 1980.

KAHN C.H., *Plato and the Socratic Dialogue. The Philosophical Use of a Literary Form*, Cambridge, Cambridge University Press, 1996.

KRÄMER H.J., *Arete bei Platon und Aristoteles, zum Wesen und zur Geschichte der platonischen Ontologie*, Heidelberg, C. Winter, 1959.

RITTER C., *Neue Untersuchungen über Platon*, München, 1910.

ROBIN L., *La Théorie platonicienne des Idées et des Nombres d'après Aristote*, Paris, F. Alcan, 1908.

ROSS D., *Plato's Theory of Ideas*, Oxford, Oxford University Press, 1951.

RYLE G., *Plato's Progress*, Cambridge, Cambridge University Press, 1966.

VLASTOS G., *Platonic Studies*, [1973[1]] 2d ed. with corr., Princeton, Princeton University Press, 1981.

## V. Livres et articles portant sur des dialogues séparés

### Éditions et traductions commentées, études critiques

ADAM J., *The Republic of Plato*, edited with critical Notes, Commentary and Appendices, Cambridge, Cambridge University Press, vol. I, Books I-V, vol II, Books VI-X and Indexes, 1902, 2nd ed. with an Introduction by D.A. Rees, Cambridge, Cambridge University Press, 1963.

ALLEN R.E., *Plato's Parmenides*, Translation and Analysis, Oxford, Blackwell, 1983.

BADHAM Ch., *The* Philebus *of Plato*, with introduction, notes and appendix, [1855[1]] 2d ed., revised and enlarged, London-Edinburgh, Williams and Norgate, 1878.

BENARDETE S., *The Rhetoric of Morality and Philosophy, Plato's 'Gorgias' and 'Phaedrus'*, Chicago-London, The University of Chicago Press, 1991.

BLUCK R.S., *Plato's Meno*, edited with an Introduction, Commentary and an Appendix, Cambridge, Cambridge University Press, 1961.

– *Plato's Sophist,* ed. G.C. Neal, Manchester, Manchester University Press, 1975.

BRISSON L., *Platon. Phèdre*, Traduction inédite, Introduction et notes, Paris, GF-Flammarion, 1989.

– *Platon. Parménide*, Traduction inédite, introduction et notes, Paris, GF-Flammarion, 1994.

BURGER R., *Plato's 'Phaedrus', A Defense of a Philosophical Art of Writing,* University of Alabama Press, 1980.

CAMPBELL L., *The 'Sophistes' and 'Politicus' of Plato,* with a revised text and English notes, vol. II, Oxford, The Clarendon Press, 1867.

CANTO M., *Platon. Ménon*, Traduction inédite, introduction et notes, Paris, GF-Flammarion, 1991.

– *Platon. Euthydème*, Traduction inédite, introduction et notes, Paris, GF-Flammarion, 1989.

CORDERO N.L., *Platon. Sophiste*, Traduction nouvelle, introduction et notes, Paris, GF-Flammarion, 1993.

CORNFORD F.M., *Plato's Theory of Knowledge, The 'Theaetetus' and the 'Sophist' of Plato translated with a running commentary*, London-New York, Routledge and Kegan Paul, 1937.

– *Plato and Parmenides*, London-New York, Routledge and Kegan Paul, 1939.

DALIMIER C., *Platon. Cratyle*, Traduction inédite, introduction, notes, bibliographie et index, Paris, GF-Flammarion, 1998.

DIXSAUT M., *Platon. République VI-VII*, Paris, Pédagogie Moderne, 1980, 2e éd. corr. Bordas, 1986.

– *Platon. Phédon*, traduction nouvelle, introduction et notes, Paris, GF-Flammarion, 1991.

DORION, L.-A. *Platon. Lachès, Euthyphron*, Traduction inédite, introduction et notes, Paris, GF-Flammarion, 1997.

FREDE D., *Plato. 'Philebus'*, translated with Introduction and Notes, Indianapolis-Cambridge, Hackett Publishing Company, 1993.

GOSLING J.C.B., *Plato. 'Philebus'*, Translated with Notes and Commentary, Oxford, The Clarendon Press, 1975.

GRISWOLD Jr. Ch., *Self-Knowledge in Plato's 'Phaedrus'*, New Haven-London, Yale University Press, 1986.

HACKFORTH R., *Plato's Examination of Pleasure*, Cambridge, Cambridge University Press, 1945.

– *Plato's 'Phaedrus'*, Cambridge, Cambridge University Press, 1952.

HEINDORF L.F., *Platonis dialogi selecti*, Vol IV : *Platonis Dialogi tres, Phaedo, sophistes, Protagoras, emend. et annotatione instruxit* L.F.H., Berlin, 1810 (1re éd. partielle 1809).

KLIBANSKY R., with the cooperation of G. Calogero et A.C. Lloyd, Editors' Notes à A.E. Taylor, *Plato : 'Philebus' and 'Epinomis', Translation and Introduction,* London, Thomas Nelson and Sons, 1956.

LANE M., *Method and Politics in Plato's 'Statesman'*, Cambridge, Cambridge University Press, 1998.

LOHR G., *Das Problem des Einen und Vielen in Platons* Philebus, Göttingen, Vandenhoch und Ruprecht, 1990.

MOVIA G.L., *Apparenza, essere e verità. Commentario storico-filosofico al* Sofista *di Platone*, Milano, « Vita e pensiero », 1991.

NARCY M., *Platon. Théétète,* Traduction inédite, introduction et notes, Paris, GF-Flammarion, 1994.

ROSEN S., *Plato's Sophist, The Drama of Original and Image,* New Haven-London, Yale University Press, 1983.

– *Plato's Statesman. The Web of Politics*, New Haven-London, Yale University Press, 1995.

ROWE C.J., *Plato : Statesman*, with an Introduction, Translation and Commentary, Warminster, Aris & Phillips, 1995.

SHARPLES R. W., *Plato : Meno,* ed. with translation and notes, Warminster, Aris and Phillips, 1985.

SHINER R.A., *Knowledge and Reality in Plato's* Philebus, Assen, Van Gorcum, 1974.

SKEMP J.B., *Plato's Statesman*, A Translation of the *Politicus* of Plato with introductory Essays and Footnotes, London, Routledge and Kegan Paul, 1re édition, Londres, 1952, 2e éd. with Postscript, Bristol, 1987.

THOMPSON E.S., *The* Meno *of Plato*, ed. with introduction, notes and excursuses, London, MacMillan, 1901, repr. New York, Garland Publishing, 1980.

WAGNER W., *Platons Sophist*, Griechisch und Deutsch mit Kritischen und erklärenden Ammerkungen, hgs. von W. Wagner, Leipzig, Eingelmann, 1856.

WHITE D.A., *Rhetoric and Reality in Plato's 'Phaedrus'*, New York, State University of New York Press, 1992.

Articles

AYACHE L., « Le fonds médical du *Philèbe* », dans *La Fêlure du plaisir, Études sur le Philèbe de Platon*, sous la dir. de M. Dixsaut avec la collab. de F. Teisserenc, vol. 2 : *Contextes*, Paris, Vrin, 1999, p. 35-60.

BENITEZ E., « La classification des sciences (55 c-59 d) », dans *La Fêlure du plaisir, op. cit.*, vol. 1 : Commentaires, 1999, p. 337-364.

BRUNSCHWIG J., « Le Problème de la "self-participation" chez Platon », *L'Art des confins. Mélanges offerts à Maurice de Gandillac*, sous la dir. de J.-F. Lyotard, Paris, P.U.F., 1985, p. 121-135.

CHERNISS H., « Plato as Mathematician », *Review of Metaphysics* 4, 1951, 395-425, repris dans H. Cherniss, *Selected Papers*, ed. by L. Tarán, Leiden, Brill, 1977, p. 222-252.

CORNFORD F.M., « Mathematics and Dialectic in the *Republic* VI-VII », *Mind* 41, 1932, 37-52, repris dans *Studies in Plato's Metaphysics*, ed. by R.E. Allen, London, Routledge and Kegan Paul, 1965, p. 61-96.

DIXSAUT M., « Le figure della mania nei Dialoghi di Platone », dans *Nella dispersione del vero. I filosofi : la ragione, la follia*, a cura di G. Borrelli et F.C. Papparo, Napoli, Filema, 1993, p. 19-32.

– « Une politique vraiment conforme à la nature », dans *Reading the 'Statesman', Proceedings of the IIId Symposium platonicum, op. cit.*, 1995, p. 253-273.

– « L'affirmation de Philèbe (11 a-12 b) », dans *La Fêlure du plaisir. Études sur le* Philèbe *de Platon*, vol. 1 : *Commentaires, op. cit.*, p. 27-42.

GILL Ch., « Plato's Atlantis Story and the birth of fiction », *Philosophy and Literature* 3, 1979, 64-78.

– « Plato and Politics : the *Critias* and the *Politicus* », *Phronesis* 24, 1979, 148-167.

GOSLING J.C.B., « Y a-t-il une forme de l'indéterminé ? », dans *La Fêlure du plaisir,* vol. 1 : Commentaires, *op. cit.,* p. 43-59.

HARTE V., « Quel prix pour la vérité? (64 a 7-66 d 3) », dans *La Fêlure du plaisir,* vol. 1 : Commentaires, *op. cit.,* p. 385-401.

HUFFMANN C., « Limite et illimité chez les premiers philosophes grecs », dans *La Fêlure du plaisir*, vol. 2 : *Contextes*, *op. cit.*, p. 11-31.

KAMERBEEK J.C., « Notes sur quelques passages du *Philèbe* », *Mnémosyne* 10, 1957, 226-231.

KÜHN W., « Quatre catégories cosmologiques employées en éthique (23 b-26 d) », dans *La Fêlure du plaisir,* vol. 1 : Commentaires, *op. cit.,* p. 89-154.

MORRISON D., « Herding and Weaving (Comments on Clark and Dixsaut) », dans *Reading the 'Statesman', Proceedings of the IIId Symposium platonicum*, *op. cit.*, p. 274-275.

MUELLER I., « Mathematical Method, philosophical Truth » dans *The Cambridge Companion to Plato*, ed. by R. Kraut, Cambridge, Cambridge University Press, 1992, p. 170-199.

OWEN G.E.L., « The Place of the *Timaeus* in Plato's Dialogues », *Classical Quarterly* N.S. 3, 1953, 79-95, repris dans R.E. Allen, *Studies in Plato's Metaphysics*, *op. cit.*, p. 313-338.

RODIER G., « Remarques sur le *Philèbe* », *Revue des Études anciennes* 2, 1900, 81-100 ; 169-194 ; 281-303 ; repris dans G. Rodier, *Études de philosophie grecque*, Paris, 1926.

VAN RIEL G., « Le plaisir est-il la réplétion d'un manque ? La définition du plaisir (32 a-36 c) et la physiologie des plaisirs faux », dans *La Fêlure du plaisir,* vol. 1 : Commentaires, *op. cit.,* p. 299-314.

WATERFIELD R., « The place of the *Philebus* in Plato's Dialogues », *Phronesis* 25, 1980, 270-305.

## VI. Divers

HEGEL, *Leçons sur Platon*, texte inédit 1825-1826, édition, traduction et notes de J.-L. Vieillard-Baron, Paris, Aubier-Montaigne, 1976.

– *Encyclopédie des sciences philosophiques en abrégé*, trad. franç. M. de Gandillac, Paris, Gallimard, 1990, « Logique », § 79-82.

HEIDEGGER, M. *Les Problèmes fondamentaux de la Phénoménologie*, trad. franç. J.-F. Courtine, Paris, Gallimard, 1985.

## VII. Instruments de travail

BIZOS M., *Syntaxe grecque*, 2e éd. corr., Paris, Vuibert, 1949.

BRANDWOOD, L., *A Word Index to Plato*, Leeds, Maney and Sons, 1976.

– *The Chronology of Plato's Dialogues*, Cambridge, Cambridge University Press, 1990.

CHANTRAINE P., *Dictionnaire étymologique de la langue grecque*. Histoire des mots. Paris, Klincksieck, 1968.

DENNISTON J.D, *The Greek Particles*, 1934, Second edition revised by K.J. Dover, Oxford, Oxford University Press, 1950 ; repr. London, Gerald Duckworth & Co., and Indianapolis / Cambridge, Hackett Publishing Company, 1996.

KUHNER R., Gerth B., *Ausführliche Grammatik der Griechischen Sprache,* Hanovre, Hannsche Buchhandlung, 2 vol. [1898], 1976.

LIDDEL H.G., SCOTT R., JONES H.S., *A Greek-English Lexicon.* New (ninth) ed., Oxford, 1940. *Supplement*, ed. by A. Barber, *Ibid.*, 1968.

# INDEX DES PASSAGES CITÉS

# INDEX DES AUTEURS CITÉS

## Auteurs Anciens



## Auteurs Modernes

# INDEX DES NOTIONS

# TABLE DES MATIÈRES

Imprimerie de la Manutention à Mayenne – Novembre 2001 – N° 373-01
Dépôt légal : 4e trimestre 2001